本书受到青岛农业大学人文社会科学研究基金的资助

科技大数据服务平台建设与运营机制研究

——以青岛为例

许秀梅　孙瑜　著

中国财经出版传媒集团
中国财政经济出版社

图书在版编目（CIP）数据

科技大数据服务平台建设与运营机制研究：以青岛为例/许秀梅等著．—北京：中国财政经济出版社，2019.8

ISBN 978 -7 -5095 -8812 -3

Ⅰ.①科…　Ⅱ.①许…②孙…　Ⅲ.①科学技术-数据处理-管理信息系统-研究-青岛　Ⅳ.①G203

中国版本图书馆CIP数据核字（2019）第025898号

责任编辑：卢关平　　　　责任校对：张　凡

封面设计：孙俪铭　　　　责印印制：张　健

中国财政经济出版社出版

URL：http：//www.cfeph.cn

E-mail：cfeph@cfeph.cn

社址：北京市海淀区阜成路甲28号　邮政编码：100142

营销中心电话：010-88191537　北京财经书店电话：64033436　84041336

北京财经印刷厂印刷　各地新华书店经销

787×1092毫米　16开　21.75印张　310 000字

2019年10月第1版　2019年10月北京第1次印刷

定价：68.00元

ISBN 978-7-5095-8812-3

（图书出现印装问题，本社负责调换）

本社质量投诉电话：010-88190744

打击盗版举报热线：010-88191661　QQ：2242791300

内容摘要

创新环境下，伴随平台经济的到来，有关各类科技服务平台的建设、运作、管理等主题的文献层出不穷，梳理后发现它们多集中于单一类型科技平台的内容、功能、建设与应用性探索，缺少大数据环境下科技平台系统构建与运作方面的深入综合研究。针对此方面不足，笔者充分考虑了大数据环境给科技服务平台带来的各种变化与影响，以青岛科技大数据平台为研究对象，采取问卷调查、深度访谈、定性与定量分析相结合的研究方法，从分析该平台的建设现状、不足与原因入手，结合青岛市终端用户对科技大数据信息需求情况的调查结果，以满足用户多样化科技信息需求为目标，设计后期科技大数据服务平台（以下简称科技服务平台）的优化方向；进一步，以此为导向，笔者设计了科技大数据服务平台的基本技术架构、功能架构，探讨了平台的运作模式；最后提出了有利于平台健康发展的一些对策建议。

研究取得的主要结论如下：(1）尽管青岛科技大数据平台建成投入运营后取得了一定的绩效，也获得了部分认可度，但仍存在不少问题有待解决，诸如尚未完全融合“大数据”，平台各功能模块内容较为单一、信息与服务滞后，缺少各个行业科技产品及其发展态势、各企业科技实力等信息；平台布局、用户界面分类不明确，标准不清晰；平台重政策、轻市场、过于倚重政府主导等。出现以上问题的原因主要有：平台的建设运作资金以及有关的专门人才缺乏，缺乏高水平的参照系，普通用户对大数据的认识及使用频度还不高等。(2）不论是粗略了解终端用户对青岛科技大数据平台的需求，还是深度挖掘终端用户对科技大数据平台的一些想法，调研的结果均能够反映出用户对科技信息需求的一些共性特点：科技信息需求的种类多样化、时间动态化、服务新型化、信息级别高层化、信息用途广泛化，更注重科技信息的质量以及对自身生活的便利程度，尽管对目前科技大数据平台有诸多不满，但对后期平台发展充满期待。(3) 科技大数据服务平台应从以下几个方面入手设计优化方案：每个模块信息提供要尽可能地做到以捕捉用户信息为中心实现大数据环境下的精准式服务，多层级开发科技服务模块，搭建能够瞬时响应客户需求的云服务平台；各个子平台要尽可能地利用其他模块已经有的科技资源避免重复性模块建设，建立专门处理大数据的科技文献资源云系统，积极整合开发具有自主知识产权的科技文献资源云系统，整合建立统一的科技资源云管理平台；拓展数据功能，增加数据量，丰富资源格式，提高数据更新与维护的频度，重点突出海洋特色；增加服务类别，提高互动性，重点在个性化定制与互动服务方式改观上，尝试提供可视化服务；提供一些用户参与、分享与互动功能，尽可能地多征集广大用户参与设计模块内容，探索基于众创空间的多样化的新型服务方式。(4) 科技大数据服务平台在云计算环境下，通过互联网为用户提供虚拟化、数字化、专业化、个性化的科技服务。该平台的建设涉及海量数据的存储、检索、分析、计算以及异构数据库信息共享等若干项。根据云计算提供的服务功能以及平台系统工作流程，科技大数据服务平台的基本技术结构可划分为基础支撑层、数据服务层、平台管理层和应用层。(5) 本着开放共享的设计原则，依据服务内容、服务层面、服务主体等方面的区别，后期的科技大数据服务平台应至少由以下四个子平台相互依托、有机构成：科技基础条件大数据服务平台、科技研发大数据服务平台、科技转化与交易大数据服务平台、产业科技大数据服务平台。(6) 健康、有活力与可持续的科技平台系统运作模式还应依据内嵌子平台的服务形式、类别（公共产品、准公共产品、私人产品）与市场情况选取灵活的运作模式。依据产权归属及运营主体性质不同，平台系统中各子平台的运作模式可区分为政府主导的非营利模式、政府引导下的独立第三方主导模式、企业主导的营利模式与多主体的复合型运作模式。以上结论将有助于改善青岛市科技服务平台功能定位、拓展平台科技资源服务内容、提升信息共享能力，更好地服务于各行业企业的技术创新活动。(7) 科技大数据服务平台在服务质量上可从可靠性、响应性、保证性、移情性、有形性五个方面进行评价。以青岛为例，青岛科技大数据平台目前处于“一般”和“满意”之间，还未达到“满意”状态，科技大数据平台还不能有效满足企业的需求，还需进一步提升科技服务平台服务质量。(8) 科技大数据服务平台的共享机制可以着手从平台的投入模式、平台的社会资源加盟机制、人才队伍建设机制和激励机制去构建。(9) 科技大数据服务平台的保障体系由平台建设的制度保障、组织保障和运营保障三部分组成，其中重点是运营保障和组织保障。以上结论将有助于改善青岛市科技服务平台功能定位、拓展平台科技资源服务内容、提升信息共享能力，更好地服务于各行业企业的技术创新活动，减小信息不对称带来的管理漏洞，同时也为青岛市人民政府财政科技投入政策制定提供更相关的决策支持。

关键词： 大数据；科技平台；科技大数据服务平台；平台建设；平台运作

Abstract

With platform economy under innovation environment, various types of literatures on science and technology service platform construction, operation, management have emerged in an endless stream. After carding them, we find that they mainly focus on content, function, construction and application of single type technology platform, lacking deeply comprehensive research on operation and construction of science and technology platform system under big data environment. To this deficiency, the project group fully considers a variety of changes and the impacts which big data brings to science and technology service platform, takes Qingdao science and technology big data service platform as research object, uses research methods such as questionnaire survey, interviews, qualitative and quantitative analysis, starts from the analysis on current situation, shortcomings and reasons of the platform construction, combines with terminal user survey results on the demand of big data technology information in Qingdao city and sets up late Optimization direction of big data platform in order to meet the goal with user diversification technology information need. Further, as the guide, project team designs basic technical and function architectures of science and technology big data service platform, discusses its operation mode. Finally, project team puts forward some conducive suggestions to platform healthy development.

The main conclusions of above study are sumed up to 9 points. Firstly, although Qingdao science and technology big data service platform after putting into operation has achieved some performance and gained some recognition, but there are still many problems to be solved. It has not yet fully integrated big data. Its platform module content is single. Its information and services are lagged. It lacks scientific and technological product development situation in various industries and enterprise science and technology strength. Its information is layout and user interface classification is not specific. Its standard is not clear. It supplies more policy information but not market information. It relies too heavily on government. The main reason of above problems are in that platform construction and operation fund and related trained personnel are lack, high level reference system is lack, ordinary user understanding, and using frequency about big data are still not high and so on.

Secondly, whether it is a rough understanding on end-user demand for big data technology platform, or not deeply excavates end-user some ideas on big data technology platform, research results both can reflect some common features of the demand of technology information. There are in that diversificated types of science and technology information demand, dynamic time, new type service, high level information and wide use of information technology. User pays more attention to the quality of information and convenience to their life. Although they have lots of dissatisfaction on current big data technology platform, but is full of expectation about late platform development.

Thirdly, science and technology big data service plat is designed optimization schemes from following aspects. Each module information is as much as possible to capture user information demand for precision service to achieve lean services under large data environment; science and technology service module multi-level development ; build cloud services platform in response to customer demand instantly, each sub-platform is as much as possible to use some science and technology resources that other module has and avoid module construction duplication; the establishment of a special science and technology literature resource big data cloud system; resources cloud systems with independent intellectual property right, the integration and establishment of unified science and technology resources cloud management platform; expand the function of data such as increasing the amount of data, rich resource format and frequency improvement, update data and maintain data; highlight marine characteristics; increase service category to improve the interactivity that focuses on customization and the way of service interaction with providing participation chances, shares interactive features; the majority of users involves in the design of module content as much as possible; explore diversification new way service based on public creative space.

Fourthly, science and technology big data service platform in the cloud computing environment provide virtualized, digital, professional, personalized user service through Internet technology. The construction of the platform concerns mass data storage, retrieval, analysis, calculation and heterogeneous database sharing information. According to the services provided by cloud computing and the platform system working flow, the basic technology structure of science and technology big data services platform can be divided into four aspects such as basic support layer, data service layer, platform management layer and application layer.

Fifthly, with the principle of open sharing, according to the difference among service content, service level, the main body of services of the Qingdao municipal science and technology big data service platform should be lately at least consists of four sub platforms which forms the organic composition, meaning basic big data service platform, data service platform of science and technology research and development, technology transfer and transaction data service platform, industry science and technology big data service platform.

Sixthly, health, vitality and sustainable operation mode of science and technology platform system should be flexibly selected based on market condition and embedded platform services category form such as public goods, quasi public goods, private goods and. On the basis of property ownership and different operation entity, operation mode of each sub platform in the system can be divided into non profit model government led, the independent third party dominant mode under the guidance of government, enterprise dominant profit model and multi-agent complex operation.

Seventhly, the service quality of science and technology big data platform can be evaluated from five aspects such as reliability, responsiveness, assurance, empathy and materiality. Taking Qingdao as an example, Qingdao technology big data platform is currently between "general" and "satisfied" and has not yet reached the "satisfactory" state, which can not effectively meet the needs of enterprises, and further enhance service quality of science and technology service platform.

Eighthly, the sharing mechanism of the science and technology big data platform can be constructed from the input mode of the platform and the social resource joining mechanism of the platform.

Ninthly, the guarantee system of big data platform of science and technology consists of three parts: the system guarantee of platform construction, organization guarantee and operation guarantee, among which the emphasis is on operation security and organization guarantee.

The above conclusions will help to improve function positioning of Qingdao platform, expand the platform science and technology resources services contexts, enhance information sharing capabilities, to better serve enterprises innovation activities in all kinds of industries, reduce information asymmetry caused by the loopholes in management. Furthermore, it provides more relevant decision support on Qingdao government branches make science and technology development investment and financial policy.

Keywords: Big data; Science and technology platform; Science and technology big data service platform; Platform construction; Platform operation

目 录

第 1 章

绪　论

1.1　选题背景

当人们提起平台的时候，会很自然地与互联网上各式各样的经济、管理、服务或交流“平台”相联系，或者进一步联想到现实生活中的技术操作平台、交易平台或物理平台等。本书中，笔者提及的平台意指基于互联网的各类虚拟平台，主要是指与科技创新、科技资源整合、科技转化交易有关的平台，书中称其为科技服务平台。之所以研究此类平台，是因为近年来社会上出现的平台不胜枚举，但科技服务平台相对较少。笔者从近几年我国各省市科技服务平台建设与运营资料库中搜集到下列与科技相关的服务平台，主要有科技基础条件平台、科技创新平台、技术服务平台、公益性研发服务平台、科技创新与创业共享平台等，除此之外还有许多类似的子平台。其中，以科技基础条件平台最为多见。这是因为，自 2004 年以来，国内外权威科技文献大多用此名称来表示与科技服务相关的平台。

以上仅是从名称上看我国科技服务平台的发展状况，若进一步从平台内涵、外延、建设内容和运行效果看，则愈加多元化。尽管如此，无论是建设模式还是运营机制，科技服务平台与我国各个领域的公共研发基地、重点工程实验室、公益性产品研发基地等有明显差别。近几年，各个领域的学者对科技服务平台的关注度日益提升，相关的学术研究成果亦层出不穷。实践中，与科技服务平台有关的各式各样的研讨会也较为常见。但直至目前，无论是科技服务平台工作人员还是平台研究学者，对科技服务平台的经济内涵尚未形成一致性观点。从现有的文献梳理结果来看，有些人将科技服务平台局限在科技的基础支撑条件，即科技文献、科技资源与数据、高新科技仪器。有些人更多地关注科技服务平台对我国经济与社会发展的贡献程度。还有些人努力挖掘如何最大限度地从各个层面发挥科技服务平台的应用价值，提升运营频度、效率与服务效果。江苏、浙江、山东、广东等地一直致力于此方面的探索。

关于平台的建设、运营与贡献问题，我国政府在出台的一系列政策文件如《中共中央关于全面深化改革若干重大问题的决定》、“十三五”规划纲要以及近年围绕创新主题的多次经济工作会议都明确提出，今后经济工作重点在“全面深化科技体制与制度改革”、“以技术创新为导向的市场机制改革”、“全面整合科技创新资源”、“大力发展科技市场、提升技术转化与转移能力、不遗余力地促进先进科技成果产业化”等[1]。经济新常态环境下，作为沟通技术供需、促进技术转化交易的媒介与载体，科技服务平台通过促进技术资源空间集聚和共享、提升科技对经济的支撑力，其地位与作用愈加突出。尽管我国政府于2003年全面启动科技服务平台建设，经过多年实践摸索取得了一定建设成效，但从反馈的实施成效看，仍存在不少问题，突出体现在平台提供的科技信息滞后、信息共享度弱、服务质量差、无法满足客户多样化需求等。

大数据给科技服务平台发展带来了无限契机。关于大数据的基本内涵，国外著名经济学者Gartler进行了以下界定：大数据意指在经济活动中基于经营业务而产生的一系列数据集，主要体现为非结构化、半结构化的数据集。这种全新的数据形式客观上需要新的处理程序、方法才能更好地解读其具有的经济内涵，才能够具有更强的决策力，挖掘出更大的经济价值。大数据相关技术应用的重大意义并不在于如何获取整理出如此庞大丰富的数据集合，而在于如何应用数据价值推动各行业企业的高质高效可持续发展。在这里，若把大数据技术与应用看做独立的产业，那么这种产业发展的关键取决于数据的加工处理流程与结果，即在“数据加工”过程中获取数据的“价值增值”。当今流行的物联网、云计算、移动互联、车联、手机、电脑以及其他各式各样的终端媒体，无一例外地都成为大数据的承载者。借助于大数据，人类顷刻之间即可获得对称信息，这全面颠覆了以往基于信息不对称建立的商业模式，使得如何实现科技信息共享时代的平台可持续发展成为一个新课题。2015 年的政策文件《国务院关于印发〈促进大数据发展行动纲要〉的通知》一文中指出，当今经济环境下，大数据已然成为驱动创新经济发展的主要推动力。进一步，搭建大数据环境下的科技服务平台，应用最新云技术的精准化定位和挖掘功能，有利于拓展科技服务平台海量数据存储空间，实时追踪技术交易，提供个性化科技信息推送、专利技术需求等智能关联服务，促进科技向生产力的快速转化[2]。因此，大数据管理思想和大数据加工技术为科技服务平台建设与运营机制完善提供全新的方向。

大数据下的科技服务平台，借助于分布式、虚拟化加工技术，能够把现实中地理位置较为分散的各类海量资源与服务自动化归类整合到云技术的网络环境中去，进一步利用云计算体现出的强大数据识别、加工、存储、分析以及大规模合并计算等能力，瞬间实现科技资源的归类整合，最后借助于 PaaS（Platform as a Service）服务器上的软件处理工具及时提炼出服务于各类主体的有用信息，这样以来，与过去相比，明显降低了科技服务平台建设过程中的基础设施与后期运作费用，也更加有利于科技服务平台的应用扩展[3]；不仅如此，云计算技术还能与移动互联网紧密融合，更便于为广大终端用户提供多样化的科技信息支持。基于此，人们开始把目光逐渐转向科技大数据服务平台，尤其是其具有的精准捕捉、整合与推送等功能[4-6]。

实践中，利用云计算搭建的科技大数据服务平台，无论是在初期建设投入、运营费用、资源归类加工、业务拓展、计算分析及问题诊断处理等方面都具有更为突出的优点，体现为：（1）云计算技术下的科技大数据服务平台，无需购入庞大的仪器设备，不但减少了软件、硬件科技资源与人力投入花费，还最大程度地腾出了大量物理空间以便存放服务器与设备，缩减电源与空间开支。举个例子，若没有出现云加工技术，Google 公司每年仅投资仪器设备的花费都会超过 640 亿美元，而现在此方面花费只有 16

亿美元。（2）云计算相关软硬件设施能够改善科技服务平台的运行效率。一般而言，大数据技术下同时处理 80 台虚拟主机、传递信息只需 10 分钟[7-8]。（3）大数据环境下，科技服务平台的拓展性、兼容性与灵活性都更为突出。科技服务平台的发展要适应经济环境改变。大数据互联环境下庞大的信息用户群体产生的海量数据集及日益复杂的信息类型需求客观要求科技服务平台不断地改造、优化与业务升级。很显然，传统的建设与运营方式十分繁琐。大数据环境下，云技术能够自动调动、高效能地实现平台功能拓展，并基于实际用户动态需求自动导入资源，即使应用高峰到来，也能够应对调配大量数据，并于任务结束后将冗余科技资源调回再分配。这种精准动态的科技资源的部署、调动与加工比较好地适应了科技服务平台后期发展的多样需求，将科技资源的利用效率提至 0.85，保质保量地满足了用户需求。（4）在平台的数据整合上，大数据技术下的科技服务平台也较为突出。举个例子，新近建成的南京智慧交通云科技平台在查询、加工、推送等过程的首次响应已能控制在 1 秒完成，同时支持操作终端设备数量 30 多台，在 1 秒内即可实现 5 万条交管数据加工处理，数据吞吐能力也较强，存储 1GB 的科技数据，读取吞吐量可达到平均 60MBPS，写入吞吐量达到 30MBPS，随着存储内容的渐长，吞吐量也逐渐趋于平和。这对科技大数据服务平台同样适用[9]。（5）大数据环境下的科技服务平台能够更灵活地处理故障、提供更为优质的动态化服务。通常，当科技服务平台运作发生故障时，专业技术人员需要停机、逐个故障排查与检修。而在大数据下，系统中的每个物理服务器运行过程独立且隔离，若单个服务器出现故障，根本不影响其他部分，且利用集群的虚拟化功能，某一台服务器的故障还可在其他服务器上实现快速修复，无须担心关键业务的服务器出现停机对其他设备的影响[10]。

总而言之，依托大数据开展科技服务平台建设已经是必然趋势之一，探索互联环境下科技大数据服务平台建设与运营问题已经提上日程。为了理清科技大数据服务平台内涵、特点、建设内容与流程、如何运营等诸问题，本研究拟以青岛市为例，基于熊彼特的创新理论、公共服务理论、三螺旋理论等，交叉运用平台经济学、管理学、财务学等知识，对科技大数据服务平台的内涵、技术与和功能架构建设以及运营中的诸多管理问题进行深入探讨，给我国其他省市科技大数据服务平台建设提供参考性意见和建议。

1.2 选题目的与意义

科技服务平台建设是科技创新体系中较为薄弱的一个环节。该平台建设的根本目标在于通过技术许可、转让、入股、合作开发和衍生企业等多种方式，促进技术从研发者、提供者（诸如科研机构和高校）向应用者、需求者（诸如企业，特别是高新企业）流动，提升整体科技实力及贡献。从现有建设情况看，该平台集中整合了产学研、科技市场、科技政策、科技金融、科技人才等资源，意在为各类企业、个人的技术创新提供一站式与一揽子科技服务。但从目前建设投产反馈的运营效果看，尚存在一些问题有待解决，尤其是平台的建设模块以及信息服务提供都有待完善。作为一个大数据和平台经济相结合的新生产物，该平台的建设框架以及后期如何运营还有待进一步探索。

为了更好地实现平台的发展目标，还需要深度挖掘平台用户的科技信息需求。从技术需求者与应用者的目前现实情况看，一方面，他们希望平台能够根据国家发展需要多提供实时有用科技信息，促进产业结构尽快升级；另一方面，他们对科技服务平台、大数据的经济内涵、科技服务平台带来的影响以及科技大数据服务平台的新变化缺乏正确认识。从技术研发者与提供者的角度看，他们一方面希望科技服务平台能够解决研发过程中的难题以及排除技术转移、成果转化中的障碍；另一方面，却对各行业企业的现实需求缺乏动态了解。从政府相关部门的角度看，科技大数据服务平台建设运营还缺乏技术研发、运营、服务人才以及资金等方面的支持。

基于终端用户多样化需求，科技大数据服务平台后期需从多个地方加强管理，例如，有必要进一步加强专利技术数据库、各类科技文献数据库的基础投入，进一步加强各个地理区域、各个产业与行业、多种类型、多样化层面的技术转化、投入应用需求数据库的投资运作，进一步加强有关专利许可与被许可组合、专利池等的技术应用集成系统管理，进一步加强科技专利文献资源的云分析和价值评估系统管理，进一步加强如何应用大数据思想分析竞争对手情报的研发系统的管理，进一步加强科技领域专家联合库的价值评估系统管理，进一步加强科技专利投入产出效率、科技需求信息对接的智能市场关联系统的建设，进一步加强线上、线下、第三方实时科技交流系统的管理，进一步加强用户个性化、特色化信息服务系统的管理，进一步加强科技研发者、应用者之间在科技应用诸多环节的无缝对接，进一步加强多方主体会商、合同、交易及电子支付等系统的安全性等级建设，进一步加强基于桌面办公、移动终端应用的多目标用户群体的个性化服务功能，进一步加强开放、协作、共享，以便汇集更多主体的科技配套服务，融入不同领域与行业的多样化终端用户。要做到以上改进，需要建设方从技术上、管理上重构科技大数据服务平台。

基于此，本书拟对科技大数据服务平台建设框架与运营管理问题进行研究，这将有助于改善平台功能定位、拓展科技资源服务内容、提升信息共享能力，更好地服务于各行业企业的技术创新活动，减小信息不对称带来的管理漏洞，同时也为政府财政科技投入政策和措施制定提供更相关的决策支撑。

1.3 文献回顾

平台一词最早出现在20世纪30年代，在亨利·福特的著作“*Modern Man*”中被提及。一些大型公司如索尼与英特尔等也在科技开发过程中使用了平台一词，后来还有人应用平台概念以说明如何改善汽车的舒适性与应用拓展性。真正明确提出平台经济内涵的是McGrath（1995），他指出，平台的结构由界面与亚系统共同支撑。紧接其后，Baldwin（1997）提出“平台”由模块体系、界面与标准三部分构成。Meyer（2001）主张平台即一系列软硬件资源要素的集合系统，包括产品平台与技术平台。进一步，

Robbertson（1998）指出，“产品平台”是集员工、技术、知识、信息、工艺与零部件等为一整体的产品集合。关于平台的功能，Michael（2010）提出平台具有两大应用功能：一是为多主体提供共同的核心技术或其他经营基础；二是借助于用户个体的资源与价值相互开展互补性服务。产品平台的两个功能为：供需双方的资源协调与经营业务的技术协调。David（2012）的观点是平台能给两个或更多的多样化对象创造经济价值。这里的平台主要是产品平台——技术设计、零部件及资源于一体的产品的集合，Roberson（2013）[11]的看法与上述表述较为接近，产品平台是多个产品共享下的资源集合，这些资源由零部件、工艺、知识、人员与相互支撑性配套组成。在这里，产品平台的理念同科技创新平台实质上具有相同之处。

科技平台（Platform for Innovation）最早由美国竞争力委员会1999年在一篇名为《走向全球：美国的创新趋势》中提出[11]，该书指出，科技平台是基于产业的业务相互交流媒介，由企业、技术研发中心、行业组织、研发基地、教育机构等组成，平台健康发展需以产业集聚为支撑，基于多组织和区域逐步提升平台的服务能力。

近20年来，全球各国关于科技平台方面的研究与实践成果主要集中于以下几个方面：科技基础条件平台、区域科技服务平台、产业科技服务平台、科技企业孵化器、技术转化与交易平台、平台商业模式、平台标准化、大数据、科技大数据服务平台等。下面逐一回顾。

1.3.1 科技基础条件平台

科技基础条件代表着一个国家或地区在科技创新方面的软硬件等基础性科技资源投入，包括大中型科技基础设施、科技零件装备、科技研发实验室、各领域科技文献与经济发展中的科技活动数据、各行业科技研发的行为规范与标准、各类生物的种子资源与标本。它是科技研发与创新工作的基本物质、资源、信息与硬件保障[12]。在此意义上，科技基础条件平台是运用现代信息技术从战略上对科技基础条件进行重组、优化系统，基于共享、共建、整合、再利用理念重构科技基础条件资源，以此促进不同主体、行业科技资源的共享、高效利用的一种有效方式[12]。互联网环境下，科技基础条件平台是以互联网为基础、以共享机制为核心、以资源整合为主线而建立的科技平台。欧美学者一直很注重科技基础条件平台的建设问题。其中，美国的主张主要是资助研究型大学、兴建国家实验室、促进信息共享、提高图书馆与数据网络化投入[13]。1999 年，美国竞争力委员会出台了一部研究报告——《走向全球：美国的创新趋势》，里面提出了创新平台的内涵，认为它主要由创新基础设施组成，是创新过程中必不可少的一项要素，是配置高科技人才与前沿科技成果的重要媒介，是促进创新理念向创造产品与服务经济转化的一系列法规、资源和资本配置的重要场所，也是使科技创新者回收投资资本的一系列市场交易和法规保护等的工具。在美国，科技创新平台大多是由政府引导有序进行，主要参与者是企业、高校、科研机构、政府与中介等。其中，政府的作用主要体现在引导，即制定一揽子科技创新宏观政策、法律法规、发展计划等引导各行业的科技发展前沿方向，为高科技支撑未来发展营造良好的宏观环境。平台建设的资金一部分依赖于政府专门设立的研发专项经费，另一部分依赖于微观企业的研发配套资金。自 2003 年起，欧盟委员会开始着手建设欧洲的科技创新平台，他们通常会先选取一些对当时经济社会环境影响较大的领域或产业，以点带面、从下至上、将各行业企业、高等学校与科研院所、政府、其他非营利机构组合在一起，商议确定欧洲科技创新计划的实施流程，商定重点支持领域、支持时间、期限和行动要领，且利用法律、经济、技术层面的创新联动各产业科技创新计划启动，以此提升欧洲整体科技创新实力，增强各行业核心竞争力，促进欧洲工业发展。欧洲的科技创新平台是在欧盟委员会的领导下推动，通常由具有一定科技实力的大企业牵头，中小企业、高校、科研院所、金融团体与其他组织本着自愿的原则参与。其经费大多是政府相关部门提供，也有一部分是其他参与方共同出资。欧洲的科技创新平台是其科研一揽子框架的重要力量。其中，英国、荷兰与德国是平台建设与运作较为先进的国家。日本和韩国的科技平台属于政府主导型，以高校、科研机构、大企业为主体实行联合开发，强调产学研合作，经费主要来源于政府投入。日本科技平台建设也较早，

1955年就实施“科学技术发展基本计划”，尤其是重视科研信息情报基础建设，一直将信息情报资源开发视为创新基础[13]。与美国不同的是，日本平台运作主要以政府为主导。韩国政府在国家重大科研仪器设施投入和建设管理、提高其使用效率等方面，也建立了科学的投入管理运行和共享使用机制以促进企业技术创新。综上所述来看，在创新平台建设中，政府大多起着极为重要的作用。一方面，政府从宏观上引导、利用相关政策、法规等创造良好的平台发展环境，间接引导平台健康发展；另一方面，政府为平台可持续发展提供源源不断的经费供给，免除后顾之忧。例如，美国国家科学基金会专设两个账户为创新平台提供技术装备支持，分别是：MREFC和R&RA，前者意指大型的科研仪器设施建设经费账户，专门负责支撑大型科研设备及设施项目的建设，后者是中小型设施项目的研究经费支持账户。再如，欧盟的“地平线2020”战略，欧盟将科技研发经费占GDP的比重提升至3%，这是个相对较高的比重，用以满足科技平台的正常运转和信息、网络、通信等基础设施正常应用。日本政府也不例外，在历年的科研经费投入中，都会专门设立专项经费调节池，协调管理各类创新资源，用以确保科技创新平台的基础建设顺利进行。

另外，为了避免重复性资金投入，提高资金利用效率，各发达国家还对创新资源进行大力整合，出台一系列整合措施。其中比较有代表性的是美国、欧盟、英国。美国国家科学委员会每年都会向预算部门提出“制订跨部门计划和战略来确定跨部门的科研基础设施优先顺序”的建议；欧盟出台了《欧盟跨国使用基础设施实施计划要点》，该要点明确提出欧盟各国内部要坚持重大科技研发设施、仪器共享的原则；英国科技研发管理办公室出台了《大型仪器设备战略规划图》，特别强调若非特殊，所有的大型科研仪器设备各机构之间可以共享，坚决抵制重复性资源浪费，建立成功的“产学研用”或“官产学研用”合作模式。“产学研用”或“官产学研用”合作模式是平台成功运行的关键。企业始终是创新平台建设的主体，负责市场化运作创新平台，为平台提供配套资金，促进科技成果的资本化、市场化。高校、科研机构也是平台重要的参与方，与企业共同进行技术开发；政府是平台运作的重要指导者，为平台提供一定的资金保证，或与企业共同组成战略性科技研发联盟。在这方面，美国政府与其国内三大汽车制造商曾共同组成 PNGA 联盟，又称新一代汽车合作计划；日本、韩国更为突出，形成了具有代表性的“官产学研用”合作模式，如日本政府出台了《产学共同研究政策》、《人才交流政策》、《知识产权与技术转移政策》、《促进大学风险企业发展政策》等来促进产学研合作，还开发各种商业计划，创造更多商业机会，鼓励各行业产学研机构融入到创新平台之中。有“韩国硅谷”之称的大德科技园就是政府、企业、大学等官产学研成功合作的典范。

为了科技基础条件平台的高效运行，科学合理的平台考核、评估机制设计也非常重要。平台考核、评估机制管理的核心是要设计一套理论上科学合理、实践中可行且有效的平台评价指标，以便增强平台之间的自律，接受社会监督。美国科学基金会曾经设计了《科技仪器设备监管办法》，其将平台内部自律、社会监督以制度的形式加以约束，其中内部自律借助于自我评价完成，社会监督借助于对平台负责人考核、对平台用户的满意问卷调研来实现。除美国之外，其他国家也有完善的绩效考核机制，以此确保创新平台的有效运行，保证国家财政投入的合理性。

在国内，相关研究主要集中于：

一是对平台内涵的探讨，多数人都赞同科技平台的主体是企业、高等学校、科研院所与政府相关部门。其中，企业应看作科技创新平台的主体，这是因为，归根到底，企业才是社会价值创造的主要力量；高等院校及其他科研院所为平台提供各类科技资源文献支撑——有形和无形；科技平台的宏观调控主体是政府，其职能主要是通过政策引导、激励越来越多的企业或其他组织将所具有的科技资源面向全社会公开共享，让其他的中小企业也能够分享到科技成果对经济的推动引领作用，避免浪费，最大程度上提升企业作为技术创新主体的地位。

二是对科技基础条件平台建设与管理的探讨，主要包括：平台功能定位，如何实现科技资源的集聚、整合、共享；平台运作路径，诸如如何科学地对平台运作进行规划与设计，建设以共享为核心的平台系统；组织模式，即科技基础条件平台的治理模式，目的是设计一套健康可持续发展的运行机制，包括激励监督机制、治理机制、服务约束机制等。

为了便于研究，接下来，将 2004 年《2004—2010 年科技基础条件平台建设纲要》的出台和 2011 年《国家科技基础条件平台认定指标》、《国家科技基础条件平台运行服务绩效考核指标》作为我国科技基础条件平台建设的标志大事记，以此将科技基础条件平台发展历程划分为三个阶段：试点阶段、科技基础条件平台建设阶段、技术创新服务平台建设阶段。

试点阶段（20 世纪 90 年代—2004 年）。国家层面上，该阶段着手推进了科学数据共享平台、科技图书文献中心平台（NSTL）及大型科学仪器共享平台的建设等。地方层面上，主要是推进科技文献整合、科学数据处理与科学仪器设备的利用，例如，青岛市人民政府建设的“一网两库”。此外，技术创新服务平台的早期形态也已经在多个地方出现，如青岛市早在 20 世纪 90 年代末，就在生物医药产业集中的张江地区开始布局新药安全评价中心、药物代谢中心等服务平台，这些平台在生物医药产业发展中的作用较突出。

科技基础条件平台建设阶段。该阶段始于 2004 年科技部等四个部委共同制定的文件，结束于 2011 年科技部的科技平台绩效考核。平台建设的主要形式是对项目提供资金，推动基础科技资源的共享与整合，重点是基础经典科技文献、大型高精尖仪器资源、基础科学数据、自然科技文献、网络条件等研发基础性科技资源的共享。在此阶段，国家共支持兴建了 20 多个科技基础条件平台，以微生物科技资源平台、标准物质共享平台、人口、健康数据共享平台、大型科学仪器平台、科技文献中心平台较为突出。以上平台为创新发展提供了大量的基础支撑，发挥了举足轻重的作用。另外，为了更精准了解科技资源基础平台发展现状，科技部还大力启动科技资源发展状况调查，这项工作始于 2009 年，针对中央单位开展。科技部还开展了我国各大区域科技创新服务平台建设，最初，先在纺织、集成电路、藏医药三大行业展开试点。在中央精神指导下，各省市也着手建设科技基础条件平台，且面向产业建设科技资源服务平台。例如，青岛市建设了专业技术服务平台，浙江省建设了公共科技平台，在平台立法保障、建设运营模式与后期考核管理等方面也有一定的探索。

技术创新服务平台建设阶段，亦可称之为技术创新的配套服务设施逐步完善阶段。在国家层面，科技服务基础平台建设早已写进“十二五”规划，指明了以后要不断开展科技基础服务平台的理论与实践研究，以此带动医药、纺织与集成电路三个行业科技平台的建设。2011，科技部与财政部共同出台了《关于开展国家科技基础条件平台认定和绩效考核工作的通知》，并向人们展示了《国家科技基础条件平台认定指标》和《国家科技基础条件平台运行服务绩效考核指标》。这样一来，通过国家层面科技平台的认定与考核，既保障了国家科技基础条件服务平台的建设和运行的规范性，又为地方政府的科技服务平台建设运作提供参照。在地方层面上，山东青岛市、浙江省等的科技资源基础条件服务平台建设成效也较为突出，它们全面整合了现有的科技资源与平台工作状况，面向各行业企业和用户满足广泛的共性需求，积极探索平台长久运行的机制，实践证明在当地区域科技创新管理和经济协同发展中成效显著。具体讲，青岛市以科技资源整合与平台管理运作实践有力地带动了其他创新资源整合，也降低了各行业企业创新创业的投入风险与成本；重庆已经建成了三大科技创新基础条件服务平台；浙江省构建了科技基础条件平台、行业科技创新平台和省内各区域科技创新平台。这些年，我国科技基础条件平台取得了不少成绩，相继建立了科技数据与文献资料库、科学仪器协作共用网等，但与发达国家相比明显滞后，缺乏顶层整体规划、平台建设特色不足、共享度不够。这已经引起不少学者的高度关注。桂萍（2008）指出，目前对科技资源共享服务平台的研究主要集中在科研实验基地和大型科学仪器设备共享、自然科技资源共享、科学数据共享和科技文献共享这四个方面[15]。叶兰等人（2010）探讨了我国科技文献信息服务平台的建设模式及现状以及国外科技文献信息服务平台建设的三种模式，对比总结出国外科技文献信息服务平台的建设经验，为我国科技平台建设提供一些借鉴[17]。刘继云（2005）的观点是科技基础条件平台仅仅是科技创新服务平台的初级雏形，为了使其更快更好地服务于经济，有必要改变过去的科技基础文献与资源的“小范围循环”，拓展建成集区域、产业与行业科技基础文献资源于一体的“大范围循环”[18]。李啸（2008）基于对浙江省等地科技创新平台建设与运作管理的问题、成效与经验，提出科技服务平台后期的发展应面向最广大社会公众开放、共享、共联[19]。薛捷（2008）通过比较广东省内 10 多个重点支持镇、乡的科技创新服务平台管理的典型案例，总结出三类创新平台的管理方式，为后期科技平台发展提供可参照的经验范本[20]。以上研究大多是遵循实践—理论、微观—宏观的研究思路，还有一些人的思路与上述观点不同。许强（2010）定义了公共性的科技创新服务平台的主体性质，详细论述了此平台的主体（企业、科研机构、高等学校与政府）的角色担当，进一步探讨了科技平台运营过程中各主体之间的相互作用关系、平台之间的技术资源流转、技术溢出与创新成效的相互影响关系，最后总结提出改善平台运作效率的政策建议[21]。孙庆（2012）基于对国内外科技平台发展状况的调研与比较，总结出科技平台的三种时空布局方式：均衡式布局、点极式布局、点轴式布局，继而细致地论证各类方式内涵、本质与特点，提出选择的参照依据与思路[22]。于丽滨（2009）提出，我国黑龙江省内的大部分地方科技基础条件共享平台已初现成效，但运作管理中仍存在诸多问题，例如，科技文献与资源分散凌乱、投资管理资金尚缺乏、运行机制不顺畅等，今后仍需在以下方面做出努力：健全平台的组织管理机构、加大资金投入、建立科学远期战略规划，强化人才培养与聘任管理、扩大宣传、提高在公众中的知名度[23]。王瑞敏（2010）基于“系统失灵”理论等，独特性地构建了科技数据集成服务平台的一般建设框架，且进一步从体制失灵、制度失灵、防止互动与基础设施失灵等方面指明了科技平台管理效率的提升策略[24]。程苹（2012）有针对性分析了科技基础条件平台的整合、分析、推送、共享与服务等功能。李文元等（2015）在分析科技服务公共平台特性的基础上，基于资源观理论构建科技公共服务平台在单边市场和双边市场运作模式下的运作模型和盈利模型，比较分析后发现科技公共服务平台应根据科技供应方期望的态度差异，在初建阶段应遵循单边市场模式，在发展阶段应实施双边运作模式[25]。

1.3.2 区域科技服务平台

区域科技服务平台意指在某区域经济发展目标的总体指导下，以满足各行业主体科技开发创新活动的多样化需求为前提，选用一定的管理方式、规范标准、措施、机制把区域内的各类创新主体、创新资源、创新媒介、创新配套设施等进行归集整理、加工识别、推送输出并努力发展成为驱动区域各类产业转型升级、促进各类战略新兴产业持续发展、提升政府相关管理机构的科技相关决策质量、服务于各类科技研发相关活动的重要支撑力量。进一步，在“互联网+”环境中，区域科技服务平台就是围绕创新主体、资源、创业主体与媒介并以科技服务门户界面的推送服务为形式，与现实的终端用户需求实现实时无缝地对接。

现实中，区域科技服务平台的功能与服务内容涉及：(1) 集聚科技资源与文献。该平台要能够充分发挥自身优势，将现实地域内的散乱科技资源如人力资源、物力资源、财力资源、基础科技设施、科技信息、技术成果等集聚一起、优化重组、继而确定恰当的分类存储方式，尽可能实现各类供、需方高效对接，促进各类主体、个体用户的科技创新创业计划得以顺利完成。考虑到平台管理过程中政府部门的主要工作是促进科技资源合规、合法地高效利用，区域科技服务平台的集聚功能不仅完成了政府相关部门合理配置科技资源的内在需要，也成为后续其他相关科技平台进一步发展完善的基本前提。(2) 整合科技资源与文献。完成了对区域内的科技资源文献的归集与整理后，接下来，区域科技服务平台开始依据各类主体的创新创业需求，将前述的多种创新科技资源进行加工整合（包括资源按地域的归类整合）。李著（2012）提出，区域科技服务平台能够把不同现实地域的科技资源重新归集、整理，将获取到的科技信息存放在平台内的某个介质中，利用后续统一的地址配置完成资源的再利用、公开、共享。王雪原（2013）提出，区域科技服务平台的构建内容主要涉及：科技信息与资源服务、高技术人力资源服务、知识产权服务、仪器设备相关资源服务、科技融资资源服务、科技中介组织服务，是区域内创新、创业与经营活动的一支重要力量。(3) 平台服务模式。李明（2015）探讨了区域科技平台的智慧化服务循环的内在机理、智慧化服务体系的模块结构、智慧化服务的内容分类，进而设计了区域科技服务平台的两种智慧化服务运作模式——系统智能服务与专家团队支持。王雪（2015）考证了区域科技服务平台的历史发展内在规律，提出了区域科技服务平台运作中的技术创新原理，以此为基础设计了区域科技服务平台的三种运作模式：资源主导型、需求牵引型与智慧服务型。杨帆（2013）研究了湘西地区科技资源与文献平台建设状况，设计问卷进行调研，分析得到制约该地区科技平台健康发展的多方面制约因子，以此为基础设计了该地区的区域科技创新资源服务平台的运作与服务管理模式。王宏起（2016）从产业周期的视角分析了不同科技创新时期战略性新兴产业内企业的研发集群活动的特征，进一步建立了标准化、集成化的区域科技共享平台（O2O）服务网。杨雅芬（2009）从宏观、微观、中观各层面深入挖掘了制约科技资源平台共享与畅通的诸多因素，据此提出一种新的服务模式——“委托—代理”，一定程度上解决了科技服务平台在区域层面上的封锁性困境。（4）供需双主体对接功能。区域科技资源服务平台本质上是资源供需主体借助于互联网进行虚拟的科技资源整合、共享的一种全新服务方式。在这里，供需方之间的对接既涉及需求对接也涵盖优势互补融合。考虑到目前信息用户对科技平台的信息需求趋势逐渐向复杂、个性、独立发展，作为服务机构的区域科技服务平台需要积极迎合用户的需求多样化，尽可能提升资源利用效率，为供需主体提供尽可能多的合作机会，并在合作过程中整合集聚供需双方的资源与能力优势，促进相互交流与互补，以便于平台能够更好地满足各地区的科技需求，服务于当地的经济发展。（5）科技共享服务。区域科技服务平台既最大程度地汇集整合了现有科技资源与文献，也为广大用户实时提供了丰富的个性化服务。例如，科技服务平台能够为研发设备的需求方提供其他主体的实验室或者是大型仪器的共享资源，加快各类企业的创新创业速度，切实解决现实企业创新中的棘手问题，降低研发成本，提高科技资源的产出效率。

1.3.3 产业科技服务平台

产业科技服务平台（以下简称产业平台）是为提高产业科技能力而构建的互联支撑系统，它通常是由产业内一个或多个公司共同开发建设，汇集产业资源、供产销价值链、服务与技术资源的综合性技术服务平台，意在为产业内资源或能力不足的企业提供互补性资源与服务支持。最早的产业科技服务平台出现在计算机、电信及其他与信息技术密集相关的领域，当时它的功能主要体现在：促进企业在管理、知识、技术等方面的创新实践。

产业科技服务平台的概念界定，最早由美国国家竞争力委员会提出。它的定义如下：它是一个科技资源服务的载体与媒介，通过它企业可以获得科技相关支撑设施、高层人才、前沿成果、科技相关法律法规、科技交易与服务的信息支持。该平台汇集了各个专业领域的专家学者、企业界人士以平台为媒介寻求问题的解决方案。一般来说，该平台通常由各个行业内经营规模最大、科技实力最强或创利丰厚的主导企业领导。但有些平台由政府牵头建设，后期的运作大多由政府负责，在这方面已有成功案例，如生物医药产业科技服务平台、农业科技创新服务平台等。尽管产业科技服务平台发展较好，但也存在明显缺陷，主要体现在通用性不强，此类平台大多仅服务于某一产业，对其他产业的借鉴性不大。

人们对产业科技服务平台的关注主要集中在产业共性技术平台。按照平台建设模式，区分为以美国、欧盟、加拿大等西方发达国家为代表的政府引导型与以日本、韩国为代表的政府主导型两种类型。尤以美国的汽车产业技术创新平台、欧洲基于技术平台的战略创新协调计划、以色列的磁石计划以及日本的清洁能源汽车开发计划等平台最为突出。

德国早在 2013 年就规划了具有战略指导意义的产业共性技术发展规划——“工业 4.0”远景战略，该战略目的在于将物联网、大数据、智能工厂、虚拟现实、3D 打印、云计算等新一代高新信息技术融入现实经济，通过互联网融合产业内所有企业的生产车间、工作流程，实现自动化调整配置，以此完成德国现有各级产业结构的转型升级，最终建立“工业 4.0”战略导向下的现代产业科技服务体系。智慧工厂和智能生产体系是德国“工业 4.0”战略背景下的新型产业技术服务平台的集中体现。前者重在研究工业领域的智能生产与运营过程、生产设施网络化分布设置的可行路径，后者重在研究智能化的研发、物流、交流互动、物联网、3D 打印、大数据等技术在各产业中的应用。有的专家提出，把智能物流从智能生产中分离出来，作为“工业4.0”发展战略的主题可能更为科学。

国内现阶段的技术发展战略正从引进、模仿、消化向自主创新过渡，企业对投入较大的产业共性高新技术开发主观意愿并不强，有关此方面的理论与实践探讨还较少，仅个别人对物联网产业、汽车产业、农业等作出尝试。陈翔（2017）总结了丽水市水果产业科技信息平台在平台主题、业务功能、采编形式和整体风格等四个建设方向的实践经验，并对平台运行中的问题和如何更好地服务“三农”进行探讨[26]。郝瀚（2016）聚焦汽车产业科技协同创新平台，首先从组织架构、科技计划、项目管理三个方面剖析了原有科技创新体系存在的主要问题，然后对美国、德国、日本等发达国家汽车产业科技创新体系进行了对比分析，最后结合中国汽车产业的发展状况与存在问题，从组织架构优化调整、创新链条重塑设计、协同机制构建与实施三大方面着手改进了中国汽车产业的科技协同创新平台建设运营中存在的一系列问题[27]。杨小兰（2016）通过调查贵州省的大数据、大健康、互联网、电子商务等新一代信息技术产业对科技创新相关的信息、服务、基础设施等方面的需求，提出了建立贵州省新兴产业文献信息资源共建共享平台建设目标，并针对资源共建共享中存在的问题，对新兴产业科技文献信息资源共建共享平台进行了设计[28]。杜志尧（2015）以广东省东莞市科技金融服务于实体产业发展中存在的问题为切入点，结合新一代信息技术带来的挑战与机遇，规划了后期该城市科技金融、产业融合发展的可行路径，旨在利用互联网、大数据技术，建立科技、产业、金融的信息共享与对接服务平台，解决科技创新平台、产业以及金融机构之间的信息不对称和实时对接障碍[29]。李晓与张庆华（2015）提出动漫产业创新平台概念，对其主体联接的协同机制、交易机制、保障机制、动力机制进行阐释，并对动漫产业创新平台的提升发展给出针对性策略[30]。李葳（2012）基于区域的研究视角，探讨了服务于现代产业合理健康发展的科技平台建设基本思路、规划流程、运行模式与实施策略[31]。郑旭（2012）指出，软件服务外包产业的科技公共服务平台应从五个方面有序展开，分别是：高端人才引进、高技术人才在职培养、合作开展公共技术研发、投融资金融支持、民生配套生活娱乐设施改进、法律保障，并对每个方面给出详细建设措施[32]。

综上分析，以往文献大多围绕特定的产业科技服务平台，例如，传媒动漫、汽车、生物医药、高端装备制造、现代高效农业等新兴产业，且主要针对特定产业、行业企业的各类要素投入如知识、核心高新技术、高端产品信息、支撑配套等方面，实践探讨平台的运行体制与机制，通过分析各产业科技创新服务平台建设与管理状况，发现科技平台在服务行业、企业创新资源与创新收益分享中尚存在的问题及制约因素。基于此，产业科技服务平台往往普遍性、通用性与拓展性差，只能服务于特定产业或与之相关的产业。

为了弥补此缺陷，2010 年许正中首次拓展调整产业科技服务平台的内涵，将其界定为通过集成各类创新资源要素带动产业变革，推动创新科技成果外溢及产业化的系统性形态，其可以催生出先导产业集群，服务地区经济发展。进一步，谭清美等人将产业科技服务平台细分为六个子平台，并从平台组织结构、平台外围支撑、运行规制、运行技术环境等层面搭建了产业平台的理论框架，进一步从结构、功能、机理三个方面设计了评价指标体系、各级指标分值与权重，结合数据进行了模拟演练。综上所述，产业科技服务平台相关理论与实践方面的研究，以许正中、谭清美等学者最具代表性，其管辖的创新团队对产业平台的建设主体利益关系、组织结构、运行技术环境与体制、效果评价体系、宏观政策设计与实施等进行了深入研究。但是，他们对产业科技服务平台对我国经济增长的贡献、如何更好地服务于经济结构调整、新旧动能转换、经济发展的转型升级，并没有进行细致探讨，尚未给出好的对策建议。

伴随“工业 4.0”与“互联网 +”与实体经济的深度融合步伐，“中国制造 2025 战略”的逐步推进与实施，未来的产业科技服务平台发展的方向必将是与信息技术、大数据、物联网系统纵深融合，以推进平台内容、服务结构和运行方式的跨越分层变化，最终培育出由智能化决策、智能化设计、智能化生产、智能化控制与智能一体化服务融为一体的全方位智能生产力因素，最终形成智能生产、服务网络支撑下的现代产业科技平台，以此更好地促进农业、机械等传统产业的技术链升级、价值链拓展。

随着中国特色的“工业 4.0”和“互联网 +”向实体经济的逐步推进与活力释放，新型的产业科技服务平台的未来发展前景值得期待，实践意义较重大。

对比发现，尽管国内外学者围绕产业科技服务平台的研究思路与重点有明显区别，但最终的目标较为一致，都是围绕创新如何驱动国家经济高质量发展。所不同的是，无论是理论探讨还是实践实施，国外发达国家的学者对科技研发、科技转化、交易、产业科技服务平台研究的进展都要先于国内学者。但也应看到，伴随智能化工业革命的到来及全球范围内的重大影响，国内的产业科技服务平台方面的系列研究成果频出，逐步形成了一套立足于本国现实情境、服务于战略性新兴产业发展的产业科技服务平台。与发达各国比较，我国的产业科技服务平台的制度优势较为明显，主要体现在：西方发达国家的产业科技服务平台大多是由政府提出、间接调控，各产业与行业的先导企业组织兴建、实施，力量往往较弱且呈分散化分布；相比之下，我国的产业科技服务平台由政府提出、各部门负责管理，产业力量较为集中，资金、人员与技术实力都能较好地集聚。因此，在长远战略规划的科学指导下，借助于科技服务平台的支撑，我国很有可能在第四次智能化产业转型中获得较大的跨越式发展。至此，新时代的产业科技服务平台正逐步向纵深化发展，内容与服务的智能化、管理与控制的智能化预示着我国的产业科技服务努力创新、追赶、并不断超越自我的可能。不久的将来，依托于信息技术的智能生产、智能研发、智能服务下的新型产业科技服务平台必将成为推动我国传统产业向智能化、高端化、价值链高端前移的重要支撑力量，发展潜力值得期待，后期的研究趋向大致围绕：“互联网 +”与“工业 4.0”对产业科技服务平台的影响与改进路径、产业科技服务平台内容的高端智能化、产业科技服务平台对传统产业价值链升级的驱动机理与路径、产业科技服务平台的可持续发展战略导向、竞争优势培育与运作管理。

1.3.4 科技企业孵化器

科技创新是各行业企业提高产品技术含量的唯一路径。近年来，各种各样的科技企业孵化器、加速器的成立为企业提升科技力量发挥了重要作用。尤其是在我国步入经济发展新常态下，转而依托科技创新引领产业转型并推进经济高质量增长的大环境下，迫切需要建设一批具有较强的科技服务能力、意识、具有较好运营效果的科技企业孵化器、公共性科技支撑平台、重大基础技术研发基地，促进科技服务产业的专业化、规范化、高端化发展。

对科技企业孵化器的研究集中于孵化器的概念、功能、要素、运行机制等。其中，人们对科技企业孵化器概念的探讨较多，结论大致归结于两点：孵化器内涵与分类。其中，联合国计划开发署认为，科技企业孵化器是为培养新创企业成立的、全面提供科技创业服务的一种受一定控制的工作场所[33]。美国国家孵化器协会认为，可以将科技企业孵化器看做是一个新创企业迅速成立、度过困境的加速器，旨在培育创业企业，帮助它们度过困难最多且资金、人力、技术、政策等都较为缺乏的阶段。美国的科技创新专家马克雷斯教授指出，科技企业孵化器是一种带有政策、资源、服务支持性的市场导向的科技企业服务机构，为初创企业提供全方位的企业初期运作管理建议、发展导向定位和政策咨询服务，根据企业实际需要，也可以作为企业之间、创客之间或与其他主体之间资源、技术与服务的转换场所。Hackett（2004）的定义是：孵化器存在的目的是为了新创业中小型企业更快地步入成长的良性轨道，是为它们提供各类支持的专业中介机构，它的兴起与不断繁荣是由于西方发达国家融合知识经济创客活动的大量出现引致分工进一步细化的结果[34]。Sean（2004）设计了一个孵化器理论体系的应用框架，该框架将社会关系网络、孵化器自身、被孵创业企业、创业孵化过程四个方面全都融入到孵化器的理论体系[35]。

在国内，关于企业加速器的定义，学者们进行了不同视角的探索。王德禄最先进行现代企业加速器（MEA）的内涵界定，即主要以高科技创业企业为主要客户群、借助于服务方式、基础性资源支持、商业模式创新，尽可能满足创业企业的生存需要，满足它们对于创业初期的空间场地、经营管理、服务等方面的个性化、多样化需求的新型载体、媒介与服务主体。除此之外，国家科技部给科技孵化器下的定义是：“以培育科技研发、科技成果转化、科技交易与服务、助力高新技术企业创业成长、培育科技管理企业家为目标的社会公益性或市场型科技中介服务机构。”孙凤海（2001）等人对近年国内外对科技孵化器的研究进行了归纳、整理、分类、综述，将对孵化器的认识划分为四大类观点——环境、过程、成果转换、组织四种[36]。李伟杰等（2014）的看法是，科技企业孵化器是以科技创业者、科技型中小微企业为主要服务对象、以服务高新技术项目的商业化产业化为主要内容的现代新型科技服务主体以便于高科技企业培育更好的经营适宜环境、条件与科技服务[37]。综上所述，迄今为止，学界尚未对孵化器形成严格统一的定义。

对于企业加速器的特征，国外的研究成果较为突出。Teece（1997）首次提出并构建了动态能力理论的基本框架，他按照资源用途把企业经营资源划分为以下几类：公共服务资源、专有服务资源、管理与组织能力资源、创新能力资源。其中，公共服务资源意指各类技术知识、人力、物质、劳动等生产要素；专有服务资源指的是企业的独特竞争资源，诸如独有的高新技术资源、独特的生产工艺等，往往具有保密性、时效性、增值性、无形性特质；管理与组织能力资源就是能够将企业的其他现存资源能力要素进行有效整合，实现对企业的经营控制与发展。一定意义上，管理与组织能力资源的使用能够降低企业的经营交易成本；创新能力资源是企业最渴望追求的资源。企业经营中受到外部经济环境的影响较大，随着环境动态波动，企业势必要具备随时应变与调整的能力，这就要求企业要不断培育创新能力。按照动态能力理论的逻辑思路，企业不仅要做好内部经营管理，还要随时关注行业动态，并灵敏嗅觉环境变动，依据外界的科技需求不断地进行个性化创新。Heybebrek（2000）提出，高新技术企业在成长过程中往往有科技投资、网络商务、员工培训三种服务需求。其详细内容如下：①科技投资需求。企业处在最初的种子期，各项科技投资中遇到的不确定性因子较多，也较复杂，而资金的投入数量有限，主要依靠内部的资金拆借或供应链融资、其他的民间借贷以及政府部门的专项金融支持；到了种子期以后，企业经营管理过程中面临的资金压力与缺口进一步增加，需要投入的资金数量更高；到了后种子期阶段，企业开始出现了较为稳定的经营状态，经营模式趋稳，为了实现更高层面的发展，企业需要有更为宽广的资金渠道，以进一步扩大经营规模与开拓国际化业务市场。②网络商务需求。为了高质量可持续发展，客观上，企业必须要注重互联网络、关系网络带来的各种变化与挑战，比如，企业在创业阶段，大多需要依靠私人网络关系，进入高速发展阶段以后，企业需要更多的人力资源、技术资源、知识资源、信息资源以及关系资源等高动力资源。③员工培训需求。企业要想实现可持续发展，必须要不断获取忠诚、有专业素质、业务或技术能力的复合型人才，通过不间断地进行技术知识培训，可以更好地培育企业的核心竞争力。Hannon（2004）的研究发现，企业的生存与成长环境动态多变，与之相适应，企业孵化器的业务定位也要随之改变，按照发展阶段，依次可以界定为：萌芽器、孵化器和加速器。其中，企业加速器是企业孵化器的最高级形态。

在国内，何科方与钟书华归纳整理了企业加速器所具有的5个主要特征，分别是“个性化与多元化的参与者、集约化与简约化的物理场所、密集型与分工协作的业务网络、专业化与复合型的管理服务团队、多样化灵活的业务服务模式”。李志远分别从服务对象、服务层次与服务内容、业务目标等方面对比分析了企业加速器与孵化器，以此提出加速器的独特特点，他指出，孵化器与加速器两者的服务对象有别：前者主要针对企业的初始创业阶段，为创业者提供经营发展的基础资源、物质、人力、政策等必要条件支撑；后者主要针对度过创业艰难阶段、需要加速成长的企业，以便于企业更好地发展壮大、一步步走向成熟。具体体现在：加速器的服务主题偏重于根据市场需求进行业务拓展、服务创新，所提供的服务内容也主要面向高端层次用户；另外，从加速器的经营目标看，其对企业的服务内容与范围更加专业、全面、综合，它要根据企业发展的动态需求提供个性化定制服务。另外，根据杨文利的研究结果，加速器是孵化器的高级形态，能够更好地服务于科技创新与发展，其也能够更好地解决孵化器无力处理的问题。诸如，企业加速器能够给“瞪羚企业”在网络信息化服务、独特性发展方面提供多样化的高层次服务。颜振军的研究结果大致相同，他指出，当前阶段，我国的企业孵化器正快速地向企业加速器转化升级，不久的将来，企业加速器必将成为孵化器的发展趋向。

综合以上国内外有关专家的研究成果，将企业加速器与孵化器进行对比，前者比后者的发展优势在以下三点更为突出：①企业加速器大多出现于企业孵化器之后，只有从孵化器考核合格、顺利毕业的科技创业企业才有资格进入企业加速器接受二次培育与升级。②加速器的作用发挥需要满足一定的限制性条件，主要指被加速企业的阶段特征，进入加速器的企业必须是具有一定的技术实力、一支努力奋斗的管理团队、较好的行业或企业成长潜能，进入加速器的目的仅是为了能够给高速发展提供资金、政策、基础设施支持。③企业加速器往往具有较强的资源加工整合能力，不仅为被加速企业提供经营办公空间、软硬件设施，还给予社会关系资本、创业创新网络、国内外行业产业信息咨询、管理模式创新等各种业务支持。而且，与其他服务主体相比，企业加速器的业务功能更丰富多样，也更完善，能够多角度、全面地缓解被加速企业高速发展过程中遇到的各类约束。它的应用也能够使产学研合作创新的链接更为密切、成效更显著。

学术界关于孵化器的分类，看法也是不一致的：

（1）按投资来源渠道分类。Smilor（1987）认为，孵化器可以分为以下几种：以高等学校为依托的孵化器、依托私人企业主体的孵化器、公司法人型孵化器与公益性社区团体型孵化器[38]；Allen（1990）基于对孵化器经营主体的考察，提出并搭建了“附加价值链”的基本内涵体系，区分了四种孵化器类型：基于营利的房地产型孵化器、基于非营利的企业培育型孵化器、依靠大学支持的孵化器与基于盈利的种子资金孵化器[39]。国内方面，有人将孵化器分为以下几种类型：政府相关部门投资创办的孵化器、高等学校投资创办的大学科技园、科研院所投资创办的孵化器、私人或者个体投资商投资创办的孵化器、大企业集团内部的孵化器、面向国际化的企业孵化器与海外留学生在全球创办的科技创业园等[33]。

（2）按照在孵企业的业务类型进行划分。在这方面，罗斯顿·拉卡卡（1997）根据孵化器的服务领域定位，划分为：综合服务型孵化器、虚拟业务孵化器、内部经营孵化器、特殊经营目的孵化器和中小企业发展服务中心[40]。

此外，还有研究人员回避对孵化器概念进行严格定义的做法，转而倾向于对孵化器的功能进行描述。孵化器功能在微观与宏观层面均有体现。Allen（1990）研究了美国12个科技孵化器中56个在孵企业的个体特征，据此提出了融资项目咨询、经营管理支持、普通业务商务、专业化商务和办公空间5大类孵化器的业务功能[39]。刘刚（2014）选用案例研究法，以天津孵化器的发展历程为案例，从动态适应演化的规律视角，设计了孵化器的成长路径演化模型，以此探讨了孵化器发展过程中的内在动力、阻力与爆发机制，并发现孵化器的业务拓展演化与快速成长特征是多元化的经济利益方不断适应动态经济环境必然出现的经营现象[41]。张冬第等（2005）认为科技孵化器应包括11项业务服务内容，且科技信息与科技中介服务、科技项目资金资助与科技金融应是核心业务[42]。黄涛等（2004）认为孵化器对于科技企业的发展举足轻重，它能够为创新创业教育提供供需平台，提供大量人员就业岗位，引致更多的高科技企业为企业的转型升级注入创新动力[43]。朱启寰（2006）提到，孵化器作用重大，它能够很好地整合加工优化配置区域科技资源，有针对性培育服务区域的创新主体，以此带动产业升级，促进地方经济发展，为经济发展注入较强活力[44]。

对于孵化器出现的原因，目前学术界的观点主要有三种：催化加速说、二次孵化说、孵化链加长说：①催化加速说。科技企业在其不断成长与发展过程中，会经历有规律的几个阶段。每个阶段，企业成长客观所需的经营要素资源与环境各异。特别地，在种子期与创业期，企业发展困难较大，需要得到各方主体的多样化支持。而到了成长期与成熟期，企业腾飞需要进一步获得广泛、过硬、高质量的配套资源支持。有人设计问卷调查了“中关村科技园”内驻扎的高科技企业，发现大多数情况下，高科技企业创业的初始阶段，都会面临资金短缺、场所缺失等困难，使企业发展陷入困镜，而科技孵化器很容易给企业经营提供政策与资源服务，解决以上问题，效果往往较为明显。而当企业有了一定的发展基础，发展壮大后，孵化器的经营任务所起的作用大大降低。因此，科技企业要想多快好省地高速成长，必须要建立以孵化器为初期基础支撑，加速器为后续增援的创业服务体系，提升创新创业服务中心支撑高科技企业发展的作用能力。对于二次孵化说，王荣提出，孵化器的业务开展过程主要分布在企业的初创阶段。伴随着企业生命周期的循环与阶段变化，孵化器也需要自我调整，增加资源服务内容、质量与等级，慢慢过渡到加速器。二次孵化的作用发挥主要集中在为企业的软环境建设提供支撑，促进科技成果的转化与交易。赞同孵化链加长说的专家认为，孵化器的设立，最初是将我国具体情境与国外先进经验相结合产生的；孵化链的加长，本质上就是要对孵化器的业务内容、功能与特征进行纵深方向的延伸拓展，落实到实践中，就是延长孵化链的两端，增加服务内容，促进高科技企业高质量发展，重点支撑具有广阔发展前景、潜能、高成长性的科技成果、创意与模式快速应用转化，以全面提升我国各个产业科技引领的支撑力，进一步将孵化链的末端向高端延伸，提高服务层次、等级，攀登价值链的顶端，攫取更多的价值。其实，加速器就是孵化器往后端延伸的产物。

对于孵化器的内部结构、要素构成及运行机理，Smilor（1987）从外部的视角设计了孵化器的运作框架，他将孵化器看做是各个产业行业、政府、科研院所、社会资本相互整合、互相支撑建立的新的创新服务机制，通过孵化器，入驻的在孵企业能够在一定程度上提高企业在筹资、投资、经营中的可信度、缩短或舒缓企业的经营管理学习曲线、提高解决问题的速度、且能够共享企业家的网络创新资源[38]。Roger等（1987）总结了孵化器相关的创新支撑要素，提出孵化器的运作与各个产业的高技术企业、蜕变中的成熟企业、全球跨国集团的地区或业务机构、各类高校、科研院所等组织密切相关[45]。Campbell（1985）搭建了一个孵化器的全面功能与结构框架，创新性地论述了孵化器内部的各大要素如何才能科学高效地协同经营，最大程度地使得各类创业主体的创业愿望变为现实，建议孵化器动态地对在孵企业进行多样化需求诊断、不定期地让在孵企业选择服务内容、建立一套科学合理的监督体系、拓展资金筹集渠道、搭建孵化器虚拟网络系统等，提高自身的服务能力与贡献[46]。赵黎明、刘猛、郝琳娜（2014）对比分析了虚拟科技孵化器其众包模式的特点、优缺点，进一步整合设计了一种全新的运营模式——基于众包模式的虚拟科技孵化器，此模式能够更好地支撑初创企业的资源获取[47]。

1.3.5 技术转化与交易平台

技术转化与交易平台目前主要从信息服务能力与功能设置等方面做研究。欧美国家多采取市场化运作，功能定位、信息种类及共享模式都较为灵活多样，主要归结为六种：全面服务、信息服务、咨询服务、难题攻克、U2B 和拍卖。相比之下，国内的技术转化与交易平台，政府作用更突出一些，平台发展动力不足。冯晓青（2013）指出，构建知识产权产业化转化平台和交易平台，需要从制度、政策、资金、人力资源等多方面加以完善[48]。边全乐（2013）提出构建一个全新的“农业科技成果转化交易服务平台”的大致设想，该平台包括八个子服务平台，它们分别是：科技资源集聚与展示、科技政策支持、科技成果交易评估系统、科技成果交易与拍卖、产学研合作研发、中小微企业科技服务、科技投融资服务、科技成果申报管理。其性质是一个为农业科技成果转化交易双方和向交易双方提供服务的第三方提供政策、技术、人才、资金等一系列的支持和帮助的公益服务系统，为保障平台的顺利建设与运营，建议出台组织、机制、政策、人才等四个方面政策措施[49]。肖国华等（2014）从专利技术转移平台建设需求、云计算环境之于平台建设的优势等方面进行了分析，并着重从平台构建结构、工作流程及相关技术、运行机制、现实问题等角度提出了平台建设思路[50]。李晓光、杨金龙（2013）提出，当前影响科技成果转化的有诸多因素，进一步指出人力资本、智力资本、风险资本三者的有效结合能够推动科技成果转化，并提出如何借助于海洋资源产权交易中心搭设产权运作平台，实现优势资源共享、互补、合作共赢[51]。

1.3.6 平台商业模式

根据 2012 年《财富》杂志的记录，在世界五百强企业中，约有 60 多家企业凭借创新平台的商业模式获取丰厚盈利与发展。实践证明，平台商业模式，以其独特的运作路径、成长模式受到传统企业管理者的高度推崇，构建基于平台的商业模式越来越受到许多商业管理者的青睐。理论上，基于平台的商业模式带来的强大影响力也引起了各领域学术界的密切关注。接下来，系统梳理一下近年来对平台商业模式内涵、种类、运作模式及关键制约因素的探讨，以便于更深入地认识平台商业模式的应用价值，增强对实践过程的指导能力。

（1）平台商业模式定义与分类。平台（platporm）本质上是一个商品或劳务的交易地点或场所，它可以以任何形式存在，比如现实世界空间或虚拟网络空间。在这个空间的引导下，双方、多方不同客户之间的多样化交易达成，平台因而也会收取较为恰当的一部分费用。交易各方通过使用该空间，也较为便捷地进行商业运作与利益最大化。关于平台商业模式，不少学者提出了自己的看法。其中，最早探讨平台商业模式的学者是Timmers（1998，1999），他强调，商业模式主要涵盖三大块内容：一是对于经营产品、提供服务和商业信息流的组织结构，其中包含各行业的商业运作参与者与其相关利益者；二是对于各行业商业运作参与主体可能获取的潜在利益的论述；三是有关平台的收入获取路径。北京大学教授魏炜与清华大学教授朱武祥两人共同合作完成的管理学著作——《发现商业模式》（2009）里面提到："本质上，商业模式就是商业运作过程中的利益相关者的交易合作结构。"通过商业模式，各行业企业的商业利益相关者获得了一个能够链接各类交易活动的介质。相对于传统产业，平台产业最突出的地方在于，它凝练出了新颖独特的商业模式。陈威如与卓轩教授两人给平台商业模式下的定义如下：它是链接两个或更多的特定商业运作或消费群体，为有需求的利益相关者搭建互动交流的平台机制，既满足了各类消费人群的需求，商业运作者也从中获得利益。在这方面，亚马逊公司推出的Kindle阅读器很好地链接了书商与广大读者群。世界著名的红酒交易中心则链接了红酒相关的拍卖者、卖方与买方，让各类主体都获得了各自的利益。尽管如此，一个出色的平台型企业（以下简称平台企业），并不仅仅是依靠提供产品、信息或服务渠道，其最精髓的部分在于搭建了一个高效的、高端的、生命力强的"虚拟生态经济圈"，其设计了一套独树一帜的严格管理规范和现代科学运行机制，能最大程度地满足不同利益者的利益诉求，多快好省地促进各行业企业的发展。依据平台所容纳群体规模的多少，平台商业模式又可划分为四种类型，分别是：双边平台商业模式、三边平台商业模式、四边平台商业模式、多边平台商业模式，各有特定的适用范围。

（2）影响平台商业模式运作成败的制约因素。

第一是生态经济圈的营造。平台型企业的发展目标，主要体现在营造出一个发展潜力巨大、盈利能力突出的生态经济圈。因此，要想让平台商业模式的贡献潜能最大程度地展现出来，最为重要的是建设好多方共赢的生态经济圈，在人与自然和谐平衡中不断实现自我发展。不管是采用最常见的双边、三边商业模式的平台型企业，还是已经发展很完备、能够同时链接无数利益主体的平台型集团，发展中都需要妥善处理平台与企业、个体、其他组织的利益关系，基于利益相关者的最大化实现自己的不断成长。实践中，不管平台的存在形态如何，界面是否更有吸引力，其最核心的盈利策略是“最大程度挖掘、迎合各利益相关者的需求，为他们提供最好的产品或服务”，只有这样，才能够在竞争激烈的平台市场竞争中脱颖而出。像大家熟悉的淘宝网、亚马逊等国际知名的电子商务交易平台，最初都是通过帮助各种中小商业经营者发展壮大，且以市场为导向、为终极消费者提供多种多样的商品类目，以此营造自身独特的生态圈优势。一定意义上，若平台企业干出了损害生态圈利益相关者的不良行为后，各种利益相关者成员就会一窝蜂一样盘踞在生态圈里，最终导致平台生态圈的快速瓦解。基于此，平台商业模式运作成功的最为关键的因素就是构建并不断维护好满足利益相关者多样化需求的平台生态经济圈。只有迎合了不同主体的利益诉求，平台企业才能够获取到一定的发展空间，不断培育出自己的竞争优势。

第二是网络效应的激发。网络效应的程度是影响平台商业模式运转效果的重要制约要素，实践过程中它主要包含两种类型：同边网络效应与跨边网络效应。前者是指当某一边群体的业务规模逐步增大，该边群体内的其他利益相关者效用的变动程度。若其他群体的效用值为正，则体现出正的同边效应；若其他群体的效用值为负，则体现为负的同边效应。一般而言，当出现正的同边网络效应时，意味着随着越来越多的利益相关者加入到平台，会带来成倍的放大效应，后期加入的人会更多。若体现出负的同边网络效应，意味着该群体的利益相关者之间排斥性较强，随着越来越多人的加入，会逐渐降低另一部分群体的进入积极性。与之相比，跨边网络效应所具有的特点是：随着一边用户群的规模增加，导致另外一边使用该平台的用户群的效用变动。其中，跨边网络效应为正，表明使用该平台的不同客户群体拥有较强的吸引力，一个群体的规模扩增会直接导致另一群体的规模同方向变化，反之，则体现为负向的跨边网络效应。实践中，平台企业之所以注重构建管理机制，终极目标就是为了最大程度地激发出平台的正向网络效应。进一步，平台企业如果能做到同时激发出两种不同效应：同边网络效应与跨边网络效应，将会很大程度地提升用户群的使用频度、意愿与满意度，也会推动平台企业持续发展。因此，设计能够同时激发两种不同类型网络效应的管理机制，势必对平台企业的发展能力产生极为重要的影响。

第三是被补贴方与付费方的合理确定。在平台商业模式运作过程中，补贴模式的选择与实施属于具有战略意义的双边抉择，尤其是在双边平台、甚至多边平台的运作过程中，到底应该将哪一方视作“付费方”，哪一方视作“被补贴方”，是制约平台获利、成长与持续发展的关键所在。实践中，平台空间所能够链接的不同利益相关者均可视作不同存在形式的市场空间，它们均有可能给平台企业带来丰厚的利润。这时候，平台企业基于自身的战略发展地位，可以针对性地决定适当地补贴某一边的利益群体，提升其使用规模，但这样会导致另一边的利益群体付出更多的平台使用费用。在这里，平台企业通过为一边利益群体补贴费用，以此激发该群体中其他利益相关者关注该平台的兴致，这样的群体可以称之为“被补贴方”。与之相反，若平台企业向某一利益相关方收取费用，目的是支撑平台的日常运营和攫取利润，将这样的目标群视为“付费方”。这样的例子比比皆是。淘宝、eBay等电子商务平台运行中，“卖家”是真正的“付费方”。不仅如此，卖家还可以选择支付额外的高费用，以获取更多的特色增值服务，例如，以付费方式让自身经营的商品推送到消费者较为突出的位置，获取高曝光度。与之对应的是，“买家”实际上是“被补贴方”。

其根本不需要付钱，就能轻松登录并任意享用电子商务平台的纷繁复杂的数据库，浏览成千上万种的商品品目，并利用强大的搜索引擎很容易找到所需的商品。

第四是核心的盈利模式。根据平台运作实际，"付费方"群体是平台企业的最为主要的收入来源渠道，其不仅能够补贴另外一边消费者群体，也为平台生态经济圈发展繁荣注入维持日常运营的必备资金，助力平台健康茁壮成长。根据多年平台运行经验，"付费方"群体大多对商品或服务价格的敏感性较低，价格弹性体现也较弱，需求较为强烈，正因如此，成为平台稳定收入的重要来源。近年来，随着经济发展，现实情况也在动态变化。商业竞争变幻多端，这使得平台企业不得不根据战略需要调整平台发展与运作方式。这种调整大多是基于以下两个原则进行的：首先，平台商业模式，归根到底，来源于平台内多个群体相关者的互补互利的多样化需求所引致的网络效应。要想多盈利，平台企业必须挖掘出利益相关者之间需求相互吸引的"关键路径"，进一步设置一个或多个的盈利关卡。在这方面，世纪佳缘网与起点等中文网站做得较为成功，突出之处在于网络效应一达到高峰立马开始设卡阻拦，从中获取丰厚利润。其次，与传统企业的日常运营有别，平台的运营模式有很多独特之处。一定意义上，平台商业模式是对传统企业商业管理的全方位颠覆与突破性创新。它全面整合了传统的以单向流动为特点的价值链运作，所有的价值增值点都无一例外地通过该平台进行。因此，一定意义上而言，平台企业既是价值增值的空间整合者又是多边利益相关者群体的链接纽带，更是生态经济圈的维护者；它能够最大程度地调动各用户群之间、用户之间的正向网络效应，促进各群体相互进行价值与使用价值的转移、交换、互通有无，提升平台企业的成长能力、可持续盈利能力。吴成颂等人（2012）的研究发现，科技研发公共性创新服务平台的绩效考核机制由以下几部分组成：平台的资源投入、平台的运行环境、平台的科技中介服务与相关利益主体的用户满意程度。郭海婷（2013）详细论述了重大科技创新平台运行机制的组成部分，认为其应包括四个部分，分别是资源有效整合机制、内部组织管理机制、研发创新激励机制、协同合作与服务机制。郑庆昌等（2009）利用理论与实践相结合，分析了科技资源共享服务平台的运行机制框架，主要有利益主体管理协调机制、利益相关者利益分配激励约束机制、科技资源高效整合机制与技术资源的支撑保障机制。卢兵友（2008）设计了科技服务共享平台的机制体制框架网络，主要包括管理决策机制、服务保障机制、运行保障机制、监督运行机制和基础条件保障机制。

在平台的战略规划方面，大部分学者赞同科技服务平台的主体由企业、高校、科研院所与政府相关部门组成。较为一致的观点是把微观企业视为技术创新的主体，高校与科研机构作为重要支撑，企业是社会价值的主要贡献者、推动经济发展的决定性力量。另外，高等院校、政府与科研院所为科技创新活动提供必不可少的科技资源支撑，包括有形与无形等资源形态。政府相关部门的职能在于间接调控，通过政策性引导、激励与监管，争取让更多的科技资源拥有主体逐步扩大资源共享度，争取对社会开放共享，帮助资源匮乏的主体顺利渡过难关，提高资源利用效率，有效避免资源的浪费，将有限的科技资源最大程度地转化为企业现实的生产力，进一步提升经济发展的质量与速度。

围绕平台的建设管理也形成一部分成果，观点主要包括：①平台的功能定位，例如，促进科技创新资源的区域集聚与开放共享，提升资源的开发利用程度，降低研发成本，全面推进政、产、学、研合作研发创新、共同形成一股经济发展的强大新动力；②平台的现实实施路径，主要涉及科技资源服务平台的合理科学规划、顶层设计、战略设计、搭建以科技资源开放共享为核心的技术创新服务体系；③平台的组织形式，尤其是科技资源服务的微观层面探讨，诸如涉及一套行之有效的激励约束机制、资源高效整合模式、监督与控制机制等，以促进科技资源服务事业发展、提升政府在科技资源服务中的引导、调控与推动作用。

1.3.7 平台标准化

平台标准化意指编制、出台与实施平台标准的系列工作的总称。它是科技资源与文献整合加工所应遵循的基本准则，是信息共享的前提。早在国家的“十一五”期间，科技平台的标准化工作始终是以提升科技创新资源共享程度为根本目标，基于现实需求，在全面统筹规划、灵活应用、沿袭与发展、共享开放的原则指导下，取得了一系列成绩，主要体现在以下几个方面。

（1）平台标准化工作的顺利启动与开展。在科技资源相关基础研究和平台试点政策文件的指导下，政府相关部门首先针对自然科学领域的科技资源、科学数据库等着手启动科技资源数字化的一系列规范标准制定。调研显示，“十一五”期间，我国制定了自然科学科技资源的整合共享描述性技术标准与操作规范，其中，仅植物类科技资源相关的技术标准与操作文件就达到 140 多个。另外，在基础科学前沿开发研究中的“领域科学类数据共享系列工程”规划项目中，专门成立了一个全球系统化科学数据共享服务项目，以最大程度地整合全国各大科研院所、高等学校、科学家群体通过科研活动产生的分散科学信息。

（2）依托于平台建设专项资金，积极开展平台标准制定与实施。2005年，科技部与财政部共同设立了科技平台专项项目，集中进行全国科技资源的归集、整合、加工、保存与再利用，且单独设立各类标准化子项目，这有力地推动了平台标准化工作进展。其中，在“大型仪器设备共建共享”项目中再成立了“科学仪器设备的标准设计”；在“科技文献信息存储与保障系统”项目中再成立了“数字化图书馆的标准制定规范”；在“标准化的科技文献共享共建服务网络”项目中再成立了“国际化的标准信息资源库建设”。不仅如此，还在自然科学领域将标准制定与实施作为一揽子项目建设运行的重要工作之一。事实证明，在以上各项平台专项资金的大力支持下，相关单位的标准制定工作取得了卓有成效的成绩，较好地满足了科技平台建设与科技资源开发利用过程中对技术标准规范的需求。

（3）建成了负责平台标准化工作的技术委员会，全面系统地推进该项工作有序进行。在科技平台建设不断深入推进的过程中，由于平台标准化不统一、重复度高且分散面广、等级层次不高、缺乏全面的统筹安排科学布局与协调，导致各建设单位经常意见不一致，各自为政。很显然，平台标准已不能很好地适应平台健康发展的现实需求，迫切需要成立一个覆盖面广、严格有序、公平公正的标准化组织机构，负责设计并管理科技平台的系列标准体系的制定与应用，培养一批专业化的标准设计、应用与管理人才。基于此，2008年，参阅借鉴发达国家的标准化管理经验后，科技部与财政部携手共建了一个标准化技术委员会，该委员会主要的工作是整合、研制、实施各个行业共性、通用的科技类标准与行为规范。2009年，进一步成立了全国科技服务平台标准化技术委员会，简称平台标委会，这标志着平台标准化工作进入一个新的历史时期，之后该项工作的推进速度明显加快，近几年已连续开展了标准体系框架设计、国家标准的申报与评审、平台标准化网站的开发建设、公益性行业科研专项标准的制定，大力促进了平台标准化工作进程。

1.3.8 大数据

（1）大数据的基本内涵与特征分析。Hampton（2013）视大数据为不能用现行计算软件、计算工具与方法进行计算加工分析的海量数据集合，为了能够较好抓住科技发展给人们带来的一切宝贵资源与机会，人们应尽快、全面、细致地掌握并应用大数据技术带来的诸多变化以及产生的最新科技成果。麦肯锡全球科技研究院（2011）提出，“大数据”是指人们运用常规数据计算技术、工具、数据库等软件无力进行获取、计算、加工、分析、处理的一切数据集合。陈迎雪（2015）的观点是大数据代表着这样一类传统数据的多样化集合，即在有限的时间内，借助于传统的计算分析工具，无法对其代表的信息进行收集、归类、分析与整理。从产业视角来看，大数据既包含数据集本身，又涉及对数据的处理方法与工具、数据信息的管理（或服务）平台、数据计算软件或系统。对于大数据的特征，Frankel和Reid（2008）提出，大数据拥有三大特征：数据容量大（volume）、种类多样化（variety）、效率高（velocity）。美国国际数据公司（IDC）（2011）特别指出，除了具备上述三大特征，大数据还应体现出信息的价值大（value）——第四大特征。进一步，美国IBM公司强调，大数据除了具有业界提出的上面四大特征外，还应该具有第五个特征——真实有效性（veracity）。

（2）大数据与科技平台的关系。Rose（2001）研究发现，终端用户在科技网站上搜集下载有用信息的时间耗费与产品销量密切相关，是后者的重要影响因素，不仅如此，它与科技网站具备的功能也相关。Cooke（2002）研究了产品消费者面对网站推送陌生产品或广告的不同态度，发现对商品的接受程度与网站推送的个性化密切相关。Junyean（2011）基于文化维度的视角，推导了个性化推送服务的相关假设与影响模型。刘小锋（2015）认为，大数据环境下科技知识体现出的全新特征给传统图书馆服务平台建设与管理带来了一系列发展机遇与挑战，集中于科技信息搜集、技术的新颖度、知识产权保护、科技转化等方面。张安淇（2017）的看法是：动态经济与大数据环境下，竞争情报是企业经营发展、核心竞争力培育的极为重要的一部分，大数据与云计算技术能够更快、更好地将定量与定性进行融合，这全面颠覆了以往竞争情报分析的工作处理方式。赵雪峰（2015）指出，作为一种全新的信息技术，大数据给图书馆建设与管理带来了多重影响，诸如：科技服务的重点与用户的多样化需求、科技信息的采集流程与加工方法、搜集数据的规模与种类、数据的组织管理方式、大数据信息的服务方式等方面。刘洋（2014）选用 SWOT 分析工具，围绕大数据和科技服务平台的相关关系进行分析，从多个角度指出了大数据技术在科技资源服务平台管理上遇到的一些问题，并提出一些有效的改进措施。

（3）大数据给平台服务模式带来的影响。袁红军（2014）主张，大数据对图书馆科技信息检索、加工、咨询等服务方式、服务效率都会带来不同程度影响，集中体现在在科技数据的存储方式、科技数据处理安全、科技信息泄露风险、大数据人才培育与管理等。杨强（2014）发现，用户对科技信息的检索效率是影响科技信息服务效果最为关键的一个因素，只有提高检索效率才能更好地迎合用户多样需求。大数据环境下，现实馆藏与虚拟馆藏相结合的科技资源存储方式大大增加了检索难度，如何提高检索效率变得愈加重要。陈霞（2014）解读了大数据时代科技信息内涵、特点与读者群的信息需求变动，指出过去现实图书馆的传统信息服务模式已经无法满足用户现实需求，基于网络构建科技云服务平台、重点建设移动科技云图书馆、利用云技术开展精准、动态、多样化的科技信息服务，以此建立图书馆科技信息服务的全新模式。张鹤明（2015）的观点与上述表述类似，大数据技术激发了读者的个性化、多样化信息需求，云技术在某种程度上有助于提升图书馆的科技信息全面管理效率、服务质量与效率。

1.3.9 科技大数据服务平台

最早引用大数据的文献可以追溯到美国 Apacheorg 的开源项目 Nutch，后来，伴随云计算技术的快速发展与应用，大数据被众多人所关注。在国外，有关大数据与科技创新两者关系的研究要早一些。Mckinsey Global Institute 于 2011 年发布了大数据研究报告，强调了大数据引领着科技创新的未来方向。Bill Franks 在其书《驾驭大数据》中细致分析了大数据的内涵与本质，详细介绍了如何借助于大数据思想和云计算技术进行科技研发创新。Kevin 与 Kendra 也认同经济社会的创新与发展无法脱离大数据的解读，他们在分析大数据开发、使用中的瓶颈后，详细指出了当前大数据开发中的众多不足之处。以上人员仅指明大数据的重要性，并未阐明大数据科技平台的原理功效[3-4]。以下学者弥补了此不足。陈积芳（2014）指明了大数据与科技创新两者的联系，赞同大数据能够显著驱动科技创新效率与成果转化[52]。罗亮与徐迪威（2013）认为，传统的数据库技术现已不能满足海量数据的多领域利用，大数据技术的应用使得企业精准化、精细化管理成为可能，如何科学高效管理大数据已提上日程[53]。李欢（2014）认为，大数据背景下的科技管理呈现出实验数据来源广、大、杂、深，科研资源需求多、成本提高、科研主体多元化与科技研发个性化等特点，以科研物联网云为支撑，从科技开发战略、科技研发政策法规、技术成果产业化等多方面构建开放共享的科技基础条件创新平台，是大数据经济背景下科技管理效率提升的重要方式[54]。王宏起（2017）基于科技成果需求的时间维度，设计了满足现实用户需求的交互式科技信息云服务管理方式、满足潜在用户需求的科技推送云管理方式与满足未来用户需求的科技智慧营销云管理方式[55]。宋赟（2016）、罗亮（2013）以大数据为背景，指出科技管理呈现出了多元化的新特点，并对我国当前的科技管理的新兴特点以及其创新平台的构建途径进行设计[56-57]。综合以上分析，现有文献关于科技大数据服务平台的研究内容主要集中在大数据与科技创新的相关性、大数据背景下的科技平台运作管理问题、对于建设架构、运作模式、运营机制与具体策略的探讨还较少，还有待进一步深入。

结合以上分析，发现目前对科技平台探索的种类较为丰富，重点集中在平台建设及功能培育，对在大数据下拓展平台特色、进行细化研究的文献还偏少，对各类平台的后期运作探索深度还不够。如何建立基于大数据挖掘技术的各类科技平台、如何设计平台基本技术架构与功能架构、如何构建基于可持续发展的平台财务运作模式、如何进行平台运作中风险监控等平台问题都有待进一步探索。接下来，本书拟以青岛市为例，在对终端用户调查分析的基础上，设计科技大数据服务平台的集成系统技术与功能架构，提出政府主导、第三方主导、企业主导与多主体复合运作相结合的实践运作模式，设计平台的绩效考核、激励机制、服务质量评价、风险监控等，深入探索平台的科学运营管理机制问题。

1.4 研究思路与内容及方法

1.4.1 研究思路与内容

笔者以科技大数据服务平台为研究对象，从大数据技术和管理思想、科技大数据服务平台构建定位出发，基于该平台的建设与运作现状，以青岛市为例对该地区各类终端用户的市场调查为手段，充分考虑终端用户的科技信息服务需求，设计科技大数据服务平台的基本技术架构、系统功能架构，探索平台的运作模式及适用性、平台的绩效评价系统、共享机制、服务质量评价机制、保障机制，并提出一些发展建议。具体步骤与流程如下：首先分析目前科技大数据服务平台构成现状，然后了解终端用户对科技大数据服务平台的信息需求，再设计科技大数据服务平台的技术架构与系统功能架构，探索科技大数据服务平台的运营机制，最后提出发展政策建议。以下是各部分的主要内容：

第1章是绪论。本章旨在对大数据技术和管理思想、国内外科技大数据平台相关研究现状进行系统梳理，分析现有不足，找到研究的突破口。笔者从科技基础条件平台、区域科技服务平台、产业科技服务平台、科技企业孵化器、技术转化与交易平台、平台商业模式、平台标准化、科技大数据服务平台等方面回顾了现有研究动态，发现尽管目前对科技平台探索种类较为丰富，但重点集中在平台建设及功能培育，较少大数据下平台特色的深入拓展，尤其是对大数据环境下各类平台的建设与后期运作探索的深度与广度还不够。

第2章探讨了大数据、科技服务平台相关的内涵、种类与主题界定。以介绍大数据、科技服务平台的相关内涵、功能、应用地位为基础，重在探讨大数据技术给各类科技服务平台带来的冲击、机遇与变化。为了后期更好地满足大数据技术环境下各类科技服务平台的发展需求，笔者提出有必要在云计算技术的支撑下，通过对海量多样化数据的收集、整理、整合、分类与加工，搭建一个共享、多元、开放、融合的科技大数据服务平台。在科技大数据服务平台建设与实施过程中，重点是开发大数据下的科技研发、科技转化、科技文献支撑、科技交易、科技项目服务、科技政策发布、科技用户服务等功能，更好地满足用户需求。以上模块中，核心和主导的是大数据科技研发。以云计算、物联网技术作为支撑，大数据科技研发要能够及时捕捉各类主体的科技需求，迅速将信息加工、发送到各类虚拟研发团队中去，供虚拟网络下的研发主体自主选择感兴趣的研发方向与技术类别。

第3章以青岛为例，分析了科技大数据平台（http：//www. sipc. cc/sipc/f/index）官网展示的建设内容以及运作情况。笔者从功能架构、服务对象、服务内容、运作模式几个方面分析了该平台的建设状况、存在不足，并探究了影响因素。该平台设有科技投入、科技人才、科技企业、技术交易、知识产权等12个功能模块，与以往的科技平台相比，增加了很多的实用功能，也在一定程度上体现出了大数据带来的便捷，但很多方面尚存在不足之处，诸如：信息以官方文件为主、服务对象偏重企业、对国外科技信息的搜集检索功能不完善、在很多平台功能上尚未真正地实现大数据沟通与交流。

第 4 章是科技大数据服务平台的用户需求调查分析。笔者从平台建设主体、功能分类与实现、共享信息提供、所有权与经营权安排、平台成本与收益、平台风险与监测等方面设计多个问题，进行了广泛的问卷调查，目的是要了解不同终端用户的科技信息与服务需求以及不同利益相关者对平台建设与运作的建议，以便更好地以需求为导向设计迎合用户偏好的科技平台。为了获取较为深入、详实的一手信息，笔者综合采用了实地调查、随机调查、个人访谈等方法，对各类用户的信息需求情况作了全面系统了解与比较。调查发现，高级科研人才的信息需求集中于高级仪器共享、国外科技文献检索、科技转化等，高校学生需求集中于创客服务、科技孵化器、科技信息检索等，高新企业员工需求主要集中于科技岗位供需发布、共享研发、科技产品交易等。

第 5 章介绍了国内外科技大数据服务平台的相关建设与运作经验。分别就国内外科技大数据服务平台建设的经验做了全面介绍，以供后期科技大数据服务平台的优化建设与运作提供借鉴。国外方面，分别就科技基础条件平台、科技文献服务平台、科技研发平台、技术交易平台、科技平台运作详细介绍了英美德等国的建设经验。国内方面简述了近几年以浙江、上海、广东、青岛为主省市平台建设情况。

第 6 章以终端用户对科技信息需求为基础，提出了科技大数据服务平台建设运作优化原则与方向。科技大数据服务平台后期应从以下几个方面入手设计优化方案：改进功能模块，真正实现大数据环境下的精准式服务；多层级开发科技服务模块，尽可能地满足各类用户的科技信息需求；搭建能够瞬时响应客户需求的云服务平台；各功能模块之间的内嵌模式要友好、有吸引力、便于访问；各个子平台模块的设计要尽可能地利用其他模块已经有的科技资源；积极整合开发具有自主知识产权的科技文献资源云系统，整合建立统一的科技资源云管理平台；拓展数据功能；从被动服务转化为主动服务；尽可能地多征集广大用户参与；探索基于众创空间的多样化的新型服务方式等。

第7章设计了科技大数据服务平台基本技术架构。根据云计算提供的服务功能以及平台构建的实际情况，笔者将科技平台划分为基础支撑层、数据服务层、平台管理层和应用层，分析了平台的工作流程、平台运行中的技术协调以及应用障碍。

第8章设计了科技大数据服务平台系统功能架构。开放式科技大数据服务平台系统应能够为经济管理、科技界相关人士提供与科技相关的基本服务内容，迎合企业动态的科技需求。依据服务内容、服务层面、服务主体等方面的区别，它至少应由以下四个子平台相互依托、有机构成：科技基础条件大数据服务子平台、科技研发大数据服务子平台、科技转化与交易大数据服务子平台、产业科技大数据服务子平台。笔者细致地分析了各个子平台的功能地位，整合设计了开放式科技大数据服务平台系统功能架构。

第9章设计了开放式科技大数据服务平台运作模式。笔者从财务学的视角，将平台系统看作一项技术资本，认为其运作应遵循财务学的基本规律，运作目标是平台系统的价值最大化。平台运作应遵循市场经济的财务运作规律。在当前阶段，考虑到国内现实环境与市场主体科技投入及创新状况，健康、有活力与可持续的平台系统运作模式还应依据内嵌子平台的服务形式、类别（公共品、准公共品、私人产品）与市场情况灵活选取。依据产权归属及运营主体性质不同，平台系统中各子平台的运作模式可区分为政府主导的非营利模式、政府引导下的独立第三方主导模式、政府引导下的企业主导模式、多主体的复合型模式。

第10章针对科技大数据服务平台发展与管理的实际需要，对该平台运行绩效形成机理和影响因素进行系统分析，从资源整合、运行管理和服务成效三个方面构建了科技大数据服务平台绩效评价指标体系。进一步，细致地分析了科技大数据服务平台的评价主体、评价客体、评价指标、评价方法，设计并开发出了一套高效的综合绩效评价支持系统，包含考评信息的采集与录入、指标的动态定义与应用、专家用户的评价评议、考评分值计算与汇总、分析结果的统计与查询。以上分析不仅有助于科技大数据服务平台后期的运行绩效考核、发现运行中的问题，还能够使科技管理部门及时动态地捕捉到科技平台的服务状态，为以后科技平台长远发展战略的科学制定与合理选择提供重要的参考依据。

第 11 章从以下四个方面深入探讨了科技大数据服务平台的共享机制，它们分别是：平台的资金投入与应用机制、平台的社会资源加盟机制、人才队伍建设机制与激励约束机制。其中，关于平台的投入机制，以共建开放共享的核心理念为指导，需要加大财政投入、调整财政科技投入结构、打通信息管理系统，加强大数据挖掘技术使用、利用 P2P 金融优势、构建完善的科技投融资体系等。对于社会资源加盟机制，科技平台有必要尽可能利用现有的平台网络基础设施，将各种渠道、类型的科技资源进行收集整理加工整合，提高数据资源开放共享的界定标准和科技资源服务流程细节。对于人才队伍建设，应坚持高级人力共享原则，以供需分析为导向，从人才的界定标准、考评、激励管理等着手设计。对于激励机制，需借助于大数据平台灵活选择各类物质与精神方式。

第 12 章选用模糊评价法，从可靠性、响应性、保证性、移情性、有形性五个方面设计了 SERVQUAL 模型的科技平台服务质量评价指标，并利用前面的青岛用户调查样本详细分析了青岛科技大数据服务平台的服务质量评价过程。分析发现，青岛科技大数据服务平台服务质量的整体评价得分为 3.450，说明青岛科技大数据服务平台在服务质量方面处于“一般”和“满意”之间，还未达到“满意”状态，大数据服务平台还不能有效满足企业的需求，还需进一步提升大数据服务平台服务质量。

第 13 章探讨了科技大数据服务平台运行保障机制。实践中，大数据服务平台的建设过程牵涉主体多，是一项投入资金规模大、建设时间跨度长、技术与组织结构复杂的系统性工程。基于此，探讨大数据服务平台建设的基本保障机制尤为重要。该章从制度保障、组织保障与运营保障三个方面探讨了科技大数据服务平台的保障体系，其中重点介绍了运营保障和组织保障。运营保障包括资金保障、运营机制保障、加大宣传和共享环境营造等。组织保障应从宏观、中观和微观层面采取措施。

第 14 章汇总主要结论，提出相关发展政策建议，指出研究不足以及后续研究方向。

1.4.2 研究方法

本书中，为了全面深入地探讨科技平台的建设运作问题，笔者综合采用了以下几种方法：针对特定用户的深入访谈、面向大众的问卷调查、文献搜集整理与分析、定性分析、定量分析与经济计量分析。

调查分析，主要是笔者以青岛市为例，通过网络在线问卷发放、企业实地问卷发放、个别电话询问问卷问题、邮件等方式，从多个方面调查了科技平台的终端用户多样化的科技信息需求状况，以便于获得现阶段的科技大数据服务平台建设情况、运作模式与效果相关的一手数据资料，为后续统计分析打下基础。

文献分析，主要用来搜集、归类、整理并分析国内外各个专家学者、政府或其他机构有关科技服务平台的专著、论文、法律法规、专利、科技发展规划、会议等，以便于详细了解科技大数据服务平台的建设、运营相关研究中的现状、研究热点、不足，以及后期研究趋向。

定性分析主要是运用经济学、管理学、技术经济学、技术创新学、平台经济学等方面专业知识，对平台建设架构与运作模式进行逻辑推理归纳，从而形成平台的系统假设框架以及适用的四种运营模式。

定量分析主要运用青岛市科技大数据服务平台信息需求的终端用户调查结果，选用工具是 Execl 数据分析软件。

经济计量分析主要用于科技大数据服务平台服务质量的评价，选用终端用户的市场调查数据，利用模糊评价模型设计指标体系评价用户的满意度。

1.4.3 研究创新点

与现有研究相比，本书的研究创新主要集中在将大数据管理思想、技术与科技资源服务平台构建相结合，探讨科技大数据服务平台的技术、功能架构、运营模式以及运营管理问题。

(1) 研究视角创新。尽管大数据、科技服务平台已成为经济界研究热点，但多数人仅围绕其中之一细化展开。其中，对大数据的关注多集中于大数据的特点、性质对经济社会尤其是对企业经营活动的影响，云计算的技术处理流程、云计算的技术处理障碍与应对。对科技服务平台的探讨以科技文献平台、技术创新平台、研究开发平台、行业技术创新平台、产业技术创新平台与区域技术创新平台为主。将大数据与科技服务平台置入一个统一的研究框架的相关文献较少，且以区域、省际、产业层面为主，针对青岛市的探讨鲜有涉足。本书以青岛市为研究对象，探讨科技大数据服务平台的建设与运营问题，弥补了此方面的不足。

（2）研究内容创新。在研究内容方面，笔者在以下方面有所创新：①根据云计算提供的服务功能以及平台构建的实际情况，设计了大数据环境下科技服务平台的技术架构，将云计算环境下的科技服务平台划分为基础支撑层、数据服务层、平台管理层和应用层。②设计了科技大数据服务平台的功能架构，认为它至少应由以下四个子平台相互依托、有机构成：科技基础条件大数据服务子平台、科技研发大数据服务子平台、科技转化与交易大数据服务子平台、产业科技大数据服务子平台，在进一步研究各个子平台的功能地位基础上，整合为统一开放的科技大数据服务平台系统。③设计了开放式科技大数据服务平台的运作模式，分别是：政府主导的非营利模式、政府引导下的独立第三方主导模式、政府引导下的企业主导模式、多主体的复合型模式，并详细分析了各模式的优缺点与适用性。④从资源整合、运行管理和服务成效三个方面构建了科技大数据服务平台绩效评价指标考核系统。⑤选用模糊评价法，从可靠性、响应性、保证性、移情性、有形性五个方面设计了 SERVQUAL 模型的科技大数据服务平台服务质量评价指标。

第 2 章

大数据对科技服务平台的影响分析

2.1 大数据

数据意指人类在社会生产与其他活动中形成的带有一定量化符号的形式，如字母、数字、计数符号。进一步，大数据这一专有名词最早出现于美国 Apache 公司投资的名为 Nutch 的计算机软件项目，它的意思是指大批量地处理、分析或加工来自于网页搜索、索引中所形成的海量化的结构、非结构等的数据集合体。大数据的发展离不开谷歌公司的奋力支持，该公司公开其新产品——Map Reduce 与 Google File System 后的几年里，大数据的内涵、外延得到明显扩充与深化，内容不再局限于大数据本身规模，而是注重强调大数据应用中的业务或信息处理速度、数据的多样化类型与加工读取大数据所含的经济价值。基于此，这里提及的大数据，与过去的名词——“海量数据”与“超大规模数据”等有根本区别。截至目前，学术界对于大数据的内涵尚无公认定义。人们大多是从自己的专业领域出发，分析大数据的特征与应用性，普遍赞同大数据要具备四大本质特征——4V，包括：规模性特征（volume）、多样性特征（variety）、快速性特征（velocity）与价值性特征（value）。在百度百科里，大数据被描述为必须要借助于新的数据加工处理模式，才能读取其价值、比传统数据拥有更强的决策控制力、阅览洞察力与业务流程优化处理效率的丰富海量、实时动态、高增长、多样化、个性化的信息类资产。百度百科此定义，主要是从新兴会计、新兴财务视角出发，视大数据为企业新兴资产的重要组成部分。本书中，基于后续研究的便利性，笔者从经营管理角度出发，将大数据界定为企业在一定的经营周期内正常运转中所产生的海量化、多样性、个性化、动态实时的有价值的信息或数据的有序集合体。对其加以处理后，大数据信息能够帮助各类用户进行更为科学、高效、准确、相关的经济决策。

现如今，大数据俨然发展成为新兴的数据分析技术领域最为炙手可热的方向之一，尤其是其领域的大数据仓库、大数据分析技术——云计算、大数据挖掘、大数据安全每年都是 IT 产业搜索排行最为靠前的词汇。与之对应，大数据革命背后引发的商业经济价值越发引起越来越多新兴行业企业的高度关注。如何捕获大数据，是信息与相关行业不断追逐的重要方向。国外方面，像 IBM、微软公司等知名互联网企业很早就针对大数据领域开展周密的研究与开发布局。国内方面，互联网行业的巨头——百度、阿里巴巴与腾讯公司也都对外公开了未来的大数据经营目标与导向，且这几年已在大数据应用领域获得较好业绩。不仅如此，大数据在科技创新领域的应用也较热门。科技研发与创新过程中，会产生大量的数据集合，如何深入解读这些数据的经济价值，更好地服务于当前的科技创新与转型升级在当下尤为重要。

2.1.1 大数据分类

依据大数据来源的个体特性，大数据能够区分为以下几种类别：政府政务大数据、科研创新大数据、微观企业大数据与公众个人大数据。政府政务大数据的来源渠道是政府相关部门，数据内容关系到与百姓民生相关的各个方面，种类多样，形式复杂，时间跨度大，对保密的要求比较高。科研创新大数据主要指人们在科研创新活动中形成的支撑科研产出的基础性数据以及科研活动过程中新产生的丰富海量数据。例如，国家生物工程实验室、核物理高级重点实验室与超大规模的航空航天重点军事基地，每天都会形成大量数据集合。还有，欧洲国家建立的国际核子物理研究装备的超大强子对撞机，若处于满负荷的工作状态，每一秒就能够产生多个

PB 级别的大数据。微观企业大数据，涵盖很广泛，既包含应用自身处理技术获取的用户信息集合，还包括经营管理中各项经营活动产生的海量财务数据。以上数据遍布经营管理的各个领域，种类多、内容繁杂，数量巨大，但目前的应用效果还很不理想。与上述形式不同，公众个人大数据是指个体从事日常社会生活所形成的数据集合。以上数据种类多，渠道广，存在形式复杂，数量庞大，若很好地挖掘加工，必将带来超额的经济利益，应成为企业后期关注的重点。

2.1.2 大数据管理思想和应用技术

大数据的到来，引起社会生活的各个方面发生不同程度的创新与改革。如何依托大数据思想进行管理制度、方法创新、技术研发与服务创新，以促进社会生活方方面面的协调发展成为一个亟待解决的问题。基于大数据管理思想，其核心就是对大数据的重视、获取、加工与应用。实践证明，充分利用大数据的分析技术——云计算工具，深度挖掘大数据在经济决策中的价值并尽可能应用于实际，有助于更精准地优化决策程序与路线。当前，应用较为突出的地方主要集中在预防预测与风险预警、消费用户的多样化行为分析、企业智能化决策、移动工具的应用、互联社交媒体的互动与沟通等。

作为一项新兴的信息技术，大数据的核心围绕如何高效、深入地参与经济决策，分析解读挖掘大数据的经济意义，以此实现对经济资源的合理高效配置、信息的动态实时沟通。学者们把大数据技术划分成五大部分：采集大数据、预处理大数据、存储与管理大数据、分析与挖掘大数据、推送与应用大数据。其中，采集大数据主要是在大数据分析技术与手段的支撑下，高效获取到海量丰富、灵活多样的结构化、半结构化与非结构化等各个领域的社会活动数据，这是大数据参与并服务经济发展的重要基础。预处理大数据工作集中于加工整合已经搜集到的数据，包括辨析类别、抽取样本等必要性工作。存储与管理大数据要做的工作是利用大数据的存储加工技术，采用一定的程序步骤及时存储数据源、搭建服务于不同目的的数据库，专门分类有侧重地管理。分析与挖掘大数据是人们利用数据挖掘、加工、分析、检测、学习等技术工具，对大数据的数据进行深入的挖掘与解读，以读懂数据背后的经济价值。最后，推送与应用大数据是将挖掘出的大数据经济价值应用于经济社会的各个产业行业，使之最大程度地产生经济与社会效益。

大数据的分析技术有很多。其中，云计算是目前最为流行的专门计算处理大数据的技术之一。参照 NIST（美国国家标准与技术研究院）公布的有关文件，云计算是专门处理大数据的一种分析技术，它的突出特点是采用按用户使用量进行付费的运营模式，能够为各类主体提供丰富的、方便的、实时动态的、按需定制的互联网络访问机会与途径。用户只要进入网络空间的某个区域的大数据资源共享池（这里的资源主要由网络、服务器、存储、软件、服务等组成），他们就能够很快地获取到大数据推送服务。近年来，随着各行业各大数据信息需求的与日俱增，处理技术——云计算的应用范围越来越广，经济价值也越来越被广大用户所认可。

2.1.3 应用技术

（1）技术一——统一的建模语言工具。统一的建模语言工具（unified modeling language），亦可简称为 UML，是一种模式化、统一化、标准化的描述性语言应用软件系统工具，能够针对各类应用软件系统的不同阶段提供全方位、多方面的标准化、可视化辅助文字支持。UML 应用工具共包含三个重要的应用模型，它们分别是：功能模型、对象模型与动态模型。以上三种模型分别从不同角度展示出了灵活多样的可视化图像，诸如：用例图（use case）、业务活动图（activity）、分类图（class）、顺序图（sequence）、语言交互图（interaction）与分工协作图（communication）。每一类图像都有其独特特点，适用于不同的软件应用环境。

（2）技术二——集成开发工具。集成开发工具（UAP）是人们为了更好地统一软件的应用平台所开发的能够迅速集聚整合应用软件系统的工作环境。实践中，UAP 是一套较为成熟的面向企业推出的定制开发平台。它通常是以 Eclipse 技术为核心，借助于标准插件的链接有序向外进行功能性扩展。这是大多数平台型系统进行二次功能开发时的集中统一接口。

具体的操作过程如下：开发平台系统重在为开发人员创设一种快速、实时、灵活、好用的软件运行环境，其借助于内部的自动配置功能实现对大数据代码的智能识别、分析、输出与决策功能。在这个运行过程中，平台系统自身要具备较为成熟的代码编译、整合、数据调试能力，这样才能很容易实现与RC管理工具的快速集成，实现RTC应用开发、资源分配、人力测试，较为顺利地完成系统任务进度查询、绩效考核等。

（3）远程调用技术——Web Service。远程调用技术——Web Service是一种不同平台之间相互渗入、合作、协同开发语言工具的远距离平台调用技术。它的推广与应用与自身内部的操作系统、基础配件与开发语言工具无关，而是依据不同平台系统之间的协议约定，事先界定好标准化、符合规范格式要求、统一的大数据应用规划与应遵守的规则，然后，客户端的客户采取远程访问的方式进入服务端口、在线远距离调用平台的资源与服务。服务端口收到在线信息后，快速解析出字符串的内在含义，依据其代表的经济业务信息处理完有关交易事项后，将所形成的有用信息再次按照固定格式分类整理成系统识别的字符串，实时反馈给客户端，这样一来，就完成了不同平台之间的接口远距离调用与在线实时对话，达到互通有无的目的，最大化地提升了资源利用效率。

Web Service技术的应用，需要与之配套的一揽子应用技术协议与规范来支撑。其中，Web Service平台最常用的三种技术分别是XML、SOAP和WSDL。XML，代表着“Standard Generalized Markup Language”的缩写体，意思是可扩展的标记语言，这是一种达到国际统一标准的表述信息技术的语言形式，由国际上的标准化语言组织每年统一协调对外公布，这也是Web Service采用的最为规范的标准化数据传输格式。通常而言，Web Service在对外发布信息时，都会事先定义好各类数据集的统一标准格式，客户端仅需按照固定格式要求进行封装存储、推送数据即可。SOAP技术是Simple Object Access Protocol的简化缩写形式，代表着简单的面向对象的访问协议。Web Service利用HTTP协议在线发送各类大数据诉求，然后，SOAP进一步详细界定各类大数据信息的固定格式，为了便于更好地读取大数据信息内涵的格式类型，可以增加一个HTTP数据源链接。

WSDL，是 Web Services Description Language 的缩写形式，代表着 Web 服务的一种描述性语言，它是一种标准化的 XML 语言工具，被广泛应用于读取识别 Web Service 信息网络中的海量大数据信息，诸如服务名称、识别方法、应用参数、返回值、返回地址等。借助于以上技术，平台系统的工作人员能够较为便捷地识别各种各样的 WDSL 文件、端口文档，全面细致地获取 Web Service 提供服务的详细状况。

（4）大数据的实时复制转换技术。科技大数据平台借助 Oracle 公司的 Golden Gate 和 ODI 工具，能够实现业务数据的实时复制与转换，保证平台大数据的实时性、动态性与标准化。Golden Gate 是一种专门处理数据库日志的大数据复制转换技术工具，应用原理如下：借助于分析与解读源数据库的在线日志、归档日志，取得各类大数据信息的增、删、改变化情况，然后将改动后的大数据信息转化为自身可以识别的标准格式，另存为指定文件类型，通过互联网络快速传输至目标端口，再对各类大数据以 10∶1 的压缩率深度压缩，降低网络空间带宽的信号需求量。在目标端口，把大数据信息存储至目标数据库，借助于交易重组与分批加载、远程调用等技术手段，很大程度上提高大数据投递转化的速度与效率，也会大大节省目标数据库里的大数据资源占用空间，如果运行顺利的话，源数据库与目标数据库甚至还能够同步实现亚秒级速度的海量大数据的复制。

ODI 是借助于 ELT 概念（抽取、运载与转换）形成的大数据抽取/大数据调用、转换技术工具。ODI 的本质是一种基于元数据的管理技术，它能够基于数据转换过程设计各类元大数据信息。它们都被存储在元大数据资料库里。ODI 的基本架构就是以此模型数据库为模板进行设计的。据此，各个客户端都能够凭借自己的图形模型与执行代理权进行有序访问模型大数据库。这个大数据库通常会被安装在数据库中的某个集中用户下。应用中，ODI 借助 OGG 的数据攫取识别技术进行集成，以此替代 ODI 中的传统 Logminer 数据分析，更快更好地获取动态实时的大数据问题解决方案。

（5）ETL 技术。这是 Informatica 公司旗下技术产品。应用此技术，Informatica Power Center 能够更迅速地实现对大数据的精准识别、深度挖掘与处理。Informatica Power Center，意指能够为广大终端客户提供功能较为强大的元大数据管理、大数据集成、大数据分析与递送等系列业务的企业大数据集成系统平台，具有可伸缩、可扩展、可延伸等独特特点。Informatica Power Center 主要从事 Informatica 与其他大数据提供商相关的数据仓库硬件设施建设、各类应用分析软件的开发与应用，集中于开发各类元数据的运行解决方案，帮助各个产业企业汇集大数据、集成、优化、管理信息资产，改进运营效率。实践中，Informatica Power Center 的主要组成部分包括：元大数据知识库、信息资料库、ETL 引擎帮助、设计开发工具——Power Center Designer、工作流程管理工具——Workflow Manager、工作流程监控工具——Workflow Monitor、元数据管理工具——Repository Manager 等。其中，Power Center 的元数据知识库的构建以 B2、Oracle 等常用关系型数据库为基础，具有较强的开放性。借助于各种各样的工作流程调度，人们可以将 ETL Session 与数据库多种脚本任务完美地进行融合，为更为复杂的工作流程制定奠定基础。

（6）数据仓库技术——Sybase IQ。这是 SAP 公司的数据仓库产品，能够用来存放 ETL 加工处理后的大数据信息源，以供其他主体快速查询、分析与应用。Sybase IQ 技术是面向关键任务进行智能化分析数据仓库而研发设计的高性能的信息技术决策支持服务。它的系列组件能够有效地完成服务器上的关系型与非关系型的数据库的高效对口访问。Sybase IQ 工作的基本原理如下：按照列的数据结构进行逐位索引。按列数据结构指的是数据按列储存，根本无需整行扫描即可完成瞬时搜索，且会及时反馈所查询到的信息列，明显减少了 I/O。相比之下，传统的 RDBMS 应用的是行数据结构，缺点很明显，仅能整行读取数据，获取里面的重要字段，查询时由于只能包括整行数据的极小一部分，导致很多 I/O 被严重浪费。

2.2 科技服务平台

2.2.1 科技服务平台的理论基础

（1）经济学家熊彼特的技术创新理论体系。技术创新理论的鼻祖是美籍奥地利经济学家熊彼特教授，1912 年他在所著的《经济发展理论》一书中，开创性地提出了技术创新理论。他主张，创新实质上是新的技术、新的发明在经济活动中的第一次应用与实施，本质上是建立了一种有别于过去的全新的生产函数，实现了一种过去从未有过的生产要素全新组合。他说的创新，主要由以下五部分组成：制造一种过去没有的全新产品；应用一种全新的管理方法；开辟了一块新的产品销售市场；控制了某些新原材料或半成品的供销渠道；创造了一种全新的工业经济组织模式。熊彼特教授的创新理论第一次利用演化推理深入探讨了创新给经济发展带来的多方面影响，他提出，人们通过创新能够获取新的丰厚利润，后续会引发其他主体一系列的模仿行为，进而打破行业关键技术存在的垄断性，驱动经济快递高质量发展。一定意义上，缺乏创新精神与能力的经济体，无疑是静态、沉闷、没有后劲的。经济之所以能够不断增长，根本原因在于创新的带动。进一步，他还特别指出了企业家在创新过程中的关键核心领导作用。企业家的一个重要职能就是管理创新。只有很好地将资源、能力等要素进行创新组合产生效应，企业家才能够合格。

熊彼特教授认为，按照内容不同，创新由三部分组成，分别是：技术创新、市场创新与组织创新。在此基础上，其后续追随者们纷纷从不同视角围绕创新进行拓展性研究。三条路线分别是：一是技术创新，围绕技术创新、技术创新与市场创新的关系细化展开；二是组织创新，重点探讨组织变革、内外制约阻力、制度变革等；三是对技术创新内涵与外延的思考。对于技术创新的内涵，比较典型的代表性定义有以下几个：一是美国经济学家曼斯菲尔德教授的描述：技术创新本质上是一项新发明的首次应用。二是 20 世纪有名的科技管理领域专家弗里曼的看法：技术创新是新产品、新技术、新的服务类型的开创性使用。现如今，人们更倾向于把技术创新视为围绕科学技术成果而进行的一系列相互关联的创新活动组合，涵盖了新产品、新工艺、新流程与新的技术研发成果在商业上的首轮应用。下面仅对最为重要的部分——技术创新进行更为系统的梳理。

技术创新通常具有以下几个较为突出的特点：一是技术创新的科学性特征。只有严格遵循、深刻认识、利用自然界客观物质的内在属性与发展规律，技术创新才有可能获得成功。这是因为，技术创新是人对自然界的有目的的行为改造。人类为了自身的持续健康发展，对大自然进行各种各样的改造，因而源源不断地创造出大量科技资源。尽管所有的科技资源都隶属于自然界，但科技资源的有序组合造就出了单个个体以前没有的功能。因此，必须在遵循自然界内在规律的前提下，技术创新——这种全新的改造与组合才能够取得成功。反之，若对自然界任意、过度肆意挖掘破坏，凭空想象去组合，最后只能是技术创新失败。二是技术创新的社会需求性。技术创新具有一定的社会性特征，它是人类社会发展到一定历史阶段的产物，来源于社会实践而非实验室。三是技术创新具有经济性特征。只有能够应用于商业化生产、获取丰厚的利润与价值，才能够称之为合格的技术创新。四是技术创新的风险性特征。创新产出的新产品、新工艺、新流程等，并不能够肯定其一定能带来丰厚价值，也可能会造成更多的资源浪费。创新过程本身就是经济价值与潜在风险相互权衡、牵制的一个矛盾综合体。五是技术创新的分类多样性。按照现有理论文献，人们最常采用的分类标准主要有：一是渐进性与根本性技术创新；二是产品创新与工艺创新；三是自主创新和模仿创新。本书中，我们重点关注的是科技创新平台自主性技术或工艺方面根本性的技术创新，只有这样，才能最大程度地获得经济与社会效益。

（2）三螺旋理论。三螺旋理论是科技服务平台最为重要的基础理论。它的核心内容是深入挖掘“大学、产业、政府”三个主体之间的复杂影响关系，从不同视角检验知识价值转化过程中大学、产业、政府等机构之间的影响路径。大学、产业与政府是三个非常重要的科技创新主体，它们参与创新有其共性：在科技创新过程中都必须建立在经济需求的基础上。三螺旋理论认为三类主体在长时间的正式、非正式谈话、合作与互动交流过程中，互相制衡、互相促进、互相影响，进而形成三股非常重要的力量，它们之间相互交叉作用，慢慢建立起一种呈螺旋式上升的合作曲线关系。美国社会学家亨利·埃兹科维茨最早使用三螺旋理论阐述大学、产业、政府三类主体在技术创新中的内在影响关系。紧随其后，美国的罗伊特教授借鉴前人的三螺旋理论体系，并进一步将其深化，设计了一个更具应用价值的三螺旋理论模型。

本书中，三螺旋理论是构建科技大数据服务平台的基础。依据三螺旋理论的精髓，合作构建由政府、企业、高等学校、研究机构、其他社会利益主体共同参与的科技服务平台，能够最大化地带动科技服务平台的螺旋式曲线上升、发展与繁荣。但以往的三螺旋理论重心都在政府、企业与高校的影响与合作，对其他领域探讨极少，也忽略了大数据技术带来的冲击与影响。本书拟在此基础上进一步延展。

（3）公共服务理论。考虑到科技大数据服务平台的业务属于服务，兴建也与政府相关，因此本书中笔者将公共服务理论也作为科技资源服务平台研究的另一个理论基础。依据公共服务理论，科技资源服务平台具有一定的公共产品属性，很显然是需要对这种公共服务进行公共性管理。公共服务理论认为，日渐完善的公共产品与服务不仅是现代文明社会的突出标志，还是有为政府的重要工作内容。而且经济社会越发展、越进步，公共服务的必要性就越突出，服务质量也会越显著。公共服务理论认为，公共服务内容与质量的不断提升会显著促进政府在经济中的职能与角色的转变，因此，很有必要加大推广科技资源服务的力度，这样会优化技术资源配置方向与结构，提高科技资源的利用效率，改善科技资源整体质量水平。同样地，科技资源服务平台发展也需要政府积极转变职能导向与调控，引导社会多方资源共同参与搭建共建共享，为经济发展、社会和谐进步贡献个人力量。政府的调控主要体现在对公共服务有目的、有重点地归类与引导，开拓多样化服务类型和管理方式、策略，例如，政府购买服务、特许经营、委托代理、服务外包等政策引导形式，本着适度商业化、市场化运营的思路放手让企业、高校、科研单位及其他相关中介机构参与合作，尽可能地拓展科技公共服务的类别、覆盖范围。

公共服务的供给形式有多种，常用的一种为借助于政府的财政补助来支撑公共产品的建设与共享。这是因为：①作为一种科技类的公共产品，科技资源服务带有一定的公益性特征，需要政府投入大量的财力与人力，以保证资源服务的力度与质量。②科技资源服务对于广大的用户，尤其是各产业部门内的企业而言，还带有明显的个性化特征。企业的科技信息需求差异化极大，也较为迫切，各产业企业尤其是同行业内企业，还具有竞争关系，所以科技资源服务不能交给企业互相竞争，市场叫板，还是要交由政府全面统筹考虑。③高科技公共产品往往具有运行成本高、受益能力有限，带有一定的消费补贴性质。竞争性企业并不愿意参与公共产品供给。这就需要政府协调引导具备科技公共服务管理能力的组织与个人积极参与科技资源服务供给，只有这样才能够培育可持续健康发展的科技资源服务平台，才能够更好地给各产业企业提供全面优质的服务内容。④科技资源服务的知识特性也很明显，具有一定的知识产品特征。与一般产品相比，知识产品往往具有以下独特特征：作为某个专业领域的科学系统的知识凝结，知识产品大多可以迎合人们日益增长的精神与物质双重需要；知识产品都是基于研发创造活动而产生的成果；它有独特的外在表现形式，能够以某种独特方式潜移默化地对客体产生一定的作用。例如，基于科技研发而形成的技术类知识产品，其外在形式可以是文字叙述性的论文或著作，亦可以是图表与数据；知识产品本质上还属于商品类目，具有商品的某些特征。知识产品本质上是人们投入知识、智力劳动后输出的脑力成果。脑力劳动属于劳动的一部分，能够创造价值产出。近年来，随着人们对科技创新的不断重视，知识类成果在所有商品中的影响力与比重越来越高、越来越大，驱使着知识产品成为一种独立的新的商品形态。知识产品里，最为重要的一类便是科技资源。接下来，我们把科技资源视为知识产品加以分析。由于政府相关部门的管理调控与协同推进、体制保障、机制设计与实施，科技资源服务平台逐渐成为政府的一个很重要的创新工具，在产业发展中地位越来越突出。政府引导下的科技资源服务平台致力于为企业或其他主体提供各式各样的科技类资源与相关服务，促进企业技术创新能力、新产品开发与新市场拓展能力的多方面提高。

依照公共服务理论，科技资源服务平台具备公益性、专业性与综合性三大显著特点。构建满足现代经济发展的科技资源服务平台也要注重这三个方面。首先是公益性。平台最好由独立性强的第三方机构兴建，这样的机构有客观中立的高等学校、科研机构与科技服务中介，按照这些机构与政府的关系，又区分为政府支持型、共建模式与企业模式等多种建设模式。为了平台更好地发展，最好的模式应该是独自成立一个非营利、非市场主导的科技服务型研发主体，主要业务就是为微观个体推送各式各样的科技资源服务，以此带动整体技术服务等级提升，尤其是企业的科技资源形成有助于各产业科技能力提高的良性循环。

依照公共服务理论，科技资源服务还需要定期地进行质量评价。这是因为，科技资源服务隶属于科技服务业。与其他服务业一样，科技资源服务业的服务质量也有好坏之别，效率差异很大，为了促进该服务业的健康发展，日常管理中，很有必要进行适当的、定期的监督、激励、约束与绩效评价，尤其是对于那些政府作为重要的参与者投资兴建的准公共科技平台，更有必要进行定期或不定期的绩效考核，依据考核结果等级进行适当的奖惩。其中，对那些科技产品服务质量突出，创造的经济、社会绩效较为显著的科技平台，给予一定的财政、税收、金融、法规等方面的政策倾斜。当然，这里还要指出，评价服务质量不能仅依据服务结果，还要关注服务的全过程。平台的服务质量与成效最终取决于终端消费者对于服务期待度与真实服务感受两者之间的比较。具体到科技资源服务，要对科技资源服务的享受方、科技资源服务的供给方与独立第三方三个方面的结果进行全面综合评价，尤其是科技资源服务的享受方的感觉最为重要，最具参考价值。这样的评价体系有助于促进平台建立协调统一的科技服务质量标准、科技服务规范体系、科技服务等级、科技服务自评与反思。

2.2.2 科技资源服务

科技资源服务的基本内涵主要包括以下三个方面：一是对科技资源自身内部的有序优化整合与集聚调整。如果没有汇集、归类整理到足够多的有用科技资源，就没有能力顺利进行科技资源服务，基于此，科技资源其实就是科技资源服务的前提条件与出发点。二是有技能、专业化、懂知识、素质高的科技资源服务人才队伍，这是基础与保障。如果没有相应的高质量科技服务人才，再多的资金也没法顺利开展科技资源的开放与共享服务，更没法搭建高标准的科技资源服务平台，所以高水平服务人才应是科技资源服务的核心。三是软环境——科技资源服务的制度和机制，这是环境保障。若仅有科技资源、科技人才，没有与之相补充支撑的法律、法规、制度、体制等，科技服务平台无异于多种科技资源的混乱堆积，很难正常开展工作。

2.2.3 科技服务平台

（1）基本内涵。现阶段，关于科技服务平台尚并无一致性的完美定义，大家大多是围绕特征、作用、内容进行界定。其中，比较典型的看法集中以下几点：①科技服务平台意指存在于某一特定区域中，由一系列能够被共享的科技资源与要素共同组合而成、能够提供供需信息的介质，主要内容为知识、信息、技术、人才、政策或它们之间的相互支撑、相互依赖关系；②科技服务平台能够很好地集聚各类产业科技资源，提供良好的经营、运作与服务，更好地满足各行主体的科技创新活动，促进科技创新活动的产出效率与产出效益；③科技服务平台有多种形式，既有区域性的，也有产业、行业或企业内部的，参与者多是和科技创新活动有关的利益相关者，分别是政府、企业、其他社会机构、高校、研究院所；④借助于科技服务平台，各级政府可以更好地开展经济建设与技术创新，推动财政与其他收入的稳步提高，更好地服务于社会居民。不仅如此，企业也可以借助于科技服务平台更好地开展研发活动、培育强大的技术资源，尽快实现经济转型。高校与科研院所，也能够利用科技服务平台更便捷地获取科技信息、科技金融支持、科技产品交易等，为科研活动的良性循环打下基础。综上所述，本书中给科技服务平台下的定义是：科技服务平台本质上应是一个开放性的平台，能够大量地凝聚科技资源，低成本、高效率地整合资源、提供科技服务，为各产业的科技研发与创新提供文献、政策、资源、交易与转化等一系列服务。

科技服务平台的管理定位，是由建设的初衷、自身的服务特征综合决定的。与其他平台相比，科技服务平台拥有五个较为明显的特征优势：第一，整合科技资源的特征。科技服务平台的工作就是大量聚集并有序地整合海量的科技资源，为科技研发与应用提供各方面的支持。第二，多方服务与协同合作的特征。科技服务平台不光可以聚集科技资源，还能分配、调控与优化资源结构，促进各项能力在科技转化、研究与开发、多主体资源共享等方面的权衡配置，以便于优势互补。第三，科技资源使用的开放与包容。科技服务平台的初期建设与后期管理，是在多方主体参与下完成的，涉及政府、科研单位、高校、企业、社会其他组织、个人，而且本着开放共享的原则管理科技资源。第四，科技服务创新特征。科技服务平台在初期建设思路与模式、管理中的运营机制、绩效评估与考核，都具有不同于其他组织的独特之处，自身就是人才、知识、服务创新集聚体。第五，存在形态的多样性。根据实践，科技服务平台有很多运营类型，既有覆盖全国甚至全球的高端大型科技服务平台，也有集中于一个小机构、实验室或虚拟个体的小型科技服务平台。另外，科技服务平台的面向对象较广，可以是跨行业、跨产业也可以之针对单一企业。

综上所述，科技服务平台具有三个突出的共性特征：作为基础性的技术支撑体系、软硬件的集合体、特定内在关系的综合网络空间。科技平台既能够在现实世界存在，也能够游离于虚拟的网络之中。不管何种平台，都能够引导、调节、促进双方、单个或多方主体之间的互通有无，使得各主体的利益最大化。进一步，平台经济以平台为支撑，依靠科技资源的有序高效流动与共享为主要驱动源，以平台的组织管理体系为基本服务方式与工具。平台经济的历史发展可以划分为三个阶段：一是单一的平台建设与独立运营阶段。该阶段的平台，使得某个人的劳动逐渐脱离了低效率的资源记忆与加工处理，能够高效率地获取大量劳动成果，从多个方面改善了个体、集体的劳动生产率。二是网络拓展阶段。一个最明显的变化是，个人不再独立，而是与集体建立了越来越多的联系，逐步形成了传递资源、提供服务与获取信息的高效管理体系，不但减少了个体取得各类资源的成本，还优化了集体筹集资源的路径，最终对平台的组织管理方式、结构带来深远影响。三是网络资源的填充发展阶段。这个阶段，最明显的变化是网络逐渐影响到集体、个人的日常各类活动，以某种有形或无形方式潜移默化地改变各类人的活动方式，诸如商务往来活动、科技研发与创新活动。这驱动了社会经济开始大步迈入到平台经济的全新时代，这是有别于以往的全新的经济发展模式，在平台发展史上占有重要地位。现如今，人们可以很容易在自己周边发现平台经济的影子，如电信、消费购物网站、购物商场、信息传播媒体，它们在现代经济发展中越来越重要，俨然成为新经济时代的一个鲜明标志，这已引发了人们对平台经济的诸多关注，众多迹象充分表明：平台经济已经到来。给平台经济下个定义，就是探讨有关平台自身、平台的目标对象、资源提供主体三者之间相应影响关系的经济活动，可以存在于虚拟空间，亦可是实体，它的有效运行能够促进资源使用效益的显著提升。它属于现代服务经济学的一个新的分支范畴。

（2）科技服务平台主体分析。平台使用者。科技服务平台成立的初衷，就是要有序优化整合整个经济社会的科技资源为创新服务，更好地合理配置以各种形态存在的科技资源，努力使其尽可能地发挥出资源的集成优势。科技资源是科技服务平台赖以生存、不断发展的资源基础，但它们被分散在各个不同的主体手中，平台要做的工作就是有序集聚这些科技资源，使之更好地发挥作用。平台的信息与服务需求者，不仅是科技服务平台上科技资源、服务的需求方，也是资源、服务的提供者。这些主体集中于高等学校、科研院所、中介机构和企业（见表 2. 1）。

表 2. 1　　科技服务平台的供需主体

使用者	高等学校	科研院所	中介机构	企业
作为供给方	图书馆、资料室、技术设备、实验室、教师、科研人员、研究生、研究成果	科研仪器、设备、实验室和试验基地、研究人员、工程师、研究成果	技术管理与技术扩散、成果转化、科技评估、法律咨询、创新决策和管理咨询	实验室、新产品和技术开发研究中心、研究资金
作为需求者	作为资源需求方：专业咨询、资金；作为资源供给方：设备、智力资源	寻求实验条件、政策支持；提供科研仪器和信息资源	信息资源，包括行业技术信息、市场技术需求信息和政府政策信息等	企业为保护自身的竞争优势，一般作为平台服务的需求方，寻求信息资源、科研仪器设备、研究成果、合作对象
特征	基础性、理论性、应用性、专业性、综合性、营利性、针对性、广泛性、开放性、排他性、竞争性			

高等学校。高等学校是我国科技服务平台中非常重要的一股支撑力量，以及参与科技资源共享的主体之一，它能够对外提供参与开放共享的科技资源有两大类：有形科技资源、无形科技资源。前者涉及学校拥有所有权的能够助力科技创新的一切物质性基础资源与硬件设施——图书馆、资料室、技术设备、实验室。后者主要涉及高校在历史发展中所形成的科技创新独特文化、教师科技成果及技能型教师人才。科技创新的文化资源是各高校经过漫长的教学科研积累逐步形成的具有核心竞争力的独特科技文化，外在表现形式主要有浓厚的创新、读书与科研奋斗氛围、学校的科技美誉度、科研贡献、科技成果的先进程度。这里的科技成果大多是高校的专家、教授们在长期的教学、科研过程中不断攻坚克难、奋斗所获取的基础类科技成果、应用类科技成果以及科技创新的研究方法。从事创新的科技人才主要由各自然科学、社会科学领域的教授、其他科研工作人员与硕博研究生共同组成。综上可见，高校所拥有的科技资源体现出以下几个特征：基础研究性、理论过硬性、广泛参与性和开放共享性特征。正是基于此，高等学校在我国的科学技术以及其他创新知识研究方面，往往领先地位较为突出，通过输送优秀的科技教师与领先的知识理念，为科技服务平台的高质量持续发展作出较为突出的贡献。但也应看到，高校还是科技服务平台非常重要的需求主体，它们迫切希望科技服务平台能够提供最为先进的各领域发展动态，能够成为教师科技研发的助推器与科技转化的传导器，能够成为互通大型科学仪器设备、其他基础性技术设备的交易媒介与载体，以此带动高校科技类专家教授、青年学者业务素质、研究技能与修养的全面提升，逐步形成一批具有较强可塑性的研发团队。实际上，与科技成果所能带来的经济与社会效益相比较，高等学校其实更看重如何才能从科技服务平台上快速搜索整合出最新的各自然科学领域的技术动态信息、如何才能享受到最为及时、贴心、全面的技术服务，如何才能更快地寻求到科研所需的资金支持与政策法规文件支撑，多快好省地培育高等学校的在某些学科的知名度。应该看到，现阶段我国绝大部分高校都属于非营利目的的事业单位编制，教学科研所需的资金主要是国家各级政府部门的财政拨款，仅有很少一部分来自于市场与企业。正因如此，长期以来，不管是作为科技资源与服务的供给主体亦或服务主体，高校的科技资源共享的意识、观念以及所做的行动都相对较落后一些，其中最为关键的制约因子就是缺少利用市场开展社会化科技服务的引导支持机制。科技服务平台的出现，恰好弥补了这一短板，成为推动高校科技资源全面向社会各级主体开放、共享、服务现代经济发展的一扇窗口。

科研院所。它主要由两部分组成：一直保持事业单位性质的各级基础性科技研发机构与早就进行市场化改制的应用性科研开发机构。这两类机构所拥有的科技资源均是由有形科技资源和无形科技资源组成。有形科技资源是以上两类科研院所在长期的科技创新过程中必不可少的物质性基础科技支撑资源，由科研仪器设备、先进实验室、试验与试运行基地等类别组成。无形科技资源是以上两类科研院所正常从事科技研发过程所需要的各类非物质性资源要素，主要由科技研发人力资源（研究阶段、开发阶段的工程师、研究员、技术员）与科技财力资源（主要是政府各级部门设立的各种名目的科技研发创新基金，其资金主要靠政府有关部门的财政拨款、转化科技成果经由市场交易后获得的收益）、科技信息资源共同组成。这里的科技信息资源，包括的范围比较广，涵盖了研究开发过程中一切与科技相关的基础产品、中间过程产品以及研发形成的专利成果信息。与高等学校相比，以上两类科研院所积累的科技资源其应用性往往较强，所从事的专业化程度与人员分工也会更细，开放性也会更强一些。现如今，从事基础类科技科研的院所，依然有较少的一部分还维持着非营利的公共性质，与高校无异。这些科研院所对科技服务平台的多样化需求突出体现在急切寻求科技所需的实验条件、科技所需的资金保障与研发的政策支持等支撑资源上。另外，还有一部分院所，很早已经完成企业改制，它们的科技支撑体系中依靠政府的科技资源占比相对要小一些，它们主要的收入来源于科技成果的市场交易，本质上与企业无异，具有较强的科技转化的动力、能力与实施效率，其对于科技资源共享、开放的意识及实施积极性都较高。在科技服务平台的支撑下，这些以市场为导向的科研机构能够更快适应市场化的快速发展进程。

中介机构。实践中，依据产学研科技活动的多样性与不同阶段，中介机构所提供的科技服务类别较多。据此，人们把科技相关的中介机构区分为两大类：第一类是服务于科技研发活动的初级阶段的中介机构，主要是：生产力促进中心、科技研发、大型研发基地、各产业重点研究院、工程技术研究院。第二类重在围绕科技成果转化、应用与扩散进行多样化服务的中介组织，主要由科技信息系统、产业科技园区建设、产业科技评估机构、技术创新创业服务机构、科技企业孵化器、创新创业企业融资支持机构共同组成。

按照以上机构是否能够提供公共性的产品与服务、是否以营利为目的、追逐价值增值最大化为目标，我们把科技类中介机构区分为两大类别：第一类是在政府有关部门的支持下兴建的、主要体现政府对科技市场的发展意愿、趋向与意志，属于非营利性的公益性质。第二类是完全以市场为导向、按照市场的多样化需求不断成长起来的中介机构。当前阶段，非营利性质的科技中介机构仍然居于较重要的位置，占比较大，而基于市场机制建立的灵活多样的营利性科技中介机构成长轨迹较慢，其健康发展还有很长的一段路要走。与高校与科研院所相比，科技类的中介机构主要的工作是为各类主体的科技研发创新活动提供必不可少的服务支撑、科技资源。这些中介机构大多不进行直接的科技研发与创新活动，其所具备的科技资源以无形资源为主，诸如科技工程师、研究开发人员、技术成果管理专家、各产业领域里的技术顾问。应指出的是，也有少部分中介机构拥有少量的有形科技资源——设备仪器与实验室，为某些特定的科技研发活动提供指定的服务。科技中介机构以提供支撑性科技研发转化辅助活动为主，内容涉及众多的特色科技服务类型：技术资源扩散服务、科技成果转化交易服务、科技评估政策法规咨询、科技售后咨询服务。这些中介机构大多具备较强的市场性、综合性和专业性特征，是科技创新平台上非常重要的共享参与者。凭借过硬的专业技术知识、业务技能，与科技服务平台上的企业、高校、科研院所等主体保持着非常紧密的联系，并且在长期的业务合作中形成了较为稳定的专业分工。它们各自履行自己的分工职责，大大地减少了科技创新创业中的风险因子，有力地带动了科学技术成果的产业化。科技中介机构在服务过程中非常看重科技服务平台推送的各类供需信息服务渠道畅通性、动态及时性、客观性、准确性、相关性与可获得性。实践证明，作为科技服务平台中以服务为目的的重要供需方，中介机构通过与科技平台上的其他机构深入开展技术合作交流，从科技服务平台获取了大量的科技信息（以技术市场的需求信息、政府部门的政策法规、法律科技信息为主）与服务，同时也提供了灵活多样的服务类型，有力地驱动了创新进程。

微观企业。这些年，政府及其他机构都在不停地呼吁要不断提高企业在技术创新中的主导性作用，企业是决定经济发展的关键力量。2013 年，国务院出台了关于企业特别是中小微企业如何提升创新能力的相关意见，特别指出了要大力强化企业在技术市场中的主体地位。另外，李升泽（2014）也指出，中小型企业是科技创新平台的一支极为重要的服务对象与需求者，是关系科技创新平台发展质量的重要利益相关方。本书中，我们将科技服务平台的使用者、需求者、平台应用状况的调查对象，均聚焦于企业。

企业的科技活动范围非常广泛，涵盖了与发展相关的一切科技资源，具体体现在科技资源搜集、科技研发与技术成果产业化过程中相关的一切有形、无形科技资源中。其中，有形的科技资源涵盖企业内部致力于科技研发的技术实验室、技术研发重要基地、新产品开发基地等基础建设场所。无形的科技资源以各类研发基地的科研公关人员、研发投入资金、以研发为导向的企业文化等为主。一般而言，企业的科技研发活动大多围绕自身的战略业务产品、重要事业部的高新产品、核心技术工艺的开发与应用进行，针对性较强。企业的本质是逐利，致力于科研的目的归根结底是为了培育并增强核心技术竞争力，因而其科研成果往往带有一定的排他性、保密性与竞争性。美国学者 Linnarsson 和 Werr（2004）的研究发现，企业在从事科技研发的过程中，处处体现出较高的不确定性，为尽可能避免这种不确定性带来的消极影响，广泛与外部科技主体合作成为较常用的规避手段，这在中小企业更为明显。这是因为：中小企业资源基础薄弱，进行自主技术研发、科技创新所需的人、财、物等支撑资源严重缺乏，完全依靠内部力量不可能攻克高精尖技术难题，但它们也有技术进步、转型升级与健康发展的迫切性需求，这时往往退而求其次，转而依靠外部的力量、通过开放式科技研发弥补自身不足。Hidding（2011）的研究结果显示，随着经济的快速发展，各产业、各行业的企业都对科技服务平台的服务有较强的依赖性，事实证明，科技服务平台与企业之间的深入广泛合作对各行业企业的科技研发能力提升作用较为显著，创新成果比过去有显著增加。科技服务平台已经成为企业研发过程中必不可少的一部分。综上分析，由于日益激烈的市场竞争带来的巨大市场压力，企业不得不重视并强化科技研发，为了降低研发成本、提高产出效应，顺利实现转型发展，企业（特别是中小企业）大多都愿意主动寻求科技服务平台的合作，利用平台获取所需的科技资源、与各类主体开展深入的科技合作。

作为科技服务平台上对科技资源较为重要的需求方，企业的需求大致划分为两类：第一类是企业通过在科技服务平台上获取外界信息资源以及与其他平台主体广泛开展交流合作、共享，及时发现技术需求动向、开展技术研究与转化新技术成果。第二类是企业为了控制成本，利用科技服务平台租赁、共享、购买其他机构的科研仪器、大型高新设备及既有的技术成果。

（3）科技服务平台的服务特点。科技创新领域的专家菲利普教授基于营销学领域的深入研究，特别提出服务是具有交易活动的一方主体向另一方主体提供的无形享受行为。在服务交易的过程中，不涉及任何实物物品所有权的变更，但服务的过程会借助有形产品共同完成。根据多年来理论界专家对服务的研究，普遍认为服务具有以下几个特征：无形性、不可分离性、易逝性、差异性。

与之对应，科技服务平台的主要业务就是提供服务。它的兴建，主要是由政府相关部门主导、以科技资源共享、供需对接为业务核心的一种科技服务类基础建设形态，它的存在有效积聚了现实区域内的实物、知识、技术、信息、人才、政策等必备性创新资源，为各类研发机构科技研发的正常进行提供必不可少的科技资源开放共享服务、科技研发支撑与协作服务、科技成果转化与交易服务和科技中介咨询服务等。本质上，科技服务平台就是以科技服务为内容的载体与媒介，它的经营业务因而也拥有上面提到的服务四大特征。下面做分别论述：

第一，科技服务平台提供科技服务的无形性。现实生活中，我们所接触的产品以有形居多。有形产品能够被触摸、可陈列摆设，顾客也比较方便进行比较、鉴别与挑选。特别地，顾客能够借助于产品的体积、大小、功能、外形、材质等较为客观的信息与明确的标识，很容易地识别产品的质量等级、耐用程度与效能。相比之下，科技服务平台给微观企业、高校、社会公众、科研院所等异质用户提供的科技相关的服务绝大多数是抽象、无形、不可触摸、看不到外观设计与大小，诸如，科技服务平台上的工作人员服务态度如何、语言的亲和度，这些都会伴随着科技服务的全过程，尽管看不到人，但对科技服务平台的服务结果、服务质量与效果会带来非常重要的影响。应当指出的是，有的时候，有个别服务机构从事科技服务时需要借助于一些本身不属于服务项目的有形载体与工具。例如，只有借助于互联网，科技服务平台才能够提供一切有关科技信息资源的共享开放服务，但不可否认，互联网本身不属于平台，但它是科技服务平台提供服务过程中的一部分。正是因为平台服务的无形性，直至现在，平台用户对于科技服务平台的服务质量仍缺乏较为客观的评判标准。

第二，科技服务平台提供服务的不可分离性。通常来讲，围绕有形产品的研发与生产过程不需要消费群体的参与。消费者能获得的都是经过生产过程、商品流通过程与销售过程之后的最终消费产品。在这里，人们不仅可以严格区分产品的生产与消费，还可以界定产品生产与销售的时间与空间。相比之下，服务的生产与消费过程是密不可分、合二为一、相互影响、相互融合的，服务的生产过程本身也意味着消费。平台也是这样。平台提供各类服务的过程中，客观上需要广大用户积极参与服务过程的生产、传递与利用。举个例子，科技平台上的科技高级专门人才、科技教授们在给企业提供各式各样的科技咨询、研发合作与技术服务时，需要企业的业务相关科技员工的配合，这个过程恰恰体现了科技服务人员和科技服务平台广大用户两者之间的融合互动。作为科技服务的接受者与服务对象，企业参与服务的过程对服务的效果起到重要的推动作用。基于此，科技服务平台提供服务的生产、消费的融合性与不可分离性，使得科技服务平台制定有关措施改进平台质量时，不可忽视各类利益主体的参与对服务过程、结果可能带来的影响。

第三，科技服务平台提供服务的易消逝性。科技服务的易消逝性主要表现为服务的无法储存。科技服务本身是一个无形的消费过程。人们不能够像对待有形物质那样用玻璃容器将其储存，也不能像企业那样设个仓库储存存货，迎合消费对象不同时间的消费需求。因此，很容易出现科技服务供给、科技服务需求的不平衡。为了尽可能地避免此类问题出现，科技服务平台运营时需要提前对各类用户的科技信息需求进行深入调查，以此为基础，对可能的服务种类、服务程度、服务等级科学合理地进行评估预测，以便于更好地分配服务资源，提高资源利用效率。

第四，科技服务平台提供服务的差异性。一般而言，有形产品的生产都有客观的、真实的、严格的、具体的规则标准可供参考，生产的有形产品也能够与标准基本一致。科技服务平台提供的科技服务不同于有形产品，它的服务变动性极大，会随着平台的服务人员种类、接受服务的异质消费者种类而动态变动，很难找到完全相同的两类服务。首先，从科技服务平台提供服务的人员角度来看，每个平台服务人员的从业经历、学识素质、技能水平、工作时的心情状态、个人道德修养等多方因素，都会或多或少地影响到服务的质量水平。其次，从服务对象一方的角度来看，需要科技服务的企业人士、个体用户或其他主体的利益相关者，受其科技认识水平、知识理解能力、对信息的感受能力、工作的性质与职位高低、资历积累差异与他们参与服务过程的程度不一样，这些主体对科技服务的质量认同的程度、吸收的效果、感受的满意度都会不同。以上双方力量的共同作用导致了科技服务平台提供的服务无法统一。

除此之外，由于科技服务平台所提供的服务拥有很强的特点与独特属性，相对于其他服务，科技服务平台的服务往往还体现出一定的对外开放性、共建共享性、全面综合性、业务专业性、面向对象的公益性、市场导向性等特征。其中，要特别指出的是，这里的开放和共享意指科技服务平台的运营组织的外围边界是无形、虚拟的，科技服务平台与外界的利益相关者之间只有科技资源与服务的简单输入与输出利益关系，开放程度在某种意义上决定了科技服务平台能否很好地和外界经济主体进行快速、无阻的有效交流。只有这样，科技服务平台才能尽可能地集聚、整合与分析科技资源，实现科技资源的共享，为全社会的科技创新活动服务。另外，还有不少学者从不同角度实证，发现科技服务平台的运营直接以市场需求为导向的运转效率显著优于科技服务平台实行其他管理方式与机制。这主要是因为采取其他的平台管理方式，平台中的各个科技资源的主体存在一定的定位缺失，利益联系不够紧密。基于此，科技服务平台的运营应建立在科学的战略规划基础上，通过引入市场化运营机制，实现科技资源与利益的再次优化调整，确定合理的利益结合点，以此调动各个科技资源利益方对资源共享、共建与合作的激情，从根本上盘活社会经济中的科技资源、提高各类科技资源的利用程度与效率。

2.3 大数据对科技服务平台的影响分析

近一个世纪，计算机相关信息技术的发展，先后经历了以下几个阶段：大型计算主机、中小型计算机、微型计算机与分布式计算机，现如今已经大踏步地迈入以云计算技术、大数据信息为领先与主导的第五次计算机科技革命。大数据时代，一个最为明显的变化是信息技术的日益更新。信息技术产业从过去的“数据计算为核心”转向“以加工整合大数据信息为重心”。伴随着人们在日常生活中对经济、科技数据的依赖性逐步提高，大数据信息的生命周期也在不断拓展与延长，尤其是非结构化的大数据信息的增长速度远远高于结构化的数据。据美国麦肯锡公司的调查报告，全球经济社会的大数据规模每过 18 个月就能够翻一倍。支持美国经济长期增长的各个主要产业中，绝大多数公司现在一年的经济运行数据规模，就能够超越同一段时期美国国家图书馆馆藏的图书与文献的数据量。人类自从发明活字印刷术以来，过去一千多年积累沉淀下来的全部印刷材料几乎等同于 200PB（这里的 1PB 等价于 10^5B）。相比之下，截至 2011 年，全球的经济大数据规模就已经达到 1.8ZB（1ZB 等于 10^{21}B）。根据美国 IDC 出台的 2012 全球数字经济研究报告，预计到 2020 年，全球的数字宇宙规模能够达到甚至超过 350ZB。其中，仅靠互联网的支撑，人们就能够创造出大量的经济变动信息、接触性非结构信息（例如，浏览/点击网页内容、浏览或阅读时长）、搜索引擎/产生的大量需求类信息（例如，常用的搜索关键词、搜索过程中的行为转换、信息的需求类型等）、网络搜索信息的偏好趋向（例如，喜欢的信息类型、讨厌的信息类型）、信息的日常消费行为（例如，消费的时间、消费的类别、消费的金额、消费的频率）、全国人口的统计数据信息（人的性别、年龄、籍贯、单位、工作经历、受教育状况、婚姻状态等）、接收、发送大数据信息的电子设备、场所区域信息（例如，智能化的设备类型、智能化电子系统、设备所在城市、各城市的网络建设状况等）。基于大数据、移动互联网、云计算、智能化的合力支持，BYOD（Bring Your Owne Dvice）即自带的设备办公，在全球多个国家迅速普及。早在 2010 年 7 月，联合国教科文组织出台了白皮书——《大数据促发展：挑战与机遇》，里面鲜明地指明大数据的到来，对全球任何一个国家都是一个难得的历史机遇与全新的挑战。2012 年 3 月，美国的前总统奥巴马制定了一个美国政府用两亿美元的拨款全面启动“大数据研究与发展计划”，把大数据的发展与利用提高到国家的战略高度。国内方面也在积极迎合大数据。2012 年 10 月，广东省省委书记汪洋向市民推荐了一本书——涂子沛先生的著作《大数据：一场正在到来的数据革命》，该书在广东曾掀起一波巨大的大数据浪潮。种种事实表明，能够灵活自如地加工处理大数据信息、高效整合大数据信息，正逐渐成为各经济主体日常经济活动中的一种必备的竞争优势。对于这样一块巨大的蛋糕，大数据经营厂商很早就感受到大数据市场的巨大潜力，一批知名公司——IBM、HP、Oracle、微软、SAP 等全球知名 IT 巨头近年来都一直在致力于推动大数据市场的不断繁荣，先后向市场推送了各种 Hadop 版本。其中，IBM 制定了非常详实的大数据发展战略——“3A5 步”路线法，即动态掌控大数据信息、获取与洞察大数据、采取行动迎合大数据、大数据的学习与逐步转型。2011 年，IBM 公司推出了数据仓库一体机——Netezz，紧接着，很快又研发出了处理非对称结构化数据的 Ionfspher、

BgInsight 以及能够实现实时整合分析的信息产品——Ionfsphere Stream。另外，另一家计算机巨头 Oracle 公司也研发出了配有 CDH（Cloudera Distribution Including Apaehe Hadoop）、OBDC（Oracle Big Dat Conneetors）的大数据处理机与专门处理海量大数据信息的 key-value 管理分布式数据库 OareleNoSQL。计算机软件巨头微软公司研发出了 SQL Zaure Hadop 产品。国内方面，中国移动公司推出的应用软件“信令分析系统”与中国电信公司推出的“新一代的数据库”产品，均能够较灵活地利用大数据分析技术对用户进行精准科学的需求解读，促进了精准营销的实现。综上所述，大数据产业拥有巨大的经济潜能，若释放出来，可以在很大程度上降低社会的信息管理成本、经济交易中的沟通摩擦费用，进而改善客户对服务与消费的满意程度。这里有数据可以佐证。据麦肯锡公司的测算，应用大数据技术，给欧洲的公共部门创造了至少 1500 亿—3000 亿欧元的经济价值。

2.3.1 大数据管理思想与技术很大程度上提升了平台信息的准确性

前面已经提及，大数据拥有 4V 特征。其中，最为直接、明显的特征是海量的数据规模与多样化的数据类型。其中，海量规模的数据保证了各类经济主体能够获取到足够的可参照样本；多样化的数据类型保证了各经济体能够借助于大数据更好地厘清经济活动之间的复杂关系。对于科技大数据平台而言，大数据管理思想与技术的全面应用，能够很大程度上提升平台的服务资源、能力与科技信息的准确性。在过去，科技服务平台采用传统的数据分析方法，样本规模小、数据与样本内容不够丰富，因此导致分析的经济信息层次较浅、挖掘深度不足，决策力有限。与其相比，大数据的影响力明显要高出很多。它的影响途径主要有三个：①海量规模的样本提升了人们采集样本的准确性。海量数据可以规避样本量不够大、采集样本的主观偏差、样本选择的处理流程不规范等影响信息准确度的可能因子，尽可能地提高数据来源途径的广泛性和数据等级，消除异常个案对数据准确性的不良影响以及两极分化的极端数据对全部数据质量的影响。②处理大数据的技术——云计算工具能够利用深度挖掘、解读大数据之间存在的潜在、深层次联系，以确保科技信息的准确可靠。③有效地清洗数据、消除干扰噪声的负面影响。过去的数据清洗、排除干扰数据，完全依靠手工完成，极易出现差错与疏漏。基于大数据的清洗技术，可以更为方便快捷地消除干扰噪声的消极作用，数据准确度大大提高。

2.3.2 大数据能够提升科技服务平台的技术水平

大数据的产生，源自于计算机、统计学、经济学、管理学、社会学、技术哲学等自然科学、社会科学类学科相互交叉、相互渗透、共同作用的结果。中国工程院院士李国杰给出了自己的观点，他认为现在以及未来，科技界应该要注重大数据开发、研究与应用，这是一个全新的发展方向，会释放很大的经济增长潜能。人们可以在应用大数据的过程中及时识别具有挑战性的科学难题，以全面推动基于大数据的第四次科学范式的全面驱动与实施，逐渐推动形成新兴的交叉学科——网络数据科学。

伴随科学技术的飞速发展与大数据到来，科技服务平台被人们赋予了全新的经济内涵：全面整合科研所需的社会人力、物力、财力等科技支撑资源，运用专门的科学手段与管理方法，以大数据信息的形态存储起来、供需求方利用、整合、分析，进而作出合理经济决策的科技载体。大数据在科技服务平台建设与管理中的地位越来越重要。在科技服务平台的建设与运营中，会产生大量的大数据信息：除了一部分结构化的标准数据库信息外，还存在规模更大的半结构化、非结构化的大数据信息，主要是流媒体、图片、文件、技术说明、知识产权、各类科技文献、用户调用读取中产生的空间信息。科技服务平台中的大数据，按照管理层次的不同，依次可以划分为三个层级：数据存储层、数据处理层、数据应用层。其中，数据存储层是对各类比较分散的科技资源先进行数字化处理，加工调整为与之对应的结构化、半结构化与非结构化数据，并分类存储于事先指定的介质中。数据处理层是对数据存储层中的大数据依次进行如下几项流程：采集加工、深度融合、再度分发，这个过程中通常采用 ETL 数据管理工具（Extraction Transformation Loading）协助完成。数据应用层是以解读大数据的经济价值为基础，进一步针对性利用、数据挖掘，为高质量的经济决策提供智能化支持。以上三个层次结构中，数字化是前提，数据集成是手段，最后的挖掘与分析才是最终目的。举个例子：在平台的科技文献资料管理模块中，服务人员既需要对各类科技文献分类、归档、建库，建立结构化的数据库，还需要对结构化的科技文献进行逐项扫描、文字与图片鉴别，对必要的实物照片等进一步数字化处理，建成非结构化的数据库，最后才能便捷地供利益方进行全文检索、下载与利用。两类数据库相比较而言，非结构化数据的存储规模一般较大，甚至可以占到总数据规模的95%以上。

人们利用平台检索以上海量科技信息的过程中，所需处理的数据量浩如烟海。除对平台的科技信息进行挖掘外，有时候还很有必要借助于互联网对网页、微信、新浪微博、智能传感器等多个途径传播的信息做智能化挖掘。进一步，人们还可以借助于物联网系统在线实时动态捕捉分散在实体空间里的仪器设备利用情况，把闲置的仪器设备充分加以利用，实现科研仪器设备的共享。总而言之，借助于大数据，人们能够很方便地分析存放于数据库、网络媒体、短信、QQ、微信、微博、在线论坛、网盘、移动服务终端的各类经济信息，做出个性化的经济决策。

2.3.3 大数据很好地优化了科技平台的服务模式

第一，物联网是产生大数据的源泉。任何一项科学技术的产生与发展都会经历一个萌芽、不断发展、走向高潮的成长阶段。物联网技术也不例外，也是历经多年的不断发展才逐渐成长起来的。与其他网络结构相比，物联网具有 4A 特性——可以连接“任何时间、任何地点、任何物件和任何主体”，提升了信息技术发展的高度与深度。正是因为物联网的这种连接普及性，推送的大数据才能够更加广泛、应用性强，成为各利益主体最为重要的数据基础。

第二，云计算是大数据的应用平台。云计算是近年来兴起的专门处理大数据的一种全新的计算形式，主要由“云”与“端”两部分组成。其中，“云”指的是服务器；“端”指的是移动与便捷的计算功能。作为一种新颖的计算与应用模式，经实践证明，云计算技术集中体现了按需要访问、资源开放共享的特征，有力地推动了数据共享与信息转换、智能化决策，为发挥数据经济价值提供了保障。

总而言之，当前阶段，大数据的发展主要靠云计算和物联网来共同推动。后期，为了推动科技大数据服务平台更好地持续发展，各科技平台还需要依赖物联网的支撑获取更为广泛的经济社会数据，以确保数据的动态更新，满足科技主体多样化的服务需求，提高科技资源的应用价值。

2.3.4 大数据给科技服务平台提供海量丰富的动态实时科技数据

伴随着大数据的兴起与繁荣，各种新兴科学技术迅猛发展，高技能的传感器技术也开始出现并应用。在多种技术的支撑下，大数据的数据来源无限拓展，囊括了一切有形、无形的“物体”。这些物体承载的数据信息大多属于非结构性信息。对大多数科技服务平台而言，大数据技术的应用使它们获取到过去根本无法想象的品种繁多的丰富数据，同时也加大了数据分析的难度。

2.3.5 大数据对科研设备的先进性具有更高的要求

当前阶段，人们常用的科技创新与服务管理模式已无力适应经济社会的快速发展。动态多变、变幻莫测的动态大数据会对科技研发、转化的过程与结果产生事先无法预知的影响。为了尽可能多地搜集到丰富的科技数据信息（主要包括全球各行业科技进展、全球积累的科技文献、全球最新的发明专利、全球技术市场的多样化需求等），科技平台的建设与运作过程中，有必要加大对高性能数据采集机器设备的投入力度，加强科技服务平台的后台服务、前台界面服务工作，聘任并培育一支有高技术水平的科技服务员工队伍。

2.3.6 大数据推动了科研需求的个性化与多样化

知识经济环境下，科研大数据的存在形式的复杂多变，用户需求的专业层次与任务的复杂化，导致对科技资源信息的需求、科技服务的质量要求的多样化。在创新经济环境下，从事高级技术研发的人才职业背景、涉及行业各异，个人的兴趣、性格也有较大差异。有一部分人会仅注重科技研发中的个别环节，或仅对某一类科技信息感兴趣，或仅对某些科技模块感兴趣，如科技体验、科技动态、共享研发、科技众筹等。基于创新发展需要，科技服务平台建设后期将会重点考虑用户个性化需求，倾向于根据用户需要私人化定制一些科技信息与服务。

2.4 小结

本章在介绍大数据、科技服务平台内涵、功能地位的基础上，重点分析了大数据对科技服务平台的影响。为了促进大数据环境下科技服务平台的发展，我们有必要加大力度、尽可能地借助于云计算工具，实现对海量大数据的收集、归类、整合与分析。大数据下的科技服务平台应该是开放、共享、多元、包容与开放的。搭建科技大数据服务平台，需要从科技研发、科技转化、科技交易、科技文献、科技政策等各个细化功能出发，有针对性设计各个模式，兼顾彼此之间的兼容性。其中，最为重要的就是科技研发模块。在云计算与物联网的双重支撑下，科技大数据服务平台中的科技研发既能够允许虚拟网络下终端用户自主选择，还要很好地兼顾各个平台的融合与共享。

第 3 章

科技大数据服务平台建设与运作现状

——以青岛为例

3.1 平台总体建设情况

青岛市科技大数据服务平台（官网显示名为青岛科技大数据平台）于2015 年年底投入运营。该平台界面主要设置了科技“创新地图”、“政策超市”、科技管理业务系统集成，致力于为企业、市民及其他主体提供一站式、全面的科技综合信息服务。该科技平台的在线网址为 www. sipc. cc，目前已经能够实现与“青岛科技通”微信公众号、手机 APP 等多种沟通形式一起，共同形成多面的互联互通科技服务协同服务网络。实际上，该平台是之前的青岛科技创新综合服务平台的扩展与升级，再次构建中增加了数据资源整合、数据分析、决策支撑等多个功能。该平台主要的业务板块有：科技计划、科技成果、创业孵化、高新企业、技术交易、仪器共享、科技文献、知识产权、科技金融等功能，内嵌科技计划管理平台、技术交易服务平台、技术合同登记平台、科技企业孵化器业务管理平台、科技金融服务平台、高新企业认定平台、科技创新券服务平台、高新企业统计、科技文献业务系统，通过数据整合并运用智能搜索、网络爬虫等软件，形成层次丰富、种类繁多的科技资源信息系统，主界面清晰展示了政策创新平台、科技企业与科技投入等功能。下面将按照主界面列示出的功能模块分析目前青岛市科技大数据服务平台的建设情况。

3.1.1 基本功能模块分析

从平台官网展示的主界面来看，该平台的功能较为丰富（见图 3.1），主要包括：①科技计划，点击进去后展现的是下一年度与科技创新管理有关的计划体系，以图示的方式列出，包括诸如科技惠民专项、科技金融专项、自主创新计划等有待下年度完成的工作，但可惜的是，不能进一步点击了解每项工作计划的详情，且时间上较为滞后；②科技成果，点击后网页显示的是青岛地图、青岛市、山东省以及国家科技计划项目申报系统、有关通知政策文件，查询不到青岛近年来的主要科技成果名称、持有人、功能以及成果等级等关键信息；③创业孵化，打开后显示的是青岛市创业孵化器地图（给出各孵化器详细地址）与相关通知，至于各个孵化器的成立情况、工作内容、服务质量、如何收费、创业补贴标准等创业者极为关心的问题无从查找；④高新企业，点击后页面展示青岛市高新企业的分布地图，以及相关的通知公告、政策法规与办事流程，至于每个高新企业的技术水平，都有哪些高新成果、研发中心、绩效如何，无法查询；⑤技术交易，点击后给出的青岛市的技术转移机构分布以及政策法规，公布时间较为陈旧，除了链接一个蓝海技术交易网外，未能获取到其他与技术交易有关的信息；⑥仪器共享，点击后网页显示共享的仪器名称与时间，较为陈旧，除了与仪器共享平台建立了链接关系外，没有其他服务信息；⑦科技文献，点击后网页显示的是中国知网、万方数据库、百链云图书馆以及与科技文献共享平台的链接，能够提供对现有科技论文、专利等信息的查询，但较为滞后，对于各个行业尤其是高新行业、战略新兴行业最新的科技动态，无从查询；⑧知识产权，页面进入后提供的是青岛市各年度发明专利的授权与申请情况以及有关的通知公告、政策法规与办事流程，尽管链接到了青岛市知识产权局，对于每个专利的名称、功用、转化情况亦是很难查询；⑨科技金融，界面进入后提供与青岛市科技金融服务平台的链接、金融机构地图以及通知、政策与办事流程等，对于每个金融机构对科技项目的出资额申请与利率、风险监控、抵押等信息无从查询。分析看出，目前的科技大数据服务平台的各大基本功能模块所能提供的信息特色不突出，都是以官方的通知公告、政策文件、办事流程为主，能够提供丰富科技研发、科技产品以及功用、流通转让、产业化以及创造效益情况信息的科技服务模块很少，甚少发现对各个行业科技发展动态与科技发展能力的详细介绍。

3.1.2 特色功能模块分析

与以往的科技服务平台相比，增加了几个特色功能，主要包括：①政策超市，里面全面融合了近年来官方发布的各类科技创新相关政策文件，如科技专项资金与计划项目、创新载体、创新人才、科技奖励与成果、创业与科技中小企业、高新技术产业与战略新兴产业、知识产权、科技金融等，用户可以根据需要搜索查询。②创新地图，囊括了青岛所辖各区域的研发创新平台与基地，各个区域的科研院所、技术转移机构、重点实验室、工程技术研究中心、公共研发中心、孵化器、科技场馆、千帆计划企业、高新企业、成果登记评价点、科技金融专营机构、国际科技合作基地。用户可以从中浏览到青岛各类创新机构的大体分布情况，便于粗略了解青岛市的整体研发实力。③科技资源官方微信与科技通手机客户端。添加微信、下载到手机 APP 后可以较方便地浏览科技大数据平台的各个功能模块。④科技投入统计分析，主界面详细介绍了近年来青岛市的研发支出、专利申请等数据，较为直观地展现了青岛近年来的科技投入情况与科技投入力度。

3.1.3 服务对象分析

从功能模块与所辖内容来看，目前青岛科技大数据平台的服务对象以需要了解科技政策、官方公告与文件、科技企业、科技基地分布的用户为主，主要包括：①项目申报机构或个人，他们需要适时了解国家的科技政策走向、引导文件、申报流程与申报细则，有经常关注该平台的内在需求。②高新企业（或潜在高新企业），他们需要关注高新企业认定文件政策与动态。③需要寻求科技基地或平台的机构或个人，比如创客，可以借

图 3.1　青岛科技大数据平台官网首页

助于创新地图查询到所需要的科技机构地址与联系方式。整体来看，目前的科技平台主要为有科技需求的人提供一些政策、文件、办事流程、科技机构地址等方面静态信息帮助，服务对象具有一定的限定性，并未真正站在市场服务主体的角度去考虑如何吸引普通大众，服务对象还需进一步明确与拓展。

3.1.4　信息供应分析

目前该平台提供的信息主要包括：官方科技政策、文件、通知公告、科研立项程序、高新企业认定、科技仪器分布、科技机构分布、研发投入统计、专利申请与授权情况、科技金融投入、入孵企业分布、项目申报、奖励申报等，这些信息以历史静态信息为主，反映的是现阶段国家都有哪些科技支撑计划、政策文件，青岛这些年的科技投入情况，取得了哪些科技成效，形成了多少科技机构。除了青岛科技大数据平台，这些信息的获取途径还有很多。以科研申报为例，高校科研院所网站也都会及时公布通知文件，没有必要登录大数据平台。此外，平台提供的科技文献只有中国知网、万方等数据库，远少于高校科研院所的网站提供的数据库类别，这大大降低了平台对公众的吸引程度与点击率。

3.1.5 服务方式分析

目前，青岛科技大数据平台的服务仅限于从官方角度出发，免费整合提供一些政策文件、公告、科技机构地图信息，以便用户较为全面获取政府对科技创新提供的各类支持政策文件以及现有的青岛科技资源，体现的是一种被动式服务，尚未释放出主动服务的内在动力，缺少主动服务模块与内容。具体体现在：目前的科技平台不具备在线互动、帮助、问询等功能，只是将滞后信息放在网页供用户阅读。用户注册后即可阅读各类政策文件信息与科技地图。至于用户阅读这些信息作什么、信息是否够用、还有哪些科技需求、还需哪些服务？客户是否还有一些潜在的科技需求？是否需要在线帮助，有没有订阅、下载、查询以及其他科技服务？平台并未及时响应与捕捉。这种被动服务方式的质量，不仅取决于政府对平台服务人员的激励与约束力度，更为重要的是与政府对平台的资金、人力投入数量密切相关。

3.1.6 平台运作模式分析

目前，科技大数据平台网站设计、技术架构、功能模块、资金、人员都是由青岛市政府下属部门全权负责，建成后由政府所辖部门与人员负责后期运营，是典型的政府主导的运作模式。在此模式下，科技平台的所有信息都是青岛市政府根据国家科技创新战略需求以及长短期发展计划，定期发布公告、政策文件，定期归集整理青岛市的科技研发资源公示于网站，所有的支出由政府承担，所有的信息与服务免费提供，即目前的青岛科技大数据平台属于公共产品。这样一来，青岛市政府下属部门全权负责平台事宜，确保了平台系统的成功设计、投资建设以及初期运营的成功过渡，也能够确保让所有用户都享受到该网站的科技信息，平台运作风险较小，但由于不具逐利性，为节约成本，政府对平台网站的资金、人员及其他必要资源投入有限，网站信息种类、质量、更新频度、服务质量都受到一定的影响。

3.1.7 平台的数据服务分析

目前，科技大数据平台中提供的数据资源虽类型较多，doc，docx，xlsx，xls，xml，csv，pdf 均有涉及，但就每一条数据项目来看，大多只提供一种格式供用户下载，而且事先不知道格式类型，用户需要下载后才能得知数据具体格式。在大数据类别方面，科技大数据平台所能提供的数据目前以结构化数据为主，半结构化数据与非结构化数据较少，还未真正发挥出云计算的海量计算优势。在数据更新方面，大数据环境下的数据更新非常之快，但科技大数据平台上的数据更新却很慢，有的页面至今显示的是 2015 年的内容。有的页面，一年更新 1—2 次。数据检索方面，科技大数据平台上能够检索信息数据的页面很少，大部分仅供阅读官方文件，只有一些内嵌子平台提供了检索，如技术交易网、仪器共享平台以及科技金融平台等，它们提供多种检索方式，有利于用户从多个角度更便利地查找数据。其中科技文献共享平台还提供了高级检索功能，检索框功能较为强大。用户在检索框可按照资源主题、机构分类、应用主题等设定检索范围，再在检索框内输入查询内容，点击搜索按钮进入检索结果页面，并可根据分类进一步缩小检索范围。在数据反馈方面，科技大数据平台的各个页面未发现有互动板块，只有技术交易网、孵化器综合服务网里留有 QQ、微信或 APP。

3.2 平台建设与运作成效

青岛科技大数据平台建成后，在承建单位及成员单位的共同努力下，为企业、科研院所研发人员及社会各界提供了大量的文献信息与政策服务，取得了良好的社会效果，以下方面值得肯定：一是构建了统一的科技服务平台门户，将企业研发活动、科技中介服务以及计划项目管理、大型科学仪器共享等置于统一的科技大数据平台，便于更好地为用户提供一站式服务。二是利用平台数据，总结相关行业领域技术创新活动，分析行业上下游产业链技术创新点，为政府财政科技投入政策和措施的制定提供决策支撑。三是让原本相互分离的科技服务主体之间更加便利地通过科技资源数据互通有无，提升科技资源使用率，节约财政资金投入。四是记录并构建科技信用评价体系。该平台的启用，使以前互不关联的各个科技业务管理系统实现了互联互通，科技企业想要了解如何享受科技政策补贴、如何申报科技项目、如何引进科技人才等等，只需点击“政策超市”模块；创客们想要了解哪些高校、科研院所、研究基地的大型仪器设备可以面向公众公开共享，只需点击“仪器共享”；进一步，借助于“创新地图”，全市所有的科研院所、重点实验室、高新技术企业、科技金融专营机构等都在地图上标注。创新地图上标有 52 家科技场馆的地址，点击页面不仅显示场馆的图例和简介，还可以导引出行路线和周边的民生服务设施。不仅如此，历年的科技投入走势、知识产权授权量、在孵企业分布等都以图表的形式清晰地在平台上呈现。综上所见，目前的青岛科技大数据平台通过总结相关行业领域技术创新活动，分析行业上下游产业链技术创新点，为政府财政科技投入政策和措施制定提供决策支撑，也为高科技企业发展提供战略性科技咨询，通过记录和分析科技资源使用情况预测企业与行业技术发展方向，通过记录构建科技信用评价体系推动形成科技型中小企业的诚信机制，减小信息不对称带来的管理漏洞，使各类科技资源得到更有效配置。

3.3 不足之处

在青岛科技大数据平台建设与运营过程中，由于建设成本（尤其是大数据搜集与云计算技术整合）较高、资源获取与整合难度大、管理成本较高等诸多因素的制约，导致该平台投入运营后，暴露出一些问题与不足，突出体现在：

3.3.1 尚未完全融合“大数据”

“大数据”是指以多元形式，自许多来源搜集而来的庞大数据组，往往具有实时性，这些数据来源广泛：社交网络、电子商务网站、用户来访记录等。大数据具有4个突出特点：大量、高速、多样与价值，由结构化、非结构化、半结构化数据组成。对大数据的整合分析计算由云计算完成。而目前的青岛科技大数据平台中的数据以滞后历史信息为主，不具实时性，缺乏对国内外各行业最新研发、科技信息发布动态的瞬时捕捉以及对来访用户的信息捕捉，更未能将信息供需集中在一起进行动态整合分析。尽管网站也有对研发支出、专利、科技金融等的数据统计，也都是对结构化数据的处理，仅依靠Excel即可完成，缺少对半结构化、非结构化数据的捕捉与计算，而这恰恰是大数据的主要数据形式，也是大数据真正体现价值的地方，因此，目前的科技大数据平台，并不是真正意义上的大数据平台，也没有充分展现出云计算的工作价值，仅仅是比过去的科技服务平台提供的信息更为丰富充实一些。

3.3.2 平台各功能模块内容较为单一、信息与服务滞后

目前的科技大数据平台主要的功能模块有科技计划、科技成果、创业孵化、高新企业、技术交易、仪器共享、科技文献、知识产权与科技金融。这些功能模块虽主题不同，但内容绝大多数以通知公告、政策文件、工作与办事流程为主（这些在其他许多网站已有公布，均可查询到），且

较为滞后，不少仍停留在2016年，甚至停留在2015年，未及时更新。有相关子平台或项目申报系统、科研技术基地的，增加一个链接接口，再无其他。每个模块并未真正地能够根据信息供需、用云计算工具加工而成的瞬时动态更新的科技大数据，具体体现在：

科技成果模块。大数据科技成果模块应该捕捉用户对科技成果的需求种类、数量，然后通过云计算提供基于大数据的科技成果信息，要能够展现国内外最新的科技成果信息动态（包括成果种类、成果等级、成果数量与成果转化与应用情况，这通过链接各个国家的科技大数据平台即可实现）。而目前科技大数据平台里的科技计划模块里面是有关科技成果登记、科技评奖等的通知公告（这些本应在科技项目与奖励申报里展示）（2015年）、政策法规（2015年、2013年、2011年）、办事流程（2015年、2011年、2009年）以及与技术交易网的链接，根本没有提供真正的最新的科技成果信息。对于需要了解目前我国或青岛市科技成果的用户来说，点击此模块根本获取不到决策有用的信息。

科技文献模块。基于大数据的科技文献平台应该提供截至浏览日的国内外各个专业领域的最新研究成果，应包含一些全球知名科技数据库，如SCI等，并根据用户的专业、搜索需求，全面提供相关的科技信息，且逐期更新。当用户有查询下载需求时，应能够及时捕捉到用户需求长的领域、主题词，按照下载文献的等级、数量与质量适当收取资料费用。而目前科技大数据平台中的科技文献模块以国内文献为主，仅包括中国知网、万方等，这些数据库包括的科技文献较少且等级较低，远不能满足科技工作者的信息需求，尤其是根本无法吸引需要查询最新高水平科技文献的高端科技用户。

创业孵化模块。相比之下，此模块提供的信息与服务质量要好一些，但仍以通知、政策法规文件流程为主，尽管链接了孵化器综合服务网，但该网内容仍以通告文件为主，缺少一些国内外孵化器建设运作的经验信息以及每个区市孵化器的在线服务，更未有对孵化器工作相关问题尤其是国外孵化器的及时详细解答。对用户而言，有问题仍需与孵化器实地联系，办事效率较低。另外，浏览孵化器综合服务网会发现很多信息的浏览量为

0，说明登录该网站的用户并不多，网站的吸引力不高。

高新企业模块。基于大数据构建高新企业模块除了动态提供青岛市的高新企业认定与管理信息外，更为重要的是，要提供每年每批高新企业的详细信息，每家高新企业都有哪些高新技术，这些技术的工作原理与功效、预期前景等，让用户对高新企业发展有个全面的了解与评价。除此之外，还应该链接国内其他省市高新企业平台以及国外主要国家的高新企业平台，这样才能对高新企业及其科技水平的详细情况有个全面动态了解。而目前的科技大数据平台里的高新企业模块仅面对需要认定及后期管理的高新企业设计，提供高新企业认定有关的文件政策流程信息，也缺少在线互动与帮助环节，不能吸引其他目标群体的关注，很难获得较高的用户浏览频度。

知识产权。开放共享的经济环境下，基于大数据构建知识产权模块，网页上要能够提供截至任一时间青岛市所拥有的授权专利的名称、所有权人、专利的功能以及应用情况，这样才能有利于后续专利的发明申请工作。不仅如此，还应该整合提供国外主要国家以及国内主要省市的专利授权详情。目前的科技大数据平台中知识产权模块主要是通知、政策文件、法规以及知识产权局链接，浏览用户要想通过该模块了解自己所从事的专业领域内所申请授权知识产权情况很费时间精力，也很难获取专利详细资料，而容易获得的专利信息对自身的专利研发申请参考意义不大。

其他模块如科技计划、技术交易、一起共享、科技金融等也都不同程度地存在类似问题。

3.3.3 缺少各个行业科技产品及发展态势、各企业科技实力等信息

科技大数据平台不仅应能够利用大数据整合出各类科技资源，还应具备较强的分类、检索与分析能力。对普通用户来说，他们的专业各异，所需的科技信息不同，这就要求科技大数据平台能够提供各个行业的最新的科技产品、展现各行业的科技实力、最新的科技动态，以便各专业用户及时补充专业科技知识，跟上时代步伐。而目前的科技大数据平台恰恰缺少对各行各业科技产品及其发展态势的介绍与分析，普通用户浏览该网站后

根本不知道各行业目前的科技发展态势，这是科技大数据平台的一大缺陷。另外，平台还缺少对青岛市较为突出的科技企业的产品、技术水平及最新科技动态的介绍，这恰恰是很多用户感兴趣的科技信息。作为青岛市重点打造的科技大数据平台应能够提供青岛高新企业的科技产品信息，让用户对青岛企业的科技水平有个清晰了解。一些圈外用户对高新企业如何认定并不感兴趣，关心的是这些企业真正的科技水平。

3.3.4 平台布局、用户界面分类不明确，标准不清晰

目前的科技大数据平台以提供免费的政策文件、通知公告信息为主，所能提供的在线服务很少，首页布局是按照提供的信息类别设置模块，而不是按照科技信息的流向用途设置，从模块主题词看，各模块之间的区分不很明显。例如，科技文献、科技成果与知识产权三个模块就略显不清晰，科技文献里面的中国知网可以查询历史年度的授权专利；而知识产权界面里面除了公告文件外，就是与青岛知识产权局的链接，直接还无法看到青岛历年申请的专利名称、数量、功能；而科技成果里面只有关于科技奖励的细则文件，根本看不到青岛历年取得的重大、核心或较新颖的科技成果，可见科技文献、科技成果与知识产权这三个模块的划分不明确清晰。其他模块同样存在此类问题，模块名称与其所能提供的信息内容不太贴切。另从首页看，平台布局不太紧凑，尽管显示了各个相关的科技平台，但点击后有些都进不去。用户若想查询多个科技政策文件信息，需要依次全部点击完后才能够清楚要获取的每个信息的位置，再进一步点击浏览会发现有的形同虚设，还需要从其他地方进一步考证或重新查找，浪费大量的精力最后却查不到一些实时动态详实、真正一手整合有用的科技信息。例如，若有人发明了一个新技术，想查询与之相关的先期专利申请情况，点击知识产权，里面让进一步点产权局，进入产权局，查到的只是专利名，至于专利的应用情况也无从得到，而这些信息若点击科技文献—中国知网—专利搜索，能更快搜索到类似信息。创业孵化模块与科技金融、技术交易与科技成果等模块同样存在类似问题。

3.3.5 平台重政策、轻市场、过于倚重政府主导，市场协调有待提升

目前的科技大数据平台各个模块、内嵌子平台所能提供的信息服务主要就是发布的通知、公告、政策文件、办事流程，这些大多是些二手信息，其获取途径还有很多，这使得平台的存在失去了很大的实用性与价值。此外，该平台建设与后期运作都是由政府负责的，平台建设什么内容，如何运作，如何花费，都是政府说了算，由于是非营利性的，所有的平台工作都尽可能以节约为原则，平台的运作目标不是如何更好地满足需要，如何更好地可持续发展，而是把与科技相关的容易取得的文献、相关支持政策文件、取得的成效、青岛科技实力变化等统一纳入到一个平台里，便于科技创新人士更好地了解创新政策以及青岛目前的科技创新水平。这样一来，该平台成了一个公共性的科技信息站，市场这只无形的手无法参与科技信息供需调节，该平台也不能够及时捕捉科技市场的需求，按需提供科技信息与服务，对微观经济社会的发展、企业转型升级、结构调整及可持续发展亦起不到很好的支撑作用，平台本身的服务等级质量大打折扣。

3.3.6 部分内嵌子平台未很好地融合大数据，实用性有待提升

目前的科技大数据平台内嵌着技术交易网、科技企业孵化器综合服务网、青岛市大型仪器共享平台、科技文献共享服务平台、科技金融服务平台等。除了技术交易网外，其他各子平台对大数据的融合度还不足。其中，孵化器综合服务网主要提供有关孵化器建设通知公告、文件等滞后性信息，并不能动态瞬时捕捉浏览用户的孵化需求并及时提供所需的创业、科技信息与服务，更无从谈在线互动、在线帮助等。大型仪器共享平台，虽详细列示了共享仪器信息，但仅限于青岛市，尚未囊括山东其他城市、外省，乃至国内的共享仪器信息；平台也未积极建立让其他地区、国家仪器积极参与共享的渠道，共享仪器的数量较为稳定，若融入大数据，应站在全球的高度积极登记共享仪器，建立仪器进入、收益分配、退出的机

制，方便仪器适时推出，让共享仪器信息库动态更新，便于用户更好地选择与使用。此外，共享仪器平台未主动提供用户服务，里面的模块如专家库，专家人数为零，形同虚设。科技文献共享服务平台，里面所能提供的查询内容有限，甚至不如一所高校的图书馆所能分享的科技文献多，更缺少对用户需求的关注。相比之下，科技金融服务平台和技术交易网所提供的信息要丰富一些，且能够用 QQ、微信、APP 与用户互动交流，提供便捷的服务，但从用户浏览量上看并不高，说明这两个平台的信息内容并未很好地满足用户需求，信息的种类、更新频度、实用性还需进一步提升。综合看，以上各子平台对大数据的融合度需进一步改进，要站在全球的高度提供海量数据信息，并根据用户需求个性化定制与推送。

3.3.7 科技信息的时效性、灵活性与有用性差

科技大数据平台目前的信息以二手的通知公告、政策文件等为主，缺乏真正贴近用户、关系其切身利益的信息，信息更新速度较慢，不少网页至今停留在一年以前，信息的提供方式、具体内容极少做出调整。只有需要申请项目、申报奖励、认定高新企业、获得创业孵化服务等的用户需要上平台了解相关规定。即使是这批用户，也可以选择其他渠道获得官方信息。可见，目前的科技大数据平台所提供的信息一手信息较少，且质量不高，还不能够很好地吸引用户的眼球。

3.3.8 缺少用户体验与互动

基于大数据来构建科技服务平台，能够通过云计算及时捕捉获取各种机会、需求，甚至根据动态环境变化、用户信息口味来整合出一些新的互动科技信息，必要的时候对各行业新发布的科技产品与服务积极让用户参与体验，提高用户对新产品的需求或引导其潜在需求。而目前的科技大数据平台在这方面所做的工作极少，仅在内嵌子平台中有 QQ、微信或在线帮助等，笔者尝试添加进去，咨询了一些感兴趣的科技有关话题，并未得到及时回复。另外，在线帮助功能成了离线留言，且不能够很快得到回复。这种情况下，平台对用户真正所需要的信息或服务漠不关心，也不积

极主动地去捕捉应对，长此下去，平台后期发展将失去广大的用户基础。

3.3.9 科技资源整合水平还有待进一步提高

主要体现在科技大数据平台缺乏科技需求方和供给方之间的相互沟通与交流，尚未形成面向社会公众的科技资源共享体系，各主体科技资源整合还不够规范化与标准化，且科技资源数字化与信息化整合力度不够，科技资源与用户之间的联系不够紧密等。

3.3.10 科研人员大量流失，专业人才缺乏

平台建设和运行中的人才大致分为两类：一是参与平台建设单位中承担共享服务的人员，如科学仪器设备操作、维护人员属于此类，统称为技术人员；二是各级各类平台中负责对平台的建设和运行进行管理、综合协调、监督考核的人员，统称为管理人员。要建设高质量的科技平台，高水平科技服务与管理人才是关键性因素。其中，平台技术人员是先进科学仪器设备充分发挥效力、效益的基本保证。平台管理人员承担着平台建设和运行中管理机制、运行服务机制建立、评估监督体系、平台运行服务绩效考评等任务。技术人员和管理人员的完备是科技平台建设的重要支撑。青岛科技大数据平台中的技术人员与管理人员水平还有待进一步提升，他们中的很大一部分是由一些科技企业、事业单位从业人员兼任，对高新科技了解甚少，这大大降低了平台的科技服务专业性与质量。尽管个别模块设立了专门的科技服务人员，但由于待遇不高、薪酬与服务绩效相脱离，致使专业素质与服务质量难以得到提升。

3.3.11 平台的非营利模式缺乏长效投入动力机制，不利于自身可持续发展

目前的科技大数据平台是由政府牵头全权负责投资建设，这种非营利模式确保平台初期建设与发展的保质保量，但投入的资金有限，且后期运作的资金来源受阻，缺乏相应的收益来源，致使平台的后期发展动力不足，难以及时更新数据、更新技术，更谈不上平台的可持续发展、做大做

强，发展成有竞争力的世界级大平台。对比英美国家经营多年的世界级科技大平台，无一例外地都能够确保后期稳定的资金投入机制。资金从哪来？政府投入仅是其中一小部分，更多的投入还是来自于社会其他组织筹集以及平台自身的运作。要想平台长久健康发展，其运作模式势必要做出调整，吸引更多的机构参与进来，或让平台进入市场，利用提供产品或服务让自身循环运转、产生收益来支撑自身健康发展。这从一个侧面反映出，围绕平台的建设和功用，政府、市场、企业用户及社会各方面尚未形成利益共同体，共建健康持续运行机制仍需后期不断努力。

3.3.12 平台的绩效考核评估需要进一步完善与健全

平台要持续健康发展，行之有效的科学绩效考评机制必不可少，这是平台建设与运营中的一个重要环节。绩效考评工作比较复杂，包括考核指标设计、考核指标控制、激励与奖惩机制等。其中最为关键的考核指标设计与控制，要与平台管理人的切身利益密切相连。目前青岛市政府有关部门对投资兴建的各类研究中心、技术基地、重点实验室之类的研发技术平台已经制定出一套考核办法，这在平台网页中即可查询，且对此类平台也已按照重大科技计划项目定期组织相关专家进行跟踪考核评估，但截至目前，尚未出台针对科技大数据平台的绩效考核文件及规定，更未对考核内容、流程、组织控制、评估结果、奖惩实施等做出细化规定，平台的运营质量与其运作者的业绩尚未联系起来，运作者的工作积极主动性不高，甚至尽可能地逃避些责任与风险，根本无法很好地为用户服务，而政府对其绩效以及该平台建设、运营与控制中存在的问题也缺乏有效的监控防范措施，长此下去，平台的正常运营堪忧，更别提如何健康长期发展。

3.3.13 特色资源与服务不明显，缺乏竞争力

特色资源与服务是有别于其他平台的标志，是展现平台竞争力的重要内容，也是平台差异化的外在体现。要想具有长久的竞争实力，必须要使平台的差异化突出，要有特色资源与服务，以满足用户的多样化需求。立足于青岛实际，这种特色资源与服务可以定位于海洋科技文献动态传递、

海洋技术虚拟研发或海洋科技人才流动等。而目前的科技大数据平台与其他省市的科技服务平台相比，在基本功能模块上并无太多差异，只是所有的政策文件、公告以及科技信息立足于青岛。在大数据环境下，信息的高效传递与共享，客观上需要科技服务平台站在全球的高度搭建，利用云计算处理模式，所提供的科技信息才能够没有距离、时间限制，真正实现共享、海量与实时。那平台的特色如何体现呢？除了全球共享的最新高科技信息外，每个地方都有自身的地域特点，应据此特点提供一些展现青岛特色的高科技信息与服务，这是平台展现特色的地方。目前青岛科技大数据平台不仅全球科技信息未能有效呈现，自身地域科技资源也未专设相关模块与服务，这会直接影响到平台的综合竞争力。

3.4 原因分析

以上提及的科技大数据平台现状以及存在不足，是由多方面主客观因素引起的，归纳起来主要有以下方面：

3.4.1 平台的建设运作资金不足

目前平台资金是由政府预算提供，资金有限，再加上运作中的科技信息免费提供，平台自身无其他运作资金来源项，只能坐等政府拨款。这样一来，平台所有的规划建设、运营方向、目标、内容都受到了资金的限制，只有在预算资金能够合理安排前提下，某些建设与运营工作才能够正常进行。这种情况下，虽能够保证平台的正常运营，但平台持久、高质量发展难以为继。平台要想做大做强，成为市场经济中的一股强大力量，必须要有充足的、源源不断的后续资金支持。如何疏通资金来源已然成为制约科技大数据平台长远发展的瓶颈。

3.4.2 平台建设与运作的专门人才不足

大数据、云计算、科技平台属于比较新兴的技术门类，近年才被频繁提及，进入普通大众视域，此类专业领域人才尚缺，且以年轻人为主体。进一步，用大数据与云计算技术搭建科技服务平台对设计人员的要求较高，不仅需要精通大数据、云计算，对科技服务平台的功能定位以及设计细则要非常了解，尤其是需要熟悉精通国外先进国家的科技平台设计与操作中的关键问题。此类人才目前较缺。另外，从经济学的视角看，平台是能够创造价值的一项技术资本，平台的建设属于经济学的投资问题，平台的后期运作属于经济学中的资本运作问题。因此，科技大数据平台建设与运作不仅需要专业高科技人才，还需要懂平台运作、高级经济学尤其是财务学、技术经济学的专门人才。这样的一专多能、集技术与经济于一身的高级人才相当缺乏，需要专门挖掘，尤其是从国外高薪引进，被聘用后的使用成本也较高，导致科技服务平台的运作成本加大。这样一来，在有限的建设与运作资金预算内，所能聘任的高级复合性人才数量受限，平台的建设与运营质量也受到影响。

3.4.3 缺乏高水平的参照物

作为一代新生事物，目前国内各省市的科技大数据服务平台建设质量都不太高，且功能模块大同小异，青岛市建设科技大数据服务平台没有高水平的参照物，国外英美先进国家的科技大数据平台虽好，但因技术和资金都受限，一时还无法向其看齐。笔者对比了浙江、大连、青岛、广州等地的科技大数据平台，还未发现真正能够利用云计算、站在全球高度提供用户所需要的瞬时科技大数据信息的科技平台。

3.4.4 平台的浏览用户还未形成规模

目前青岛市普通用户对大数据的认识及对科技大数据平台的使用频度还不高，即使投入大量资金聘请较多高级人才打造科技大数据平台，在短期内的利用频度与效率也难以快速提升，会造成一定的资金浪费。这在一定程度上影响到青岛市政府对科技平台建设的总体规划，随着用户对科技平台认识的加深以及对平台使用频度的上升，资金的投入循序渐进，平台建设会逐渐完善。但这种考虑也会带来不少的负面影响。用户的认识水平是动态变化的，对新生事物的接受能力较快，而且总有一批高端用户对科技平台的需求较高，平台的建设周期较长且不具重复性。因此，以高标准建设科技大数据服务平台，并通过宣传动员用户的参与热情，对平台的健康发展会更为有利。

3.4.5 财政科技投入总量不足且配置不合理

这些年，政府财政在科技大数据平台建设上的资金投入总量虽然有所增长，但与其他国家相比仍不足，投入结构也不合理，重复立项、投资分散现象严重，具体体现在：第一，从科技投入横向对比来看，相关资料显示，我国科技研发经费只有美国的 4.7%、日本的 8.9%，科技投资规模极低；从我国科技投入人均经费看，美国以人均 730 美元位居首位，可见该国对科技投入的重视程度，德国与日本紧随其后，相比之下，我国人均科技投入仅为 58 美元，仅占美国的 8%。这几年，国家虽然加大了科技投入，但国内科学研究与试验发展经费占国内生产总值的比重也才上升到 1%，离发达国家 3% 的比重相差很远。科技投入差距很大程度上制约了科技实力提升，并严重地影响到经济增长质量。第二，科技投入结构不合理，“重建设，轻运行”、“重有形，轻无形”，基础研究投入过低，投入水平远低于其他国家，与该比重最高的瑞士相比仅占后者的 20%。美、日两国虽然不足 20%，但其 R&D 经费投入基数巨大，尽管基础研究比重略低，其绝对值仍明显高于其他国家。

总而言之，任何新生事物的发展都有一个循序渐进的过程。在西方发达国家，大数据和科技服务平台起步较早，因此至目前为止发展得较为成熟。国内发展相对较晚，这从客观上限制了科技大数据平台的发展。此外，与西方国家相比，我国的市场化程度较低，货币、技术市场、人才市场、金融市场发展都较慢，技术与人力的流动也受多方面因素的制约。这使得科技大数据服务平台的建设力度、质量受到来自人、财、物的约束。总之，在当前时期，建设高水平的科技大数据服务平台，不能急于求成，需循序渐进而行。

3.5 小结

本章分析了青岛科技大数据平台的建设与运营情况，指出尚存在的不足之处以及导致结果的内在原因。分析发现，尽管此平台建成投入运营后取得了一定的绩效，也获得了部分认可度，但仍存在不少问题有待解决。诸如，尚未完全融合“大数据”，平台各功能模块内容较为单一、信息与服务滞后，缺少各个行业科技产品及发展态势、各企业科技实力等信息；平台布局、用户界面分类不明确，标准不清晰，平台重政策、轻市场、过于倚重政府主导，市场协调有待提升；部分内嵌子平台未很好地融合大数据，实用性有待提升，科技信息的时效性、灵活性与有用性差，缺少用户体验与互动；平台的非营利模式缺乏长效投入动力机制、不利于自身的可持续发展；平台的绩效考核评估需要进一步完善与健全；特色资源与服务不明显，缺乏竞争力等。以上不足，是由多方面主客观因素引起的，归纳起来主要有：平台的建设运作资金以及有关的专门人才缺乏；青岛市建设科技大数据服务平台目前还没有高水平的参照系；此外，普通用户对大数据的认识及使用频度还不高，即使投入大量资金聘请较多高级人才打造科技大数据平台，在短期内的利用频度与效率也难以快速提升，会造成一定的资金浪费等。任何新生事物的发展都有一个循序渐进的过程。青岛科技大数据平台的建设与运作应充分考虑市场经济环境下终端用户的科技信息需求，在此基础上，以满足其多样化需求为目标，以促进平台的可持续发展为出发点，及时捕捉整合科技供需大数据，搭建顺应大数据环境需求的高起点与水准的科技大数据服务平台。

第 4 章

科技大数据服务平台的用户需求调查分析

——基于青岛终端用户

4.1 调查基本情况

调查目的：目的是要了解青岛市不同行业、层次、年龄段的终端用户的科技信息与服务需求、对大数据的认识以及对科技大数据服务平台建设与后期运作的看法，设计迎合用户偏好、以需求为导向的科技大数据服务平台，促进平台健康长远发展。

调查方式：采取了问卷调查与访谈两种形式。

问卷调查部分：

发放问卷情况：选取随机纸质发放、电子发放形式相结合，共发放了问卷 900 份。其中，纸质问卷发放 600 份，回收 587 份，去掉出现明显填写错误、不认真填写、填写不符合逻辑规律的问卷 8 份，共回收有效问卷 579 份，有效回收率 96.5%。发放电子问卷 300 份，回收 288 份，去掉出现明显错误或与纸质重合的 5 份，回收有效电子问卷 283 份，回收率 94%。两种问卷的总的有效回收率为 95.7%。

问卷调查对象：老师组织财务管理专业学生分别向以下几类人员发放了调查问卷：向青岛软件园区内科技企业、科技服务企业的员工实地发放了 200 份，有效回收 181 份，回收率 91%；向中国海洋大学与青岛科技大学本科学生发放了 140 份，回收 130 份，回收率 93%；向青岛科技平台中列示出的各个区的重点实验室、工程技术中心、科技合作基地、公共研发平台、科技园区、技术创新联盟的科技工作人员随机发放了 160 份，回收 138 份，其中电子问卷 90 份，回收率 86%；向各区域的科技孵化器、创业服务中心的工作人员（不包括软件园）发放 100 份，回收 86 份，回收率 86%；还有 300 份随机向社会各行业人员发放，纸质 150 份，电子问卷 150 份，共回收 280 份，其中去掉 2 份重合问卷，3 份问题问卷，共回收有效问卷 275 份，有效回收率 92%。

调查问卷设计：为了更精准地了解大数据环境下终端用户对科技服务平台的信息需求，从用户结构特征、用户的科技信息需求、用户的科技信息获取途径、对大数据的了解程度、对青岛科技大数据平台的了解与使用情况，对青岛科技大数据平台建设与运作主体、功能分类、信息提供、运营成本与收益、产权安排、平台风险监控、平台绩效评估等方面设计多个问题，采取单选、多选、启发式提问等方式设计多个题项，充分考虑到了科技大数据平台的特点。为了方便终端用户答题，问卷调查表力求做到简洁、直观，问题既具有代表性，又兼具全面，多方考虑终端用户对科技信息与服务的需求，以及对目前科技大数据平台的一些看法。答题的时间控制在 3—10 分钟以内。

调查地点：青岛市南软件园区；青岛科技大学、中国海洋大学；各区重点实验室、工程技术中心、科技合作基地、公共研发平台、科技园区、技术创新联盟等随机选取；各区的科技孵化器与创业服务中心随机选取。

调查时间：2016 年 12 月 10 日至 12 月 30 日共计 3 个星期。

个别访谈：

访谈对象：重点实验室、工程技术中心科技园区工作的 4 名高科技研发人才，均为博士及以上学历；高校学生 2 名，一名为即将毕业的大四学生，一名为正在学习专业课程的大三学生，两名学生的成绩都比较突出；高科技企业研发部门的负责人 2 名，分别从事电子行业和家用电器行业，均为研究生以上学历；孵化中心的工作人员 2 名，本科毕业。共计 10 名。

访谈方式：实地拜访。

访谈时间：2016 年 12 月 20 日至 1 月 31 日共计 41 天。

访谈内容：对大数据的认识程度；对科技信息的需求（需求类别、层次、数量与频度）、对青岛科技大数据平台的使用情况、对青岛科技大数据平台的评价，有哪些地方需要改进。

4.2 问卷调查结果分析

在众多终端用户的积极支持与认真参与下，问卷调查获得了大量可用于分析的数据，之后用 Excel 表格逐题进行数据录入，由计算机完成数据处理，自动生成调查统计结果。

4.2.1 终端用户人员的结构特征

笔者调查样本中的终端用户包括软件园区企业人员（181 名），高校学生（130 名），各区技术研发基地员工（138 名）、孵化器创业中心工作人员（86 名）、随机用户（275 名），他们的工作地点分布情况见图 4.1。其中，随机用户最多，占 34%；其次为软件园区工作人员，占 22.3%；高校学生与各区技术研发基地员工比较接近，分别占 16% 和 17%，孵化器工作人员占 10.6%。该样本所选的调查对象兼顾了重点与全面，对科技信息需求较多的用户专门分类调查，这里既考虑到高层科技用户，一般科技企业用户、潜在创业用户——学生，以及科技创业服务用户，又考虑到非科技行业的其他随机用户（调查过程中也有部分科技工作者），这样的样本分布较为全面地涵盖了目前使用科技信息的终端用户。

终端用户的年龄分布：调查对象的年龄分布较为集中。40.49% 的用户在 30—40 岁，以软件园区企业工作人员、各区技术基地人员为主；31.6% 的用户在 20—30 岁，其中约 51% 为高校学生，28% 为孵化器工作人员。19.51% 的用户在 40—50 岁，以各个区域技术基地科研人员以及其他用户为主。20 岁以下及 50 岁以上的人较少，分别仅占到 0.62% 和 7.78%。可见，从事科技相关工作的人员年龄集中在 30—40 岁之间，这

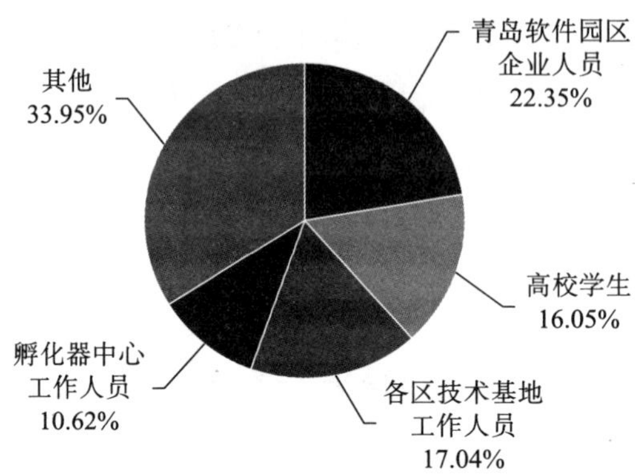

图 4.1　调查对象工作地点分布

个年龄段的人知识结构、社会阅历各个方面都处于上升期，且身体健康状况大多较好，精力充沛，对新生事物的接受能力较强（见图 4.2）。

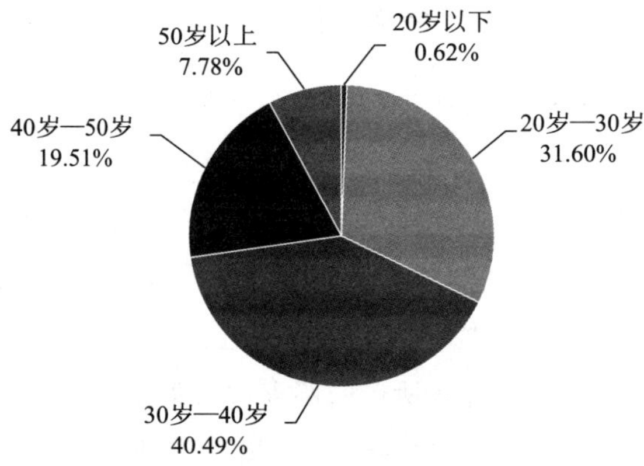

图 4.2　年龄分布

终端用户的性别分布：810 名被调查对象中，男性占 68%，女性占 32%。考虑到目前科技工作者尤其是尖端科技人才男性多一些，这种性别分别更有利于了解科技工作者的信息需求。

除此之外，用户的职业分布较为分散，尽管工作地点较为集中，但职业多样化明显，相对集中的有科技研发（占 37%）、科技服务（25%）、其他（20%），未定（主要是学生，还有少量无工作人员，18%）。从职业分布看，样本中从事科技相关的人占多数（62%），这有助于比较准确、客观地获取用户对科技信息的需求状况。接下来对调查结果的分析主要是以职业分布作为主要的分类标准（见图4.3）。

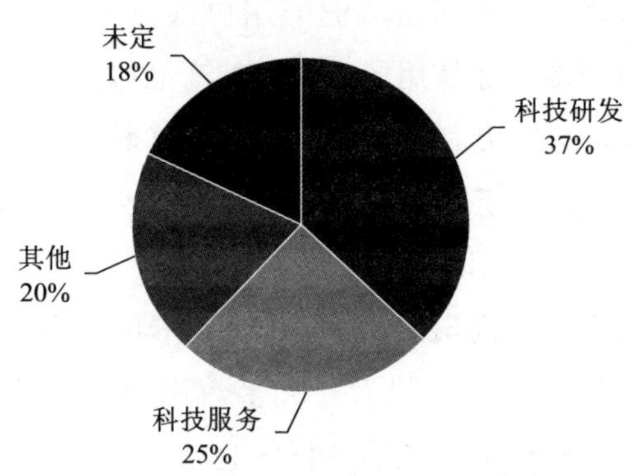

图4.3　职业分布

4.2.2　终端用户的科技信息需求情况与获取途径

为了了解不同用户的科技信息需求，笔者设计了多项选择题，选择题项包括：国内外最新科技产品动态、行业科技文献查新、检索与阅览、所从事行业的专利情况（指专利申请、授权、各行业所拥有的专利的名称，功能与工作原理，转化情况）、国内外最新高新仪器设备共享、技术转化与交易服务、共享科技研发（指每个人根据兴趣能力自愿参与到某个科技研发项目的设计、开发、试制与应用中去）、科技通知公告政策文件、创客服务、孵化器服务、科技研发人才库、科技专家库（各行业领域资深技术专家）、行业科技新产品试用体验（新科技产品投入市场阶段的互动参与体验）、行业科技产品咨询（各行业代表性科技产品的使用服务）、高新企业（高新企业的认定、所拥有的科技产品或专利情况、财务情况）、其他共计15个选项。

统计发现，用户选择较多的集中在国内外科技产品动态、技术转化与交易服务、共享科技研发、高级仪器设备、创客服务、科技文献查新检索、科技新产品使用体验、科技产品咨询等，排在前五位的分别是国内外最新科技产品动态、共享科技研发、创业服务、技术转化与交易、行业科技产品咨询。选择最少的三个选项分别为通知公告政策文件、所从事行业的专利情况、科技专家库。其中，高级科技研发人才选择国内外最新科技产品动态、高级仪器共享、科技文献查新检索与浏览、共享研发、技术转化与交易的占据大多数。而未定职业的用户选择创客服务、科技孵化器、科技信息检索、科技新产品使用体验、科技产品咨询的较多。从事科技服务的用户多选择国内外最新科技产品动态、技术转化与交易服务、科技通知公告政策文件、创客服务、孵化器服务、科技新产品试用体验、科技产品咨询、高新企业。其他用户的选择比较分散。总体看，选择“其他”选项的人比较少，说明以上列出的 15 个选项基本可以全面反映出用户的科技信息需求。从最终的统计结果看，大多数用户的选项个数都在 5 个以上，且选择的题项比较分散，说明各行各业的用户对科技信息都有一定的需求，且需求的种类呈现出多样化趋势，目前他们最渴望了解的是最新的科技动态，且大多数用户愿意积极参与到共享科技研发中去，对技术转化与交易信息需求较为迫切，且对所从事行业科技产品较感兴趣，具有独立创业的潜在需求，对创客服务信息也较关注。

对于科技信息的获取途径，笔者也设计了一个多项选择题，题项有：互联网、书籍、报纸、与他人交流、会议、电视、广播、公共交通、商场、单位、其他。大部分用户的选项较为分散，且多选择 5 个以上的题项，说明目前科技信息获取途径较为广泛，排列在前五位的获取途径分别为互联网、报纸、书籍、单位、电视。可见，互联网对于科技信息的传播至关重要。广大用户已经有了通过网络获取信息的习惯，因此，构建科技大数据服务平台，提供用户所需的最全而广的科技信息与服务，已经具有了用户基础。

4.2.3 对共享虚拟研发的意愿

进一步，笔者为了了解终端用户对共享虚拟研发的意愿，设计了一道单选题和一道多选题。单选题为：您愿意加入到虚拟研发平台吗？（题项：是或否）。多选题：您愿意参与哪种方式的虚拟研发？题项为：合作开发新技术/产品、合作设计新技术/新产品方案、新技术/产品试用体验、技术创意、技术材料、技术人才、其他。统计结果发现，有 68% 的用户愿意参与到共享虚拟研发中去。对于这部分用户的多选题统计发现，用户对合作开发新技术/产品、合作设计新技术/新产品方案、新技术/产品试用体验、技术创意、技术人才的接受度均超过了50%，说明被调查的终端用户对网络科技研发共享的参与意愿较强，对技术创意征集、人才聚集、材料提供、研发过程以及试用体验等都比较感兴趣，虚拟共享研发平台/模块建设具有较好的万众创新的基础。

4.2.4 对成为创客的意愿

了解了用户的信息需求后，笔者为了了解用户对成为创客的意愿，设计了单选题：您今后愿意/可能成为一名创客吗（您目前是一名创客吗）？（题项：是、否）。统计结果显示，810名被调查用户中，目前已经是一名创客的有59名，有106名用户表示后期有可能成为一名创客。这部分潜在创客群的人员结构见图4.4。其中，高校学生占41%，是最重要的潜在创客群；其次是科技研发人员，占29%，这部分研发人员本身拥有核心技术，具备成为创客的良好条件与实力。科技服务人员、高新企业员工各占11%和13%，大多是具备一定的工作资历或技术积累、想独立干一番事业的人员。其他用户占6%，比例较小。可见，高校学生和各类科研基地工作人员将会是创客群体的重要力量，也是科技大数据平台创客模块的重要服务对象。这部分人具备的特点是对新生事物接受能力较强，对科技动态具有较强的兴趣，拥有干一番事业的决心与激情。

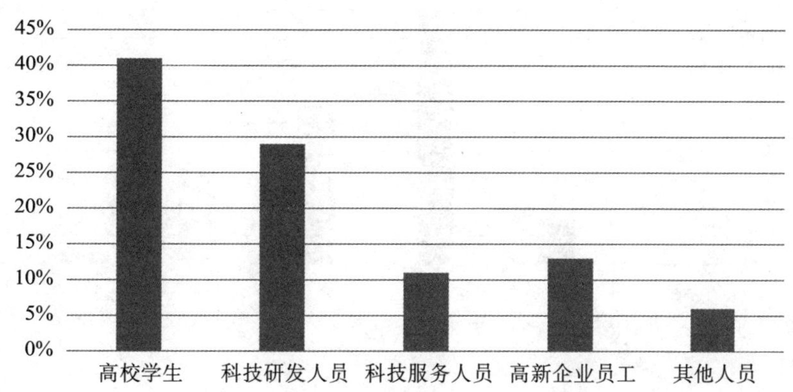

图4.4 潜在创客群的结构分布

4.2.5 对大数据的了解程度

为了了解用户对大数据的了解程度，笔者设计了一个多选题：您对大数据了解吗？题项分别为：从未听说过、听说过但不了解、略微了解、基本了解、比较了解、专业了解。统计结果见图 4.5。其中，略微了解的用户最多，占总样本的45%，主要是一些高新企业的员工、高校学生以及孵化器工作人员。其次为基本了解的用户，占28%，主要是高校学生、高新企业与科技基地员工。再者是比较了解，以科技研发基地的部分员工居多，占17%。达到专业了解水准的用户相对较少，仅有2%，分布在高校、重点科技基地与高新企业。从未听说过大数据的用户为零。统计结果说明，目前青岛用户对大数据具有不同程度的了解，但还未清楚大数据对实体经济的具体影响尤其是对科技大数据的影响力。对大数据了解较多的用户以专业学生、互联网行业人员以及高科技研发人员为主，一般了解或仅听说的用户大多是与互联网、高科技无关的其他职业用户、未定职业用户或部分学生。这侧面反映出科技大数据平台建设目前尚缺乏大数据、云计算领域的高科技人才，其后期的高效率运作也有一定的困难，需要加大宣传力度，提高用户的认知水平，只有这样才能提高用户对平台的参与浏览频度。

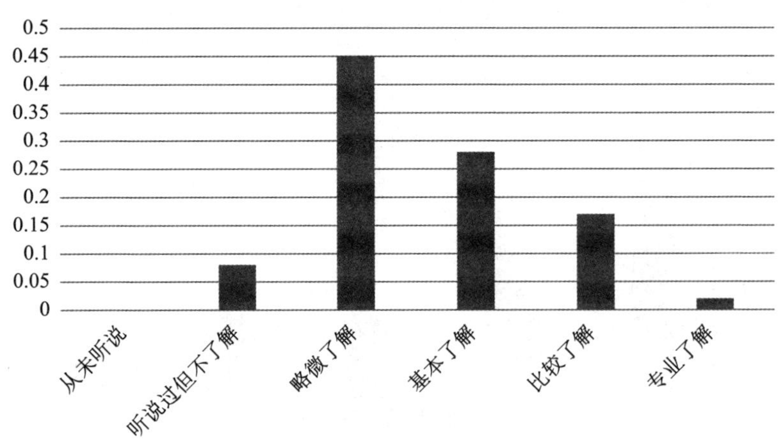

图 4.5 对大数据的了解情况

4.2.6 对青岛科技大数据平台的了解与使用情况

为了了解用户对青岛科技大数据平台的了解与使用情况笔者分别设计了两个多选题。选题一：您了解青岛科技大数据平台吗？题项有：从未听说过、听说过不了解、略微了解、比较了解。选题二：您使用过青岛科技大数据平台吗？题项有：从未使用、使用一次、使用两次、使用三次及以上。统计结果见图4.6。

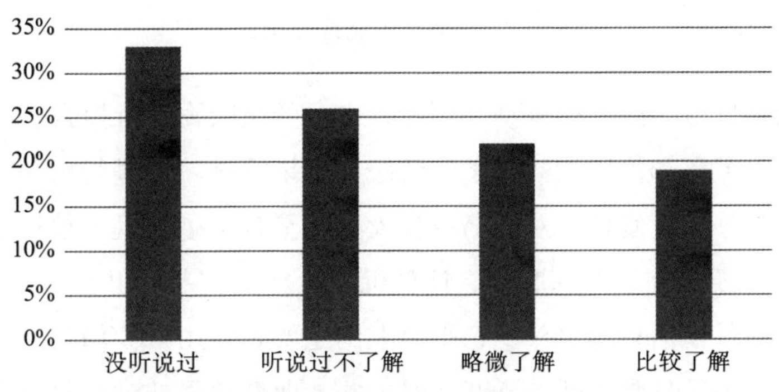

图4.6 对平台的了解情况

统计结果显示，从未听说过科技大数据平台的用户占33%，以随机发放的公众问卷、高校学生为主；听说过不了解的用户占26%，以企业员工、职业待定人员为主；略微了解的用户占22%，以高新企业员工、科研基地科研人员为主；比较了解的人占19%，以科研基地员工、孵化器员工为主。总体来看，不同程度了解科技大数据平台的用户占到67%，占据统计样本的大多数，说明大数据平台还是具有一定的用户基础，但并未引起浓厚的兴致，关注频度不高。

进一步，调查对科技大数据平台的使用情况（见图4.7），发现从未使用的用户占32%，以学生居多；使用一次的用户占29%，以高科技企业员工居多；使用两次的用户占22%，以科研基地、孵化器员工居多；使用三次及以上的用户占17%，主要是科技开发人员以及孵化器服务人员。总体看，使用过科技大数据平台的人占到68%，占据统计样本的三分之二，说明在听说了解过科技大数据平台后，大多数用户具有浏览该网站的

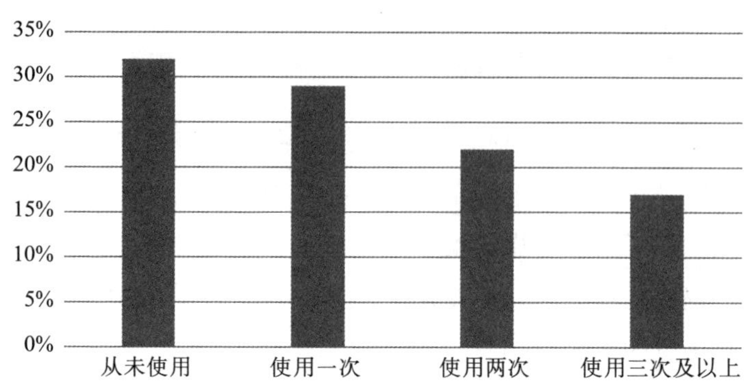

图 4.7　对平台的使用情况

主观需求，只是后期的浏览动力不足，平台的吸引力有待提升。

将以上了解和使用大数据平台的统计结果再进一步进行汇总并结合原始问卷对比分析后发现，对青岛科技大数据平台不了解且未使用过的用户有23%，主要以高校非互联网、计算机专业学生、未定职业人员为主，他们对新兴的科技信息知之甚少，平时上网主要是使用 QQ/微信、看娱乐信息以及一些关系日常生活的 APP，对一些专业性较强的词汇具有主观上的排斥感，对大数据、科技服务平台有关的知识几乎空白，也缺乏主动获取科技信息的动力，平时关注科技信息的时间也很少，更加不会主动去使用科技大数据平台。

调查中，除了科技大数据网站，笔者还问询了青岛地区最常见的一些科技网站，如研发平台、仪器共享平台、科技局网站、技术交易网。对于研发平台和仪器共享平台，只有 35% 的人对它们有所了解；对于科技局网站，大部分人都了解，且有 45% 的人使用过；对于技术交易网，约 39% 的了解，但使用过的仅有 18%。这从侧面映射出目前青岛用户科技人才的整体水平与专业素质还不高，万众创新、大众创业的创新城市建设局面还未真正形成。

对于使用过大数据平台的用户，笔者进行了进一步的调查，即您是通过何种途径获取到科技大数据平台网站网址。统计结果发现，竟然有 50% 的受访者是根据百度的搜索引擎，这说明无论是了解还是使用大数据平台方面，目前对青岛科技大数据平台的宣传、动员与引导还很不到位。

尤其是对高校学生的宣传引导。高校学生接受新生事物的能力较强，对一些新的科技信息比较感兴趣，尤其是互联网方面的信息。高校管理者、高校教师通过课堂与课外的积极宣传引导学生多关注一些科技动态，了解一些科技大数据平台知识，经常浏览一些科技平台网站，这会拓展学生的知识视野，很可能会对学生的后期创业起到一定的帮助。

值得肯定的是，虽然不少用户对科技大数据平台了解很少，但是大多数用户支持“建设改善科技大数据服务平台”，占到总样本的87.88%，较高比例的支持率说明经济生活中青岛用户对科技大数据平台的建设前景给予了高度肯定与关注，且对科技大数据平台的展示内容也充满期待，尤其是在科技动态、创客服务、虚拟研发、技术交易服务方面，用户的期待度更大。人们希望科技大数据平台能够真正成为大众创业、万众创新的桥梁与媒介，动态实时提供多样化的用户个体需求。

4.2.7 对目前科技大数据平台的功能模块设置的满意度

为了进一步了解用户对目前的科技大数据平台功能模块设置的满意程度，笔者对使用过一次及以上的235名用户进一步设置了多选题：您对目前的科技大数据服务平台的哪些功能模块比较满意？题项有：科技计划、科技成果、创业孵化、高新企业、技术交易、仪器共享、科技文献、知识产权、科技金融、政策超市、科技统计分析、创新地图、科技通手机客户端、微信通。统计分析结果发现，满意程度排前五的功能模块分别为政策超市、创新地图、高新企业、技术交易、科技通手机客户端，分别获得了74%、68%、54%、49%、63%的用户满意度，其中政策超市与创新地图获得的认可度最高，这也是目前科技大数据服务平台较之旧平台的特色之处。

另外，虽然目前的科技大数据服务平台对大型科学仪器设备、科技文献、科学数据等重要部分的共享使用体系比较完整且严谨，但调查发现，使用过平台的用户对以上功能并未给予积极评价，认为它们形同虚设，并未真正提供其需要的信息与服务，且没有继续使用该平台的后期意愿，这说明科技平台建设目前尚未体现用户需求。其中，获得用户满意度较低的模块分别为科技成果、仪器共享、科技文献、知识产权，获得的用户支持率为19%、28%、25%、17.5%。而这几个模块恰恰是青岛市综合科技水平的重要外在反映。这说明对于一些非常重要、关键的科技信息，青岛科技大数据平台目前还不能较好地提供，尤其是科技成果、知识产权。用户要了解的是青岛的科技成果、知识产权的详细信息，而不是政策性信息，这是未得到用户认可的主要原因。

4.2.8　对目前青岛科技大数据平台提供信息的满意度

终端用户对科技信息与服务的需求，首先以个人工作与生活使用为前提，这就要求科技平台要真正从用户需求出发，提供满足不同用户需求的信息与服务。为了了解目前科技平台使用效果，对于使用过青岛科技大数据平台的人，笔者进一步设计了多选题：对青岛科技大数据平台提供信息的满意度，选项包括：非常不满意、有点不满意、有点满意、比较满意、非常满意。统计结果见图4.8。

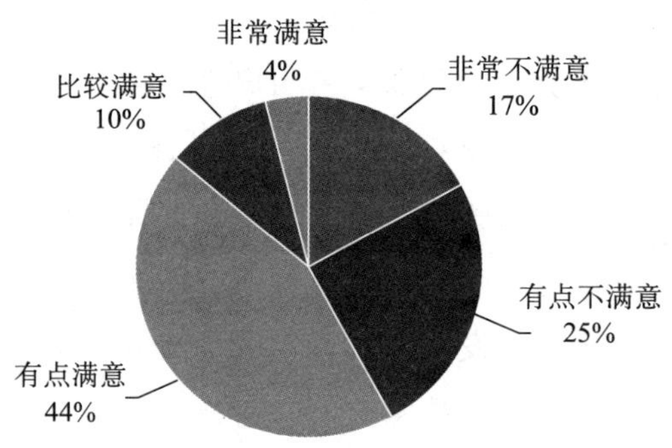

图4.8　对青岛科技大数据平台的满意度

结果显示，在使用过科技大数据平台的用户里面，仅有4%的非常满意这部分集中在少量的科技孵化器工作人员以及科技研发人员、随机调查的用户。比较满意的用户占10%，大多是一些高新企业员工、孵化器人员以及一些未定职业的学生与其他用户。有点满意的人占44%，这部分用户以高新企业人员、高校学生、创业中心的人员为主。有点不满意的占25%，大多是专业从事科技研发与服务工作的用户，以从事后者的用户居多。非常不满意的占17%，主要是一些高新企业、科技基地的专业高科技研发人才。总体来说，具有不同程度满意度的用户还是超过了不同程度不满意的用户，大数据的建设前景还是值得期待。应当指出的是，调查时笔者发现，越是对科技大数据平台不太了解的人，对该平台的评价越高，专业人士的评价都比较低。这可能是因为不了解的人，更容易满足现状。

进一步，调查组对使用过该平台的人进一步调查获取的信息情况，设计多选题如下：您获取了何种信息？题项分别为：通知公告、政策文件、办事流程、科技文献、技术交易、技术研发、孵化器服务、获取科技地图、科技金融、其他。统计结果显示，在目前使用过科技大数据平台的人员里面，获取通知公告、政策文件、办事流程信息的占到70%，其次是获取科技地图占20%，查阅科技文献及其他仅占10%，可见科技大数据平台并未真正释放大数据带来的推动力，未给用户带来真正的实惠。这是由多方原因造成的。目前，很多用户对科技大数据平台的性质以及对自身的影响不甚了解，许多人把科技大数据平台看作是科技相关文件发布、通知公告等，认为平台就是政府的科技通告，主要服务于一些高科技人才，与普通百姓的关系不大，并未深刻认识到平台的功能与每个人都息息相关。我们生活在一个科技快速更新、日新月异的社会，每个用户都需要及时了解最新的科技动态以及给日常生活带来的影响，更进一步说，只不过从事科技相关工作的人士需求信息的种类与程度要求更高一些。科技大数据平台急需提供的是与科技相关的任何科技信息，要能够动态聚集、搜索、整合汇总、分析科技数据，生成各类科技信息，供用户甄别、选择与使用。

4.2.9 科技大数据平台建设与运作主体

为了了解用户对科技大数据平台有关建设与运作主体的一些认识与看法，针对那些对科技大数据平台有所了解的用户，笔者设计了多选题：您认为科技大数据平台的建设主体应由谁承担？题项有：政府、企业、一些非营利组织、行业协会、互联网行业技术机构、其他。统计结果发现，选择仅由政府兴建的比例占20%，选择仅由企业或非营利组织兴建的比例更小一些，分别为13%与6%，选择由行业协会兴建的占约3%，选择行业技术机构的占5%，即仅选择一项题项的用户占47%，剩下的53%的用户都选择了两个及以上的题项。其中，选择政府+企业的用户占26%，选择政府+行业技术机构的占8%，选择政府+行业协会的占11%，选择政府+企业+行业技术机构+行业协会的占5%，还有3%的用户选择的是非营利组织或其他。从统计结果来看，超过一半的用户认为科技大数据平台的建设不应由政府独立完成，应与企业、行业技术机构或行业协会共同完成，充分发挥各方主体的资金、技术、服务或管理优势。

同样地，为了了解用户对科技大数据平台有关运作主体的一些意见，针对那些对科技平台有所了解的用户，笔者设计了多选题：您认为科技大数据平台的运作主体应由谁承担？题项有：政府、企业、一些非营利组织、行业协会、行业技术机构、其他。统计结果发现，选择应由政府全权负责运营的比例占19%，选择应由企业、行业协会负责运营比例更小一些，分别为10%与6%，选择行业技术机构负责运营的占约9%，选择非营利组织或其他的用户占2%，汇总一下发现仅选择一个题项的用户占46%，剩下的54%的用户都选择了两个及以上的题项。其中，选择政府+企业的用户占20%，选择政府+行业技术机构的占13%，选择政府+行业协会的占8%，选择政府+企业+行业技术机构+行业协会的占10%，还有3%的用户选择的是非营利组织或其他。统计结果显示，50%以上的用户主张科技大数据平台的运营不应由政府单独负责，应与企业、行业技术机构或行业协会协同运营。其中，主张政府、企业、行业技术机构或协会的共同运营的用户比较多，这主要是因为三方的运营优势比较明显。政府的运营风险最低，企业的专业管理能力最强，而互联网行业的技术机构的技术实力最强，对运营中的技术风险能够给予最好的应对，行业协会对互联网行业的服务能力较强，能够积极协调应对一些技术服务中的一些问题。

将以上两个建设、运营主体的选题统计结果进行对比，发现同时选择仅由政府建设、政府运营的用户并不太多，仅占到13%，有7%的用户认为政府建设完成后后期运营交由企业或互联行业机构进行。相比之下，选择政府、企业、技术机构共同建设科技大数据平台的用户，大多也选择了同样主体联合运营。可见，多数用户还是支持政府、企业、互联网行业的技术机构、协会等共同组织建设科技大数据服务平台并按照一定的组织分工、共同负责后期的运营管理。原因可能在于了解科技大数据平台的用户都普遍认为该平台要提供的信息量多而复杂，涵盖的功能与服务较广，涉及层次、领域都较全面，仅由政府负责较易出现与市场脱轨的后期局面，与企业、互联网行业相结合共同建设与运营，有助于充分发挥大数据的精准定位，既能够挖掘出企业、市场层面的用户需求，又能够挖掘出互联网行业的专业技术优势，这样建设的科技大数据平台其后期运营才能够得以健康持久。

4.2.10 科技大数据平台的产权性质

基于终端用户对平台建设与运作主体的认识，笔者进一步设置了多选题：您认为科技大数据平台的产权应如何界定？题项为：按照出资比例分享产权、按照资金技术人才分享产权、按照资金技术分享产权、按照资金人才分享产权、其他。统计结果发现，选择按照出资比例分享产权的用户仅为28%，选择按照资金技术人才分享产权的用户为48%，选择按照资金技术分享产权的用户8%，选择按照资金人才分享产权的用户为16%，选择其他的为0。这说明目前多数用户比较认可技术、科技人才同样可以作为出资内容，与货币一样，可以分享科技大数据平台的所有权份额，并分享一定的收益。科技大数据平台由政府、企业、技术机构等通过投资、技术、科技人才共同兴建，并按照出资评估价值分享一定的产权份额，共同制定平台的管理文件、运营内容与流程，共同分享收益。

4.2.11 科技大数据平台运营中的资金来源

为了了解终端用户对科技大数据平台运营过程中资金投入方式的看法，笔者设置了多选题：对于科技大数据平台的资金来源渠道，您比较认可的有哪些？题项有：政府财政资金、银行贴息贷款、企业及其他组织投资、捐赠、内源运营收益、社会公众投资。统计结果发现，单独选择一种资金来源的用户仅为31%，其中选择政府财政资金的用户为15%，选择银行贴息贷款的11%，还有5%的用户选择企业及其他组织投资。剩余的69%的用户都选择了两种及以上的资金获取方式，其中同时选择政府财政资金、银行贴息贷款、企业及其他组织投资这三种方式的用户比较多，占34%。选择内源运营收益的用户往往会同时选择企业及其他组织投资，此类用户占约26%，他们支持平台赚取利润。选择捐赠、社会公众投资的用户比较少，仅有5%和8%。这说明大多数用户认为科技大数据平台的建设与运营需要投入大量的资金，单靠政府财政是不足以维持其健康发展的，应该拓展资金渠道，企业、银行应成为重要的资金提供者，吸引资金的方式是投资和贷款。企业投资要追求收益，银行贷款也需要回本，从平台的可持续发展来看，这部分钱应从平台自身的运转中获取，即平台运营要追求部分的收益。这从侧面也反映出终端用户并不认为平台发展会面临较大的资金困境，作为知识经济下的科技新产物，科技大数据平台完全具有吸引投资方的能力，关键在于平台如何实现运营收益。认可平台由政府投资并免费运作的用户比较少。

4.2.12　科技大数据平台的运营收益

为了了解用户对科技大数据平台运营是否应赚取收益的看法，笔者设置了一个单选题和一个多选题，只有单选题选择“是”的用户才做多选题。单选题为“您认为科技大数据平台运营应赚取收益吗?”题项为：是、否。多选题为“您认为科技大数据平台应通过哪些科技模块来赚取收益?题项为：政策超市、科技文献、科技成果、知识产权、技术转化与交易、共享研发、科技金融、大型仪器共享、高新企业、最新科技动态、科技新产品体验、其他。

统计结果发现，68%的用户认为科技大数据平台运营应当赚取收益，公共科技信息并不能很好地满足私人需要。进一步对此部分用户做多选题统计，发现获得用户认可度较高的收益模块分别为技术转化与交易（85%）、共享研发（71%）、科技金融（74%）、大型仪器共享（62%），对于政策超市、科技成果、知识产权、科技文献、高新企业、最新科技动态、科技新产品体验超过50%的用户认为不应该收费。还有42%的用户选择了其他。他们认为还应该为用户私人定制科技信息服务，这个是收费项目。可见，目前终端用户比较能够接受科技大数据平台的运营以赚取部分收益为目的，他们主张应对部分市场化行为较强的模块收费，一些公共性模块免费，这样既能满足广大用户的共性科技信息需求，又能为个别用户提供个性化的科技服务，赚取的收益用以维持平台的健康长远发展。

4.2.13 新型服务方式的开展

为了了解科技大数据平台应该采取哪种服务方式，笔者设置了多选题：您认为科技大数据平台应该为用户提供哪种服务方式？题项为：手机APP、在线咨询、私人订制、互动体验、微信通、其他。统计结果发现，100%用户选择题项在 2 个及以上，且都获得了较高的支持率，分别为私人订制（84%）、互动体验（82%）、在线咨询（75%）、手机 APP（92%）、微信通（88%）。可见，用户希望科技大数据平台能够提供多样化的服务，尤其是互动体验、私人订制能够最大程度地调动用户对平台的关注度。与传统的被动式服务不同，这些新型服务是一种主动式的用户服务，是在与用户的互动中挖掘用户的需求、关注点。大数据平台应通过挖掘大数据来为用户服务，利用用户释放出的各种信号用云计算整合出用户需要的科技信息。要更好地开展在线咨询、私人订制、互动体验服务，必须要整合大数据。而目前的科技大数据平台很显然除了手机 APP 与微信通，还未有以上其他服务方式，未能做到与用户的实时互动，也不能很好地解答用户的科技问题，并未很好地发挥大数据与云计算的功用，也无法获得较高的用户满意度。

4.3 深度访谈分析

为了更为细致地了解终端用户对科技大数据服务平台更为详细的信息需求情况，笔者还对青岛市重点实验室、工程技术中心、公共研发平台等技术中心的 10 名高端科技人才进行了深度访谈（他们来自不同高新行业，应被访谈者要求，下面分析中省略个人姓名与单位信息）。访谈主要分为两个部分：第一部分是请被访谈者详细谈谈个人对科技大数据服务平台的认识，以及对科技大数据服务平台主要有哪些信息、服务需求；第二部分是请被访谈者谈谈现有的青岛科技大数据平台是否能够满足其需要，尚有哪些地方需要优化调整。在深度访谈对象中，男性占 2/3，女性占 1/3，30 岁—45 岁人群所占比重较大，为 70%；本科以上学历人员为 90%。深度访谈采取一对一的方式展开，涉及的核心变量包括：性别、年龄、教育水平、职业、对大数据的了解程度、科技服务平台的定位、信息需求、服务需求、对现有科技大数据平台的认识、如何优化调整等。

4.3.1 对科技大数据服务平台的认识以及信息需求

10 名被访者对大数据都不太陌生，都能够大体说出几个大数据的代表性特征：量大、很有价值、变化较快、传递迅速等、不能用传统工具如 EXCEL 计算。其中，有 4 名用户对云计算与传统计算的区别不了解，亦不清楚云计算与大数据的关系，他们并不很清楚科技服务平台与科技大数据服务平台的真正区别，这几个人只是提到现在大数据比较流行，当今环境下建设科技服务平台肯定要基于大数据构建，至于科技大数据平台与传统科技平台界面、输入输出数据、信息、服务等的真正不同，并不是很清楚。当被问及对科技大数据服务平台都有哪些科技信息服务需求时，他们大都提到对目前比较热门的一些技术领域发展动态比较感兴趣，如细胞学、遗传学、生物技术、互联技术等，希望及时了解到国内外的研究进展，有 2 个人提到希望通过互联网寻求对自己研发计划感兴趣并能够提供帮助的人，同时希望自己所拥有的专利及时寻求到感兴趣的投资者，尽快转化投产获利，这 2 个人分别任职于青岛某技术研发基地。有一名用户表示已经积累了一定的资金、人脉，对专业技术领域也已比较熟悉，不久很可能就走出单位自己创业，他浏览科技大数据平台希望看到自己专业领域的动态。有意向的创业合作者（投资者或能够提供资金技术人才的其他人），希望得到有关创客方面政策文件等的在线咨询帮助，以及青岛这几年创客群体的发展情况。还有一名用户是 2019 年即将毕业的学生，各方面比较突出，从事自然科学技术出身，已经被青岛某大型国有企业聘用，他说先历练一下，过几年准备自己创业，做一名创客，他希望青岛能够搭建比较健全的科技大数据平台，下载其手机客户端或微信，在紧张的工作之余每天都可以浏览一下都有哪些最新的科技信息，有没有自己专利技术领域的研发项目可以参与？技术交易市场是否有感兴趣的专利？创客的国家支持文件等。

另有3名用户从事与信息技术相关的某细分技术领域研发工作，对大数据与云计算较为熟悉。这3名用户的意见较为一致，他们所需要的是能够根据自身要求个性化定制出的动态实时多变的科技信息，这只有利用云计算的处理模块才能做到，大数据的计算必须要用能够整合各类结构、非结构等数据的云计算，真正的大数据都是非常重要的信息资源，具有明显时效性，都是根据需要动态变化的，是一种应时而产生的信息资源，它能够及时捕捉市场动态，根据原始积累资源生成新的数据信息。被问及对科技大数据服务平台搭建的看法，他们认为科技大数据服务平台就是要利用云计算，动态捕捉不同群体的科技信息资源、用户科技信息与服务需求，并及时推送有价值的信息，最主要的就是各个行业的最新科技成果的详细展示以及业已积累的主要科技文献的查询、为各类技术研发、转化交易工作提供帮助，为创业群体提供帮助。他们认为科技大数据服务平台要能够真正地服务于万众创新、大众创业。比如，某企业或个人有个好的研发技术创意，资金、研发材料都具备，尚缺少几位具有不同研究专长的人，在科技平台发布对研发人才的准确需求信息，平台立马捕捉到这个需求并给企业/个人推送大量的科技人才信息供其选择。此时，很可能正在其他单位任职的某个人符合条件，通过科技平台，这个人与研发需求者立刻建立了联系，虚拟研发交易达成。研发项目中除了人才，资金、物料、创意、研发成果的体验等都可以通过科技平台以最快的速度寻求到参与者。

还有2名中年用户从事的是与科技无关的工作，平时喜欢关注时事要闻，对科技对自身生活的影响也很在意，下载科技平台的手机APP，每天或每周抽一点时间浏览一下，了解最新的科技知识更新，最起码是跟上时代变化，他们追求新科技给自己生活带来的各种便利与享受。采访中，他们提到，自己平时用的东西如手机、电脑、电器、生活用品等，都会选择一些比较好的新产品。让他们苦恼的是出去买东西时对很多商品的技术新颖度并不了解，是仅仅换了外包装还是真正的新产品，他们并不是很容易获取到这些信息，大部分时候只是根据价格选择。他们希望科技大数据服务平台能够免费提供各个行业的技术产品发展动态，最好有在线客服，能够比较客观地给出一些产品的科技新颖度的评价，这样一来，不至于被一些无知的导购或逐利的商家所诱导。另外，他们也特别提到科技大数据服务平台要能够真正地为那些专门从事科技研发的人提供一切便利。

4.3.2 现有科技大数据服务平台信息的使用频度与评价

10 名被访者均曾经浏览过青岛科技大数据平台。浏览时间最早为 2016 年 1 月，目的是要寻找研发所需的一种仪器设备。其他人员浏览该网站大多为最近的一年以内。获知该平台的途径有政府宣传、百度搜索、其他科研人员推荐等。其中有 6 人使用次数大于 1 次。另外 4 个人仅浏览 1 次的原因主要有：没有所需要的信息、没有所需要的服务、信息有点滞后、通过其他网站即可获得所需要的信息，不必上科技大数据平台等。一个用户指出，阅读《半岛都市报》时看到青岛市政府已经建成了科技大数据平台，很高大尚的名字，抱着很推崇的心情进去浏览，希望给自己这个科技盲好好充充电，以免被时代淘汰，进去后发现里面都是关于高新企业如何认定、项目如何申报、青岛市的创新机构分布、科技奖励如何申报等方面的政府通告、政策文件等，比较失望，上其他官网就可以看到这些文件了。有 2 名用户是想对自己的技术申报专利，想了解一下有没有重复类似的已申请专利，百度搜索进入了该平台，点击知识产权模块，进去后比较失望，里面除了通告、文件，就剩下链接到青岛市知识产权局。点击进入知识产权局网页，发现里面仍然是大量的通告、文件，想了解一些专利的详细信息变得很难，整个查询工作花费了约半个小时的时间，除了不断点击页面外，未获得其他信息。他们还表示科技文献里面也有个专利查询，但那个查询并不太详细，并且能查询到的时间也比较滞后，而且平台的资源建设陈旧，这使得资源利用程度差，平台资源种类虽然较多，但各行业科技资源数量有限，大数据开放的广度和深度都不够，云计算也没有充分挖掘用户需求，功能分类还不够细致，也有不少重复之处，个人用户进行有益的查询搜索获取到有用的科技信息不是很方便，尽管提供手机 APP，它也不可能像微信、QQ 那样有那么广的覆盖面，也不能激发用户利用数据的热情和创造性。这 2 名用户表示以后将不想再浏览该平台，除非有很大的改观。还有 1 名用户是要申报国家科技计划项目，百度搜索后进入该平台的科技计划模块，填写信息及时进行了申报。该用户表示，申报该项目的途径有很多，当时自己碰巧进入了该平台，后来项目也没有申报成功，也没再次进入。该平台的科技计划除了青岛市、山东省及国家的科技计划项目，并无其他项目申报，如自然科学基金项目等。该用户申报项目时也顺便浏览了一下其他功能，发现感兴趣的不多，后来也没再进入。

在使用平台次数超过 1 次的 6 位用户中，其第一次登录平台均是为了了解国家对科技创新、高新企业认定等方面的各类政策支持文件，后期登录平台也大多与查询政府有关政策有关。

仅有 2 人在浏览过一次科技大数据平台后，对继续使用该平台表示出浓厚的兴趣。其中一用户提到，自己拥有专利技术，想成立一家公司，但资金缺乏，通过百度搜索到青岛科技大数据平台，抱着试试看的心情浏览了相关界面，主要浏览了科技金融、创客地图、创业服务、技术交易网，最后自己经过多方比较，选择了一家能够提供优惠贷款的金融机构，并且也得到了李沧区某家创客服务中心的帮助。该用户对平台给予了较为积极的评价，要不是该平台，自己还会多跑不少冤枉路，平台确实能够提供比较便利的服务。另一用户表示，自己从事青岛科技创新相关研究工作，需要了解该市科技创新方面的有关规定以及科技资源的分布情况，以便更好地评价各区域的创新实力，而科技大数据平台在很多方面迎合了他的需求，里面的创新地图、政策超市、知识产权能够较全面反映青岛近几年的创新情况。

还有两名用户登录过几次平台。他们登录的目的是想转卖自己的专利，同时查询一些自己专业领域的科技文献。通过大数据平台链接的技术交易网，他们在很短的时间内寻求到了专利买家，并且通过平台达成了技术交易。其中一名用户还登录平台的科技文献模块查询科技文献，他表示，该平台科技文献模块尽管可以查询中外文科技文献，但是对高端科技文献如*Nature*、*Science*、SCI、EI收录等的科技文献并不能够查到最新的研究成果。另一名用户在查询知识产权的时候仅查到产权名称、所有人，查不到产权的应用情况。尽管这两名用户对登录平台的查询结果不太满意，但对平台的建设规划及后期前景持乐观态度，他们认为大数据科技平台的优势在于：信息量大、模块功能多样化，用户能够根据需求搜索所需的科技信息与服务。年龄大一些的中年用户谈到，他们那个年龄的中年人，由于以前接触不到信息技术产品，甚至连电视都是奢侈品，所以对互联网的掌握程度有限，尤其是很多新的互联技术接受能力较差，甚至不少新产品或新的功用很难学会使用，像大数据平台的很多模块他都不会使用，所以他强烈支持大数据平台的建设。另有一位青年受访者谈到对大数据平台上的几个模块还是比较满意，即政策超市、创新地图、专利分布图等，认为比旧的科技平台明显进步了不少，肯定科技大数据平台相较于传统科技平台优势明显，同时也指出该平台要改进的地方还是不少。例如，既然政策超市已经包括了很多方面的科技创新政策规定，在对应模块里就没有必要再列示所有的政策了，而是应该集中于满足用户需求的个性化信息。另外，信息最起码要跟上最新时间，太陈旧的信息也就失去了价值，也有一些信息放置位置不太合适，如可以把知识产权放置在科技成果里，把技术交易网作为一个重要模块单独显示。

有两名对大数据比较了解的用户提及自己虽然登录网站好几次，但都是查询官方信息文件，自己对平台的数据提供并不太满意。他们指出，目前的科技大数据平台虽然致力于大数据建设，但其对大数据的管理其实很薄弱。尽管各个平台都提供了数据的元数据，但尚未建设全面、完整的元数据体系。随着开放数据数量的增加和用户的增多，元数据的缺乏将不利于公众直接、全面、系统地了解平台数据的现状。随着数据的不断增长，用户想要更加快捷准确地获取数据，需要对数据进行检索，这将导致平台需要提供强大的数据检索功能。从目前的建设情况看，其他地区的大数据平台都建立了站内搜索引擎，这个可以借鉴。科技大数据平台设置过于简单，随着数据开放程度的不断提高，数据量的不断增加，其检索功能将无法满足用户的需求，有必要进一步完善功能设置，实现高级检索和精确检索的功能。另外，这两名用户还特别提到了专业化服务不完善，需大幅度改进。他们指出科技大数据平台服务对象较广，有广阔的市场空间，应当立志为用户提供尽可能便捷的技术服务。目前，科技大数据平台虽然也实现了一些数据服务功能，但基本形同虚设，不够动态、个性、实时、有用，与其他平台相比仍然存在差距，这一点可以参照淘宝、京东等商品交易平台。大数据平台应该具备全面的数据服务功能，包括数据存储和管理功能、信息交互功能、数据互操作功能、个性化服务、可视化服务等。科技大数据平台需要在以上方面下功夫，加强对数据服务的重视，完善平台服务功能，为用户提供更好的服务体验。

4.3.3 对现有平台服务质量的评价

10名被访者对现有科技大数据平台的服务质量评价都不高，达到基本满意的用户为零，普遍抱怨该平台只提供了APP下载，根本没有给用户提供在线服务功能，仅是把各种各样的政策文件、通告置于网页，对于用户是否能够理解、是否需要文件帮助、是否需要政策解说人员、是否还需要其他信息等，目前的服务还不能满足。其中一名高级技术用户提到，美国的科技平台，用户进入网页马上会有服务人员问好，并了解有哪些需求，然后就会热情介绍如何使用以满足需求，尤其是对于科技文献的查询、订阅、技术转化与交易，会以最短的时间让用户得到满意信息。但是，目前青岛市建设的大数据平台，进入后根本体会不到主动服务的感觉，甚至有用户反映，有一次根据网站提供的一个创业服务中心电话打过去是空号，说明这个电话信息是滞后的；还有一次利用网站查询一个科技成果登记的信息，网页显示竟然是2015年的，还未及时更新，现在的这个平台根本没有主动为用户服务的意识，也称不上是科技大数据平台，与国外先进的科技平台相比还有很大的差距。还有一个用户，登录的是技术交易网，注册发布专利转让信息，但该信息并不能动态显示，过了一个月也无消息，网站客服也没有积极联系他，期间也没有积极推送一些专利需求者的信息，到现在也没有转让成功。还有一些用户提到一些其他的服务问题：如该平台提供的微信，使用过程中若有问题咨询，并不能够得到及时的回复；平台主页除了电话、APP 下载提醒等，没有其他的服务方式提供，更没有一些使用提醒；平台的创新地图，提供的是一张区地图，点击进入后只能看到各区的科技类型统计，不能看到每一个创新点的详细地址；其他如科技奖励、知识产权、高新企业等都存在类似问题，网站能提供的往往是汇总后的统计信息，想要查询具体详细的有用信息比较难，而这些用户最需要了解的不是汇总信息，而是真正有利于他们的详细科技信息。此外，这些用户无一例外地抱怨网站刚开始浏览速度较快，在浏览每个功能模块尤其是细分模块里的具体内容的时候，速度特别慢，很多网页甚至根本打不开。

4.3.4 平台带来的便利程度

10 位被访的平台用户都认为，在不久的将来，科技大数据服务平台会给他们的生活方式和生活习惯带来很大变化。著名传播学者蔚然曾在《生活方式与新媒体》一文中探讨了新媒体如何改变国人的生活方式，他根据实证研究的数据支持得出这样的结论：新媒体尤其是手机的使用不仅仅是通讯的需求，更代表了一种社会地位的体现。人们通过手机与时尚的生活方式接轨，试图进入一种西化的生活。在本次调查中，笔者也捕捉到访谈用户的这种心理意识。几乎所有被访用户，无论是认为目前科技大数据平台尚有很多不足，提供信息质量不高、不可用，还是认为尝试多使用科技大数据平台，根据自己的科技需求来定制自己所需的科技产品。尝试新生事物释放的巨大能量，都无法否认科技大数据平台是一个崭新的平台，能给其生活习惯带来很多变化。用户阅读科技信息的习惯变化源于科技大数据平台的一些自身特点。受访者表示，经常登录科技大数据平台，了解青岛市的创新大环境、青岛市的创新政策、现有的创新资源，能够切身营造一种创新的氛围，置身在创新驱动环境中的一种使命感无形中提升了自身对科技驱动积极性、对科技信息、对商品科技含量的关注以及对国家科技动态的关注。

4.3.5 对现有平台运营模式的看法

关于平台应该采取哪种运营模式，详细咨询了这10名用户。其中，有4位的回答仅是发表了对政府负责运营诸多问题的看法，具体应该如何改进运营模式，并未给出具体明确的意见。剩下的6名用户中，有3位用户强烈支持政府和企业共同运营。其中一位用户指出，科技大数据平台的模块很多，对于一些免费提供的公共科技资源，应该交给政府负责；对于一些专业化人士需要的特别科技资源，需要由企业运营，而且为了平台的发展壮大考虑，也应该由企业负责市场化运营。这样一来，用户可以花钱订购自己需要的科技信息，根据提供信息的量与质来付款。也有用户发表谨慎看法，认为企业运营容易步入唯利是图的极端，致使科技信息的提供带上浓厚的追求利润的色彩，容易让科技信息变质，成为某些人牟利的工具，有可能会出现夸大宣传、虚假科技信息等问题，用户主张政府与企业共同运营的过程中政府应发挥很重的调节力。另外的一些用户多认为科技平台主要服务企业、个人，政府部门对于企业与个人的需求并不能很好地把握，科技大数据平台应该交由企业以及由代表企业组成的行业协会、行业内专家等负责运营。根据平台的内容分别负责，企业可以负责运作技术转化、交易、虚拟研发等，行业机构可以负责行业科技资源与服务，政府负责公共性科技资源。总的来看，大部分用户都认为应该充分发挥每个主体的优势特点，结合科技大数据平台的模块内容，选择不同的主体运作比较合适。公共性质特点较为突出的科技资源运作方应选政府，具有一定私人性质的科技资源运作方尽可能地选择企业或企业性质的其他团体。交谈中，有个别用户提到了行业协会或行业商会，他们认为各个行业的整体技术水平发展不一，且隔行如隔山，每个行业的技术资源主要由该行业领域的科技人才使用，如果把所有行业科技资源混合提供，并不利于资源的优化整合、整体利用率也难以提高。因此，他们大多主张大数据平台建立一个行业科技大数据子平台，提供青岛市比较具有代表性、科技力量较为集中的几个行业的技术资源服务。对于这样的行业子平台，他们主张由每个行业的协会组织一些懂技术、管理的复合人才运作比较合适。

4.3.6 对现有平台如何改进的看法

针对现有科技大数据平台如何改进的问题，笔者与这10位用户进行了沟通交谈。他们主要就平台功能模块、互动性、数据服务、资源服务等方面发表了一些看法。在平台功能模块方面，有70%的用户提出增加共享研发、有80%的用户提出要增加行业科技资源服务。有90%的用户主张现有的科技平台里的通知公告、政策文件、办事规程连同其他的一些公共性科技资源（或者称为免费性科技资源）一起都由基础性科技资源平台提供，其他一些模块尽可能地多提供一些更贴近用户或需求更为迫切的专有信息。例如，有的用户提出，知识产权模块提供查询、下载青岛市近年来的各个详细的专利等知识产权的申请、获批、功能、应用、价值等情况。也有个别用户提到，科技成果模块应该列示青岛市近年来的科技成果，如科技著作、优秀科技期刊论文、专利、非专利技术、技术标准、作物新品种等各行各业科技成果。有80%的用户提出要优化服务方式，多增加一些主动服务的环节与方式，页面要有微信、QQ、其他在线服务、在线互动；70%的用户提出最好能够根据个人需求私人定制科技资源，哪怕多花点钱，他们也是愿意的，说明私人定制有潜在的市场基础。

4.4 小结

本章中，笔者意在调查青岛市的终端用户对科技信息的需求情况。为了获得广而全的一手调查数据，笔者选取的终端用户包括软件园区企业人员、高校学生、各区技术研发基地员工、孵化器创业中心工作人员以及其他随机用户，采取的调查方法是问卷调查与深度访谈相结合，共发放了900份调查问卷，包括纸质问卷与电子问卷，共回收有效问卷810份；另与10位用户进行了深度交谈，之后利用Excel软件对调查结果进行了分类整理。

首先，笔者从以下方面对问卷调查的结果进行了分析，分别为：人员的结构特征、终端用户的科技信息需求情况与获取途径、对共享虚拟研发的意愿、对成为创客的意愿、对大数据的了解程度、对青岛科技大数据平台的了解与使用情况、对目前科技大数据平台的功能模块设置的满意度、对目前科技大数据平台提供信息的满意度、科技大数据平台建设与运作主体、科技大数据平台的产权性质、科技大数据平台运营中的资金来源、新型服务方式的开展。结果发现，终端用户对科技信息的需求主要集中在国内外科技产品动态、技术转化与交易、共享科技研发、高级仪器设备、创客服务、科技文献查新检索、科技新产品使用体验、科技产品咨询；他们目前获取科技信息的途径分别为互联网、报纸、书籍、电视，以互联网和电视为主。68% 的用户愿意参与到共享虚拟研发中去。创客意愿调查中，有 7% 的用户已经成为一名创客，有 13% 的用户有潜在的创客需求，其中高校学生占 41%，是最重要的潜在创客群，其次是科技研发人员，占 29%。以上用户对大数据均有不同程度的了解。部分用户还不清楚大数据对实体经济的具体影响，尤其是对科技大数据的影响力。对大数据了解较多的用户以专业学生、互联网行业人员以及高科技研发人员为主。听说过或了解青岛科技大数据平台的用户占到 67%，其中，有 68% 的用户使用过科技大数据平台，占统计样本的三分之二，用户听说了解过科技大数据平台后，大多数具有浏览该网站的主观需求。对于现有科技大数据平台设置的功能模块，大多数用户对政策超市、创新地图、高新企业、技术转化与交易、科技通手机客户端模块设置较为满意，分别获得了 74%、68%、54%、49%、63% 的满意度，对政策超市与创新地图的认可度最高。整体来看，有 58% 的用户对现有平台拥有一定的满意度。对于平台的建设与运作主体，多数用户还是支持政府、企业、互联网行业的技术机构、协会等共同组织建设科技大数据平台并按照一定的组织分工共同负责平台建设后期的运营管理，并按照出资评估价值分享一定的产权份额，共同制定平台的管理文件、运营内容与流程，共同分享收益。对于平台的资金来源，85% 及以上的用户认为科技大数据平台完全具有吸引投资方的能力，关键在于平台如何实现运作的收益，认可平台由政府投资并免费运作的用户比较少。68%的用户认为科技大数据平台运作应当赚取收益，公共科技信息并不能很好地满足私人需要。获得用户认可度较高的收益模块分别为技术转化与交易（85%）、共享科技研发（71%）、科技金融（74%）、大型仪器共享（62%）。另外，用户希望科技大数据平台能够提供多样化的服务，尤其是互动体验、私人订制能够最大程度地调动用户对平台的关注度。

另外，对10位用户的深度访谈结果进一步验证了问卷调查的结果，针对其中的重要问题亦获得了更为详实的统计结果。10名被访者对大数据都较为熟悉，均曾经浏览过科技大数据平台，主要对国内外科技产品动态、技术转化与交易、共享科技研发、创客服务等信息感兴趣，但认为现有平台没能提供所需要的信息、缺少所需要服务、信息有点滞后，平台的服务质量不高。然而，多数人还是认为平台给自己带来了一定的便利，在不久的将来这种便利会更大，应该大力发展。对于平台的建设运作，他们主张政府、企业、行业协会等共同负责建设与运作，后期主要增加共享研发、行业科技资源、互动性服务等模块。主要的调查结论与问卷调查部分较为吻合。

总的来看，不论是粗略了解终端用户对科技大数据平台的需求，还是深度挖掘对科技大数据平台的一些想法，调研结果均能够显现出用户对科技信息需求的共性特点：终端用户对科技信息需求的种类多样化、时间动态化、服务新型化、信息级别高层化、信息用途广泛化，更注重科技信息质量以及对自身生活的便利程度，尽管对目前科技大数据平台有诸多不满，但对后期平台发展充满期待。

第 5 章

科技平台建设与运作：来自国内外的实践经验借鉴

5.1 科技基础条件平台的国外实践经验

5.1.1 美国

前面已经提到，作为科技领先的发达国家，美国的科技服务平台建设大致由四个部分构成：私人成立的工业各行企业的实验室、联邦政府管辖下的国家实验室、高校非营利的研发机构、其他主体的非营利研发机构。其中，美国联邦政府管辖下的研究机构，无论是实验室，还是各个级别的研究中心，都称之为国家实验室，它们平时的工作主要是遵从国家的总体部署、战略发展需要，从事各领域的基础研究，必要的时候也进行针对性应用基础研究，在美国整个科技服务平台体系中处于统领与核心地位。长期以来，美国政府依靠国防部、能源部、健康服务部、农业发展部和 NASA 等部门的合力，先后创建了一系列的政府主导下的创新平台，如联邦实验室与各个层面的研发平台。其中，集中于军事科技研究的约占 60%，是主要部分；民用及其他领域的科技研究约占 40%。民用科技研究汇集在卫生、能源、健康、医药等基础性科学，此类优点在于内部的科技人才流动性较强，能够很好地进行技术知识转移、溢出与技术的二次消化吸收，一定程度上防止了学术陈旧与僵化。当然，很多时候，也会出现联邦实验室与企业合作的情况，目的就是共同研发市场迫切需要的重大关键科学技术。截至目前，美国的所有高科技产业都已经建立起了由联邦政府、州政府、微观企业、公共性科研机构、高等学校共同支撑的技术联合研究、开发、转化与生产体制。该体制的运行状况大致体现如下特点：①政府出面引导联邦实验室、各产业的高科技企业共同合作、联合开发高新科技产品，并且硬性规定联邦实验室的投入经费必须要达到一定比例，合作时必须要与各行业企业签合作开发协议；②美国的一些知名科技公司向知名大学、国家实验室提供一定的研究开发经费，必要的时候，还会派一些有经验的技术人员入驻高校、国家实验室共同搞研发；③政府出面引导企业、高校、个人、社会机构共同合作、兴建一些公益性质的社会研发团体，通过合作确定共同需求的技术难题、要攻克的技术方向、各自的职责分工，减少了研发过程中的盲目性，也有效地控制了重复浪费。不仅如此，产学研的高效结合，也尽可能地驱动联邦实验室与大学、研究机构的技术成果向企业转移。

具体来讲，美国的科技基础条件平台具有下面一些特点：

（1）拥有全球先进的科技服务平台创新体系。科技创新是全球科技进化与发展的主旋律。加强科技领域改革力度，大力促进科学技术与实体经济的有效结合，增强科技创新能力，是全球各个国家科技立国、科技兴国战略的核心与立足点。美国一直被认为是科技实力最强大的国家，长期注重科技创新，尤其是科技基础条件平台的建设，不断取得系列成果，很好地支撑了美国的基础研发。自冷战结束以来，美国围绕科技基础条件平台建设出台的一系列法规政策多达上万个。这些法规政策细致地规定了政府部门、国家管辖的科研机构的工作职能与调控范围，政府与高等学校、企业的合作开展程序，技术成果的专利保护，技术研发的财政、税收与金融政策，高科技人才的素质教育与技能培训，政府购买服务制度、政府采购制度、宏观经济环境治理制度等，有力地增强了产、官、学、军在内的国家科技基础条件平台的创新能力提升，也促进了其他主体科技创新活动的顺利进行，也使得科研技术成果的转化程度与战前的20%相比，提高到了

60%。

除了引导各方主体合作，美国政府还积极创造各种有力条件，引导国家实验室、研究所、大学与企业的科学研究人员自由高效流动，这对于成果转化非常重要，也使得科技人员在部门之间不断流动中找到了最有利于发挥才能的位置。另外，科技基础条件服务平台的建设与运作过程中，美国特别注重政府在促进科技成果转化交易中的职能发挥，值得借鉴的做法有：①制定科技研发转化激励政策，为科技成果的后续成功转化创造良好的法律环境与物质条件支持。②出台一系列科技与经济融合的文件，很好地引导了各产业部门分批地、有计划地按需转化科研成果。③给产学研合作机构提供一定的经费支持。合作研究机构的科研经费，大约有三分之一来自政府资助，其他资金主要来自企业，高校与科研机构出高新技术。提供资金的企业，大多是致力于高新技术研发、经营机制体制均较灵活的中小企业。④大力发展科技成果转化的服务机构、营造良好的社会经济环境，积极引导风险资金的加入。风险资金在科技研发与转化中承担着催化剂、运载器的重要作用，它能够促进好的技术创意、高新技术成果快速地从纸面、实验室步入市场经济中尽情释放潜能，也能够诱导创业、创新型企业的大量涌现与不断繁荣。⑤不断建立完善高科技人才的创新创业机制，通过设立硅谷等示范性创业园区，带动科技实力的全面提升。

（2）政府的适度调控。美国政府的看法是，随着知识与创新经济不可逆转的到来，科技基础条件平台建设不可避免地受到外部环境的冲击与影响，使得科技基础条件平台运转体现出明显的外部性特征，完全依靠市场的力量基本不可能让科技研发、进步与创新成果保持在最优的社会需求水平上，要做到这一点，必须要依靠国家的宏观政策调控。系统整理美国联邦政府这些年制定与实施的科技基础条件平台建设与运作管理措施，发现其特征有以下几点：

一是从制度与经济政策入手强化保障。自二战以来，美国政府相关部门一直特别重视科学基础研究工作，持续深入地参与基础科学研究、应用技术开发，并且不断地完善科技制度保障，先后出台了各个层面的法律法规体系，有力地促进了科技研发，为美国的科技研发与成果转化、技术实力提升提供了扎实保障。例如，1976 年美国出台了《科技基本法》、《国家科技政策、组织与优先法》，以立法的形式将科技发展作为本国的基本国策。后来，为了更细致地规定各个研发利益主体的权利和义务，美国政府又发布了《国家科学基金法》、《营利模式机构法》和《营利机构（公司）法》等。到了 1990 年，美国政府开始着手设计并启动分布式、高效率的科学技术数据中心群建设，以社会开放共享的公益形式传播各产业的科技数据。仅这一项措施，就使得美国在十年之间基本实现了"信息完全开放共享"这一国策，建起了基于共建共享的法律与制度保障体系，先后发布了《信息自由法》、《版权法》、《科技资源管理通告》等，出台了有利于科技发展的企业税收减免以及法律保护措施。以上一系列法律、法规的不断完善，使得美国的科技基础条件平台建设拥有了较好的外部社会经济环境，很好地促进了美国整体创新能力的提升。

二是引导社会各界部门、个体提高对科技服务平台建设的关注度与投入力度。众所周知，美国的科学研究、开发建设投入居世界之最。其中，1994—2000 年的 6 年之间，是美国科技研发投入数额增长最快的一段时间，从 1994 年年初的 1692 亿美元，增长到 2000 年年末的 2993 亿美元，排除通货膨胀的影响，平均年增长率超过 6%，远远地超出了同一时期 GDP 的增长水平。这也使得美国的科研经费投入比日、德、英、法、意、加拿大国家的投入总额还要多一些。美国的研发投入结构大致如下：政府开发投资占 30%，主要用在基础研究开发；高等学校的开发投资仅占 5%，用于支撑基础研究与应用技术研究；剩下的研发资金来自于企业投资，占 65%，用来支撑新技术的应用性开发、新产品的开发。由此可见，政府、高等学校与企业在科技基础条件平台的初期建设与后续管理中的分工与地位各不相同，且投入的科技研发经费在使用上也是各有侧重、互为补充。大量的研发资金有力地推动了美国科技基础条件平台的发展进程，也明显提高了科研成果发明、成果商业化的速度，进一步驱使美国的科技进步、科技创新实力上一个新的台阶。有组数据为证：美国用了 8 年的时间，扩增了 100 万件科技发明专利。现如今，美国每年平均的新产品开发率已经达到 40%，比 20 世纪 70 年代提升了将近 20%。

（3）强化科技人才的培养与引进。实践证明，高科技人才是推动一国科技进步最突出的动力源，是科技创新中最为紧缺的一种资源形态。多年以来，本国培养、高薪引进富有激情与创意、有科技想法、努力奋斗的高科技人才是美国注重科技基础条件平台建设的另一个重要举措，做法主要有：一是视教育为立国之本。美国之所以成为科技强国，根本原因是重视科技人才的培养与教育、能够集聚全世界最为优秀的科技人才。美国联邦预算中，教育是增长最快的开支。尤其是在冷战结束后，教育支出一直稳占美国GDP的7%以上。2000年，教育投资已经达到6000多亿美元。在美国，国家承担高中以下的全部教育费用。至于高校，美国的高校有两种：公立与私立。公立大学的经费来源于政府，学费极低。私立大学的经费源自个人学费与私人捐助。另外，政府会给重点大学一定的科研经费资助。二是大力培养高层次的科技人才。杰出科技人才的规模是国家、企业科技水平的主要标志。多年来，美国的高等学校培育出了一批批的优秀科技人才，是诺贝尔奖获得者最多的国家。截至目前，美国有高等学校3856所，在校本科以上学生1500多万人，18—22岁适龄青年的平均入学率超过85%。进一步，在3856所高等学校中，125所属于专门的研究型大学，占高校总规模的3%之多，它们承担着多项基础与应用性科技研发的重任。三是想尽一切办法吸引全球人才。美国有着领先的高质量高等教育体系、世界知名的高等学府、全球领先的研究开发设施，吸引着来自各国的精英。1998年，美国放宽外国的优秀专门技术人才留美限制，把签证配额由过去的6.5万个增到11.5万个。2000年，国会又立法将签证配额从11.5万个增至19.5万个。四是全面提高公民科技素质。政府与企业共同努力不断增加教育与培训支出：重点培养青年科技人才；创造终生接受技术培训的条件；提高全民科技素养。

5.1.2 欧盟

自20世纪90年代始，伴随欧洲各国科技创新规划的逐渐完善，欧盟科技基础条件平台得到快速发展。最为典型的当属欧洲的技术创新研究院，简称EIT。EIT下设由高等学校、科研院所、企业合作形成的组织

（KIS）。KIS 包括 5—6 个联合创新中心（CLCS）。欧盟国家特别重视成员之间的合作，搭建了一系列如欧洲空间局（ESA）、欧洲火箭组织（EI-DO）、欧洲（原子）核中心（CERN）、欧洲加速器实验室（ESRF）、欧洲分子生物实验室（EMBL）、欧洲天文研究组织等科技中心，促进了产业结构优化，实现产业升级。

英国、荷兰、德国是欧洲科技基础条件平台建设突出的国家。英国的技术战略委员会全权负责科技创新工作，下设技术创新平台，资金大多来自大学、企业，也有部分来自其他主体，小组成员主要涉及各行业企业、高等学校、科研院所、金融组织与其他公益类团体，平时从事的工作主要有举办科技创新主题会议、免费提供技术咨询等在线服务、协助成员单位获得各种技术创新相关帮助。英国的技术创新平台有适合自己的独特运作机制。一般情况下，技术战略委员会先进行市场调研，以此为导向建立创新平台，然后定期邀请技术知识转移网、其他相关主体共同商讨平台发展定位与战略规划。技术创新平台的项目主要通过竞争的方式投标获取。

2003 年，荷兰政府发起成立了荷兰科技创新平台，第一期的运行时间暂定为三年半。2007 年，又再次启动二期科技创新平台。科技创新平台由政府、各个产业、技术领域的高级专家组成，荷兰首相任平台主席，足见对科技创新平台的重视。荷兰政府视创新平台为国家层面的科技协调、管理咨询机构，帮助政府制定各类科技政策、科技支撑计划项目、科技进步引导法规。由于创新平台的成员以产业界、科学技术界专家为主，他们对技术研发、技术前沿以及可能出现的创新问题极为熟悉，再借力首相为首的政府力量，这使得科技创新平台的经济决策效率明显要高于其他经营机构。与英国不同，荷兰创新平台通常不直接资助科技研发项目，而是先初步拟定国家科技创新的重点领域、重大战略规划方向，然后向政府部门提供参考建议，以此引导科技资金的分配。

德国的科技创新平台模式属于较具代表性的一种——政府引导下的市场化运作。创新平台的成员包括各行业企业、高等学校、其他科研机构、行业管理组织、以银行为主体的金融机构等。创新平台有比较完善的公司化运行体制，完全面向市场、服务对象是最广大的终端用户群体。政府很少直接参与创新平台的建设工作，仅仅利用政策、法律、法规等引导平台健康发展，合理有效地优化创新资源在不同主体之间的配置，推动科技成果的正向扩散与快速产业化。与其他国家相比，德国的科技创新平台最突出的优点就是拥有一套非常紧凑的官、产、学、研科研创新结合互助体系。这方面最为典型的代表是史太白体系，该体系由公共性的基金会、各领域的技术转移机构、科技咨询机构、研发基地、史太白大学员工、企业与其他相关利益主体共同成立。最初，它的建设资金大多来自政府，每年能够获得50万—200万马克的支持。后来，政府资助方式改变了，由直接资助转变为通过各类采购服务的方式给予支持。为了使得该基金会能够更好地体现政府的科技发展规划，史太白基金会的理事大部分由政府制定的某些内阁部门、议会党团代表担任，至少占一半比例，全面参与制定基金会的日常行为章程、科技服务准则。多年的实践证明，史太白基金会很好地充当了科技与产业之间的纽带与桥梁角色，把德国雄厚的科技力量转化为现实生产力，迅速托起高端制造业腾飞与发展，实现了科技界与产业界的友好互助、共谋发展。综上所见，德国的科研体制具有鲜明的政策导向特征，科研体系中各类利益主体有序分工，产、学、研密切配合，支持科技创新的各类公共服务均比较健全，创新平台的建设与运行机制也很灵活。

5.1.3 日本

（1）强有力的科技基础设施支撑体系。为了提升科技实力与创新水平，日本政府不断地探索与实践。截至目前，日本的科技基础条件平台已经形成了五大类别：①大型企业管辖下的技术研究实验基地；②由地方与中央政府共同成立的公立科技研究机构；③国有的科技研究企业；④国立、地方公立大学与私立大学里由技术专家组成的研究室；⑤其他非营利性科技团体。在以上五大类科技平台中，国有的科技研究企业、公立科技研究机构、公立大学均在政府管辖下致力于基础科学技术的研究与开发，体现政府的意志，按照政府的要求完成技术研究开发工作。例如，日本国营铁路管辖下的科学技术基地、日本国立的化学研究所与材料研究所。另外，产业技术研究所（AIST）在规模上属于日本国内首屈一指的研究机构，专攻生命科学、IT技术、电子学、纳米技术。此外，各行业企业是日本科技研发与创新基础体系中的主要力量，对科技创新的积极性、主动性最高，多年来，一直致力于科技引进、科技模仿、自主技术研发，这些年研发投资在总投资中的比重持续走高。为了满足竞争白热化的科技发展需求，日本超过50%的科技研发机构、研发投资经费、高新研发设备、高技术研究人员都被企业所管辖。截至目前，企业已经成为了日本科技研发与创新的最强主力军，它们从长期的持续发展战略出发，每年都会保证投入足量的研究经费，全面开展应用技术研究工作。

（2）健全的法律保障基础设施。为了全面提升国家的科技创新实力，强化科技基础条件平台的建设水平，1995年日本出台了引领科技持续发展的纲领性文件——《科学技术基本法》。该法首次具体指明了科技创新与发展的后期宏观导向，从此日本驶入“科技创新作为立国之本”的时代，以此法为基本操作依据，先后实施了三期《国家科学技术基本计划》，每五年一个周期，最终建立起相对较为完善的法律政策保障体系，为高效良好有序地开展科技创新营造了一个优越的法律与制度环境。

《国家科学技术基本计划》第一期实施时间为1996—2000年。该期目的是打造以科技创造力为发展基础的日本，建立起宏观支撑体系。日本政府在此期间共投入了17.6万亿日元，所做的工作主要有：引导产学研合作；出台创新创业一揽子计划；大力提高博士后的奖金额度；重点培育年轻科研创新人才；加大科研人员的部门流动性；资金支持重点向竞争性领域倾斜；政府加大研发补助；改革日本研发体制与机制，全面改善研发环境。以上措施，对于提高日本科技基础条件平台的建设效果打下了较好基础。

《国家科学技术基本计划》第二期实施时间为2001—2005年。第二期计划更为注重科学技术的基础性研究，主要围绕以下工作：制定了详细的科技体制改革纲要，加强了政府科技研发的支出力度与执行规范。日本政府共投入研发经费21.1万亿日元，重点围绕生命科学、信息通讯技术、环境工程、纳米技术、新材料、能源、制造技术、社会基础设施、空间、海洋等领域进行补助，全面提升了日本科技成果的整体实力。

《国家科学技术基本计划》的第三期为 2006—2010 年，始于 2006 年 4 月 1 日。该期计划突出强调了三个科技理念：一是致力打造一个通过知识的创造与应用服务于亚洲乃至全球的国家；二是使日本成为一个持续发展能力较强、核心竞争力突出的国家；三是提高日本的安全、稳定与生活质量。以上述三个理念为基础，日本政府确定了四个基础研究领域，分别是生命科学、纳米技术与新材料、信息通讯、环境与复合交叉学科，此外，还确定了能源、制造业、社会基础科学与尖端科学四个后备支撑领域。体现在研发经费上，政府每年增加 R&D 经费约占 GDP 的 1%，拟定的总经费额度为 25 万亿日元。第三期的改革目标是使得日本的基础技术研究达到亚洲乃至全球的领先水平，维持日本的经济地位、可持续发展能力与对全球的引领能力，增强在国际经济社会中的影响力。

总的来说，《国家科学技术基本计划》第二期、第三期的后续实施，作用特别明显，使得该国科技基础条件平台建设资金大幅提升，改善了科技基础条件平台的硬件设施尤其是科学仪器设备的质量与等级，大力提升了科技基础研究的进步速度，明显提升了日本在全球的科技竞争力与经济地位。

（3）完备的人才战略支撑体系。科技基础条件平台建设质量，归根结底来自高科技人才的不断奋斗。多年以来，日本一贯注重对高科技、高知识人才的教育与培养，拥有一套完备的、良好的高科技人才教育、培养、选拔、竞争、交流机制。根据日本《科学技术要览》记载的数据显示，2001 年，日本制定并实施了教育科技改革、科技人才开发为主的技术人才培育战略，出台了一揽子计划，如 240 万名科技人才开发项目、研究基地培育计划与高科技人才培养机构的培养质量评价工程。与此同时，将社科部与科技部合并，让国立大学、国立科研机构逐步实行独立的公司法人制度。2003 年，日本出台了《科学技术白书》，构建了一副日本科技人才的“概念图”，里面不仅清晰地指明了日本的发展定位——“科学技术强国”，还给出了详实的培育路径——五大科技人才：专业技术人才、经营管理人才、科技成果社会化人才、科技普及人才与技能型人才。依照此提法，日本的科技人才至少应该由以下几部分组成：研究人员、研究辅助人员、技术人员、研究评价人员、经营管理人员、知识产权专家、创业服务人员，共同构成一支强大的科技人才队伍。为进一步提升科技基础条件平台建设人才科技服务质量，日本还制定实施了一系列的人才培育措施：①设计实施了人才成长机制，诸如普及了科技人员的任期制，促进人员与技术流动，着力培育了一批青年科技研究人员，开拓了科技人才活学活用、多样化发展的途径。2003 年初，日本国内的国立研究机构共有 29 家，其中有 537 名科技人员已经实行任期合同制。另外，65 所公立大学的 3428 名科技教授也均实行了聘任期制度。②强化科技创新人才的培养途径。这方面的措施主要有改革科技人员的教育途径，全面分批逐步推进大学特别是研究生院的扩张性建设，扩大经济社会各领域急需科技人才的招生规模，面向全球吸引世界各国的高新技术专家。2003 年，日本国内的 686 所公立、私立大学中，至少 531 所成立了专门的研究生院，所招收的研究生规模超过了 24 万人。③调整科技人才的结构。积极充实研究人员队伍；扩大女性科研人员比重，适当引导中老年科技人才参与科技开发。有数据显示，2000—2002 年，尽管日本的在职科技研究人员降了约 5 万人，女性人员比重却提高了 3.3%，而科技研究中的辅助性人员、基础资源服务人员、一般性事务人员的比重都有所下降，分别降了 1.3%、1.5% 和 0.9%。到了 2005 年初，日本国内的本土科研人员共计 790932 人，其中，政府研究所管辖的有 33894 人，高等学校有 291147 人，这均归功于人才培育的结果。

（4）大力实施科技体制与机制改革。近几年，为了提高科技基础条件平台的运作质量，日本政府大踏步推进科技体制与机制改革，改革的内容非常广，且已经初见成效：①逐步推进了研发体制与机制改革。为较快培育高新技术成果、提高产出绩效，日本政府先后推行了一系列改进措施。诸如，营造充分竞争的技术开发环境、高效的人才流动环境、弹性工资与工作制度、拓展科技人才活学活用、全面多样化的职业发展路径；培育战略性的研发突破点。②“产学研”合作效率与效率改革。“产学研”是产业界、大学、政府机构共同成立组建的一种合作体制，以便于集中各主体的智慧与力量共同开发一些棘手的重大攻关技术难题。“产学研”合作有力地推动了日本科技基础条件平台的不断发展。近年来，为了提高“产学研”合作的质量，日本政府相继实施了一系列有益措施。例如，建立了有助科技信息迅速流通的信息系统，一些大学、政府研究机构还设立专门的信息分析系统，开展公立大学、民间企业之间合作共同研究。根据调查，2003 年，2300 多家上市公司中，仅与东京大学开展合作研究的企业就有将近 200 家，与产业技术研究所开展合作研究的企业也多达 160 多家；积极引导科技人员的交流，尤其是引导公立研究机构、大学里的技术专家到企业开展技术研发与咨询。共享共用研发设施，如原子能研究所、物理化学研究所等独立法人机构的放射光设施仪器设备很早就对外开放，仅 2003—2004 年，通过共同合作开发的课题就超过 1200 多件。积极成立科技成果的转让机构，依据 1988 年《大学等技术转让促进法》的相关细则，日本逐步成立了一批“技术转让机构”，2004 年，已经达到近 40 家，服务的专利数量已经达到 3500 件。

（5）大力推动科技研发活动的国际化。这些年，日本政府围绕如何推动科技基础条件平台的国际化建设运作，也先后制定实施了一些措施，效果较为明显。

①大力推进不同国家的科技合作。首先，日本政府多次参加联合国与其他地区间的科技研发，其中包括发达国家的经济首脑会议、联合国的发展合作委员会、亚太经合组织的科技政策委员会、亚太经合会议、中日韩会议，多次就环境、能源资源、产业经济可持续发展等问题开展深入合作。不仅如此，日本政府还协同推进了双边国家的技术研发合作。2003 年，日本的文部科学省与中国科技部开展了“产学研合作”对话；2004 年，中日韩三国围绕科技政策等问题召开了专门会议。

②大力开展各国间学者科技交流。1999—2002 年，日本高校与科学研究所中的外国科技专家，从 2.4 万人增至 3.2 万人，其中，亚洲专家约占 48.4%，欧洲专家约占 24.9%，北美国家的专家约占 17.7%。与此同时，日本往外国派出的科技学者，从 9.6 万人增至 11.8 万人。从出国地域看，欧洲国家占 33.7%，亚洲国家占 31.8%，北美国家占 28 %。可见，亚欧

地区已经成为日本政府广泛开展科技合作的重要地域。

③大力进行国际科技信息交流合作。从1987年起，日本科学技术管理机构就陆续地与美国、德国的有关机构合作兴建国际科技信息网，该网站目前已展示了250多种科技相关资源成果。此外，日本的公立科技信息研究所还利用互联网与海外科学研究机构展开交流，并进行一系列科技信息检索加工服务。这几年，为吸引其他国家科技人才，日本加大力度出台一系列科技人员资格国际互认制度、国际养老金补充制度等，受到国外科技人员的一致好评，这些政策也使得在日本的外国科技人才呈逐年增长态势。根据日本出入境管理局的资料统计，1992—2001年，日本各大高校外国的科技研究员、科技教授人数从3964人增至11036人。

5.1.4 韩国

1997年之前，韩国注重大企业集团的建设，培育出了三星、LG、SK、现代等一些大的企业财团。这些财团管辖下的民间科研机构主要是按照企业的要求进行技术开发，以投标方式参与国家课题的竞标。之后，为了改善企业资源的投入规模与内部结构，构建良性竞争的市场环境，韩国开始支持中小型企业大力发展。从1999年起，韩国政府依据研究领域与产业发展的需求关系，相继建设了几十家政府科技研究机构，主要承担国家、地方或企业的项目研发，主要有原子力研究所、电子通信研究院、航空宇宙研究院、地质资源研究院等。另外，韩国在一些重要的大学也建立起了一些科技研发中心，包括科学研究中心与地区研究中心。例如，地区科技合作中心、产学研公共技术开发机构、产业技术研究院、韩国生命科技研究院。

5.1.5 启示与借鉴

综上所述，各国的科技基础条件平台建设既有共性之处，也有自己的突出优势。美国建立了联邦政府管辖下的基础研究重点实验室，积极与多个主体展开合作，还成立了立足于应用研究的工业研究机构，较好地促进了科学技术人才在不同层面上的科技平台之间高效流动，使得科技服务平台的工作定位有侧重地向工业领域中的关键应用技术倾斜，借助于产学研的深度合作实现高新技术资源向企业的流动，推动科技成果的商业化。

相比之下，欧盟国家的科技基础条件平台的突出优势在于跨国产业技术研究院的建设。该研究院利用不同国家、不同产业之间的技术研发联合体聚集欧盟各个国家的政府公共资金、高新科技人才，从而实现不同国家、地区、产业的技术协同合作。一定意义上，跨国产业技术研究院承担着欧盟一体化的长远发展战略，有力地驱动着欧盟研发框架体系的发展。

日本科技基础条件平台建设的突出优势是微观企业基于自身发展需要，自行投入兴建科技研发机构。这些研究所的资金来源于企业，研究目的、定位、内容、研究形式与方式、如何实施等均受制于企业高管。实践证明，这些企业下属的研究所大大增强了日本企业的自主科技研发与创新实力，也推动了日本以企业为主体的科技基础条件平台的建设。

企业科技研究所是韩国科技基础条件平台建设的突出特征。实践中，这些企业科技研究所并非仅迎合企业内部的技术开发需求，还会参与一些国家项目的竞争，这也成就了一批知名的韩国企业。对于科技研究所来说，企业是科技研发的主体，国家仅对“先导”公益科学研究与军事战略储备性技术研发、高校里的基础科学研究平台进行支持。

以上国家在科技基础条件平台方面的建设经验值得学习。当前阶段，我国经济正处于极为重要的转型期。产业结构有序调整、经济增长从粗放向集约方向转变正悄然进行，产业发展轨道正从投资驱动转向创新驱动。为了促进创新经济发展，科技基础条件平台建设客观上也需要向服务产业转型。对此，科技部、财政部以及其他相关部门已经着手兴建了一批支撑各产业发展的科技基础条件平台，它们很好地发挥了政府的间接协调作用，协调了科技基础条件平台在地域、类型层面的科学合理布局。在后期的建设中，吸收国内外的建设经验，我国科技基础条件平台应坚持以政府相关部门投入为前提，社会利益主体、企业合作参与建设，运作中需要不断完善科技平台的资金管理体系，加强对合作与依托单位的监督、考核与激励，逐渐降低对政府投资的过度依赖，从兴建、运营、维护、绩效考核等多维度加强政策保障，调动企业、高校与科研院所投资科技平台的积极性，营造有利于科技人才成长的平台环境。积极采用新的平台管理体制与机制，引导多采用一些新的科技服务平台体制，诸如股份制、理事会与会员制，发挥示范作用，力争借助于平台培育出开放、共享、竞争的良性科技研发与经济运行环境。建议后期的努力方向如下：

（1）健全以科技数据共享为核心的经济政策与法规体系。科技基础条件平台建设的效果，归根结底取决于共享体制与机制。与发达国家尤其是美日等科技强国相比，我国的科技基础条件平台管理还很不完善，相关的法律法规还有很大的提升空间。后期围绕科技基础条件平台建设、运营中可能出现的棘手问题，从制度、体制与机制方面进行控制。例如，可以借助于立法的手段，强调国家注资形成的科技基础条件平台具有明显的公共性质，理应向公众提供免费科技服务，这样一来，科技资源共享就有了法律依据。再如，结合各种科技基础条件平台所拥有的资源与服务特征，选择多样化的共享形式，以推进平台管理方式、治理模式、运行机制的协同创新，共同营造科技资源使用的良好环境。

（2）突出科技资源整合在创新中的突出作用。各省市级地方政府要积极引导、大力组织并加大科研资源的汇聚与整合，参照日本“产学研”合作中的可取做法，结合中国的现实环境，以“优势互补、利益共享”为基本准则，引导各类利益相关方、公立或私立科研机构、高校与各种各样的科技基础条件平台中的特色资源高效整合搭建科研、教育、企业三大利益主体的优势密切支撑的共同体；引导科研机构、高等学校、微观企业寻求多种科技合作，使得每一项科技资源都获得最大的利用效率；引导技术专家在多个主体之间顺畅流动，逐渐形成以市场需求为导向、科技发展需要为最终目标，以此安排科技资源流向全新科技资源配置体系，实现各种科技要素的最大效率利用，也使得各方利益主体尽可能地享受到优质科技资源，培育出核心的科技优势。

（3）加大对科技基础条件平台的资金支持强度。与美日等发达国家相比，我国的差距主要体现在科技创新的实力上，而这根本源自研发投入。例如，美国等西方国家科技研发的主体是企业，企业科技实力的提高是科技进步的最终落脚点，是国家经济发展实力与质量的最终体现。当前阶段，我国的科研经费投入总量与发达国家相比差距还比较明显，投入结构也很不合理，而且，更为突出的问题是，国内企业还尚未成为创新中的核心主体，还尚未发挥创新经济增长中的引领与支撑作用。基于此，我们后期还需要加强科研经费投入，充分发挥出财政、税收、金融等一揽子政策的经济效应，提高对企业的科技投入，引导各类型企业设立专项研发资金或设立较为稳定的研发投入比例，以保障基础性、应用性、重大前沿性的科技研究与开发。

5.2 科技文献服务平台的国外实践经验

5.2.1 既集中又相对分散的模式

在美国，科技文献服务平台建设模式最突出的特点就是既分散又相对集中。这是由于美国科技体制呈现鲜明的多元化特征，联邦政府管理科技信息资源并非集中于某个专门的部门或机构来完成，而是分散在政府管辖下的各个部门中。再具体点，政府下属的各个部门会专设一个统一的科技资源管理机构（例如计划科、执行科）来负责科技资源的搜集、存储、整合加工与再输出服务。这种集分散、集中于一体的双重特征是美国科技资源服务行业的最大特征，根本上决定了美国科技文献服务平台也必然呈现出既分散又集中的特点。在这种模式下构建的科技文献服务平台主要包含以下三类：

（1）政府主导设立的系统内科技文献服务平台。美国政府各部门内部通常会设置统一的科技文献服务机构执行科技信息相关工作。例如，美国能源部在众多的联邦科技资源服务机构中最受关注、影响力最大、最具代表性，甚至有一批深谙美国情况的中国科技专家将其看作是美国的科技部，能源部专门成立了科技资源服务办公室全权负责科技资源的服务工作，还配有专门的科技资源服务网站（OSTI），该网站集聚了比较知名的美国科技门户（Science. gov）、能源科技虚拟图书馆（Energy – Files）、政府灰色文献门户（Gray LIT Network）等知名网站的重要科技资源；利用该网站，用户可以很便捷地免费查询到科技成果，必要的时候亦可下载文档、检索科学技术类的重要会议。

（2）跨主体设立的科技资源服务平台。这个以 2002 年 12 月成立的 Science. gov 平台最具代表性，它的建立汇集了美国 15 个政府相关部门、20 个科技资源服务机构的心血。该网站门户集中了海量的全美科技资源，存在形式有研究报告、期刊与引文、科技数据库、联邦政府科技政策发布网站等一系列的公共科技资源，因此，从资源的获取途径上看，它是属于跨部门的网站。

（3）其他联盟组织共同合作建立的平台。Ohio LINK、OCLC 是最具代表性的平台形式。采用这种形式的主要是各高校里的图书馆，自发兴建的资源开放共享平台，这样的平台按照图书馆的管理模式经营，承担科技资源收藏、科技资源对外咨询、学科的资源联合编目、馆际互借、文献传递等，真正实现资源共建共享。综上所述，美国特别重视科技资源服务平台的建设，也制定了一系列法律法规，促进了部门之间的协调配合、信息共享。例如，Science. gov 联盟是一些社会团队自行成立的，无特定的经费支持，也无需经过国会审批，这一点也反映了美国政府能够更多地考虑国家利益，尽可能调动一切可能的力量推动科技信息资源共享。

5.2.2 以图书馆为主的建设模式

英国是此类模式最为典型的代表。它是全球科技信息服务最为畅通高效的国家之一，其信息服务主要依靠国家图书馆的联合网络体系为支撑。作为信息资源的核心内容，科技信息的传播也借助于图书馆系统完成。一定意义上，图书馆是英国最重要、最核心的科技资源服务主体。

（1）大英图书馆（British Library）。英国传播科技资源与服务的所有图书馆中，国家图书馆、大学图书馆是最为基础与常用的。其中，最为权威的当属大英图书馆，它的主要职责就是全国科技资源服务的传播与建设，尤其是对基于研发目的的科技资源服务更为重视。截至目前，该图书馆拥有较高的全球知名度，它的专利与灰色文献馆藏规模全球之最。其中，最为重要的一类灰色文献是科技报告。大英图书馆目前是国内收集科技报告最为权威的机构，能够提供以下几类主体的科技研究与实践报告，例如，美国政府出版的科技报告（DOD、DOE）、国际机构出版的科技发展报告（INIS 、ESA 、FAO、EU）或者其他国家出台的科技报告。

（2）Intute科技文献服务平台。大英图书馆并非唯一的一家科技服务平台，在英国，很多高校的图书馆都会兴建服务于科技发展的科学技术文献服务平台，为利益相关者提供多样化的科技服务支持。1999年10月英国的7所大学联合成立了Intute。这是一个英国官方管辖下的免费的科技资源服务门户平台。它的运作过程共分为四大块——科学技术、人文艺术、社会科学、健康与生命科学，2002年曾被美国评为该年度最佳的免费科技资源服务网站。

5.2.3 以科技信息研究所为主导的建设模式

德国、法国、加拿大、日本、韩国主要采用此类模式。此模式下，平台大多是经国家的科技信息研究所成立门户网站。例如，德国的卡尔斯鲁厄科技情报中心投资兴建了在线科技资源服务品牌——“STN International”；法国的国立科技信息研究机构出资设立了Connect Sciences科技资源服务平台；加拿大的公立科学技术服务机构成立了服务于科学、技术、工程与医学科技发展的科学文献服务平台；日本的国立科技情报研究所出资成立了GeNii科技文献服务门户；韩国的公立科技信息研究所成立了科技信息的服务网站——韩国的科学技术图书馆（NDSL）。此种模式的基本职责除了推送科技文献与资源支持服务之外，更为重要的是给微观企业提供全面的科技研发与创新支持。

5.2.4 启示与经验借鉴

根据国外科技服务平台的管理状况来看，韩国与我国的情况最为接近，主要体现在科技信息服务部门都有一定的政府相关部门支撑。除此之外，德国、法国等发达国家建立的科技信息研究平台，也与我国运行模式较为接近。与之相比，英国、美国的科技服务平台明显与我国不同，主要体现在：英国、美国的科技决策管理部门都比较分散，例如，英国贸易工业部管辖着科学技术办公室，美国的能源部、国防部协同管辖科技决策部。在我国，科技相关决策工作全部由科技部及下属部门负责规划全国的科技信息服务平台的建设与运作。不管是否相似，以上国家在科技信息服务平台管理中积累的大量实践经验值得国内科技管理部门参考借鉴：

（1）开放、共享、免费的服务理念。国外设立的科技平台，大多开放免费，个别甚至还可全文下载。例如，美国能源部管辖下的科技信息桥（Information Bridge）、能源科技图书馆（Energy Files），美国国防部管辖下的科技信息库 STINET 平台以及英国直属 Intute 平台，都已经成为众所周知的免费网络资源，大部分早已经被国内很多高校图书馆链接。除此之外，早在 1980 年，美国的科技项目管理局（DARPA）还设立了公益性的 MPW 科技服务机构，1995 年以后，它开始逐渐部分盈利，为国外的大学、研究所、商业企业提供科技服务。相对于国外，国内许多省份设立的科技平台开放性明显要低很多，不少仅对省内用户开放，即使对省内用户，不少资源还是要收费。相比之下，国外发达国家的开放免费政策值得借鉴。

（2）建设与运营的多元化。这些年，汇总一下国内各省的平台建设情况，大部分都是由省政府下属的科技厅或科技研究所发起建立的，性质大多是公益性质的。与之相比，国外科技平台建设往往缺少一个统一的科技管理部门，比较分散，建设主体多元复杂，除了政府及相关部门，私营组织、个人、公益组织以及其他团体都有可能加入进来。例如，美国的科技信息服务机构——ISI，大部分的科技产品与服务都交由汤姆森路透社全权负责市场化运作。另外，美国的科学技术服务机构虽然受美国商务部管辖，但是，也独立开展了丰富的商业化科技信息服务。1995 年，欧盟吸纳了许多的设计公司，共同发起成立了 MPW 科技服务机构，目的是给欧盟辖区内的各产业公司提供先进的科技解决方案、科技文献支持与科技咨询，增强公司在全球的科技引领地位。最初，该机构是由欧盟各国内的知名大学、科技研究所各自独立兴建，服务定位也仅仅是周围的企业、高校、研究机构与技术研发转化中心。经过几十年的不断发展，它们逐渐趋于联合，最终统一协调为 EUROCHIP 担任科技协调机构，吸纳各国的

MPW 中心作为核心成员，逐渐辐射到全欧洲的 IC 研制与开发网络。至于那些独立的 MPW 中心，后来都以会员的方式分批地加入到 EUROCHIP。当前，国内的科技平台主要依靠政府拨款维持日常运营，经费来源普遍不足，平台的可持续发展受限。后期，平台发展可以参照国外发达国家的多元化建设与经营方式，尽可能地吸纳更多的主体，采取多种灵活的运营方式，比如实行差别化的收费策略，为政府与其他公益性研发部门提供科技信息资源可以免费，给经营性用户提供科技服务收取一定的服务费。

（3）培育平台独特的产品及服务。德国、法国、加拿大、日本、韩国等发达国家的科技信息服务平台之所以能够实行有偿的科技服务，主要是基于其独特的产品或服务优势。它们的平台发展绝不仅仅依靠有限的科技文献传递、文献馆际互借等。例如，德国的卡尔斯鲁厄，是一个非常专业的情报中心，曾经开发过三个独具特色的科技服务：STN 国际联机检索服务、STN 可视化三维科技专利数据分析系统（AnaVist）和科技文献资料自动加工处理供应系统（FIZAutoDoc）。法国的国家科技信息研究平台曾经开发的 Questel——自动检索系统、大型科技文献服务数据库——PASCAL 以及人文社会科学领域的文献数据库——FRANCIS 等，特色也都较为突出，运营效果较好。与之相比，国内的科技服务平台特色与产品一直都不是很突出，大多数平台主要依靠简单地汇集、整理、加工与输出科技数据。基于后期可持续发展的需要，国内的科技服务平台有必要向国际看齐，培育独特的竞争力，尽可能地面向各类多元化主体提供个性化的灵活科技服务。

（4）从根本上打破行政上的集中管理体制。在国外，科技资源的共享往往不是由政府部门发起的，而是由一些地区、州、市或高等学校基于自身的科技需求或发展需要，共同合作兴建共享信息机制，比较常见的是 Science. gov。在国内，大部分省市的科技平台都是由政府推动的，甚至还带有一定的强制性。由行政关系驱动而成立的科技平台，后期的运作管理也主要依靠行政命令来维系，很容易出现与市场脱节的现象，导致经济联系不密切、合作动机不足，平台运营合作方之间的联系也不够密切，缺少同舟共济、共谋发展的共同力量与使命感，平台可持续发展能力受限。实际上，国内很多省市的科技平台最初兴建时都带有一定的冲动性，重复建设资源过多，后续的维护、更新与扩充不及时，信息滞后性严重。为了平台更好地发展，国内的科技服务平台有必要做一下科学规划，突出独特性，重在培育核心优势，突出各省的经济实际与特色，提高资源利用效率。

5.3 国外科技研发平台的实践借鉴

研发平台是科技服务平台体系中极为重要的一部分，意在为科学技术研究与技术研发提供各种必备的科技资源基础保障。研发平台主要由以下几部分构成：重点研发实验室、工程技术科技研究所、工程重点实验室、企业技术创新基地等，按照从事领域看，覆盖了基础研究、应用研究与拓展性科技试验。伴随着互联网的飞速发展，当今经济环境下的科技研发平台大多是基于较先进的计算机网络技术、大数据、云计算、物联网等，对科技研发的基础资源全面整合，最终构建起开放、共享的科技服务平台，提高研发资源的利用效率。在这里，研究一下欧美发达国家在研发平台建设与管理方面的成功之处，对于我国的科技研发平台管理与发展具有较为重要的借鉴意义。比较有代表性的世界研发平台建设管理模式主要有以下几种：以美国与欧盟为代表的政府引导性模式、韩国与日本为代表的政府主导模式。

5.3.1 将研发平台建设视为国家的一项根本性发展战略

就研发平台建设经验而言，美国、欧盟、日本与韩国的发展史充分说明了政府的引导性作用至关重要。以美国为例，美国的国家科学基金会一直致力于为科技界提供最为先进的技术设备，截至目前，该基金会已经专设了两个基金账户，给研发提供专项资金支持，其经费使用分别面向：高经费投入的大型科技仪器设备专设账户 MREFC 与中小型仪器设备专项账户 R&RA。对于以上研发平台，美国采取的建设措施主要有：①注重资助研究型高校、建设一批大型的国家重点实验室。②科技信息、先进知识的开放与共享。此外，欧盟规划了“欧洲 2020”一体化战略，特别提出要将 R&D 经费投入提升至占 GDP 的 3%，为研发平台的高效运作提供足够的资金支持。在研发平台的建设与管理过程中，欧盟各国一直牢牢把握科技信息化这一主流发展趋势，持续重视科技信息、信息技术的基础资源建设。对此，日本政府也曾经实施过“依托知识资源建设基金”，设立了专项的研发调节费支持研发平台发展。

5.3.2 重视研发资源的系统布局和统一化管理

科技研发资源的系统布局和统一化管理，有助于平台更好地统一协调科技资源科学高效配置，尽可能避免科技资源的浪费与重复使用。当前环境下，全球各国都在实施不同的科技措施统一布置、协调国家层面的科技资源。比较有代表性的是美国与欧盟，它们主要是通过设计丰富的国家科研补贴政策、科研攻关计划来协调科研项目管理，这方面，以美国与英国的科技研发与转化政策法规最具代表性，实施效果也较好。美国的国家科学技术委员会（NSB）每年都会定期地向公共预算部门提交详实的“跨部门科技计划与未来发展战略”以此来合理安排科技资金的去向与范围。欧盟制定实施了“欧盟成员国共享科技基础设施规划”，公开声明高新研发技术仪器与设施可以与其他欧盟国家共享使用推动协同创新。英国的科技管理部门出台了《大型仪器设备研究基础设施战略规划路线图谱》，里面对于能够与其他主体共同分享的仪器设备条目详细分类，对于能够参与共享的仪器，一般情况下严禁重复购买，避免浪费。

5.3.3 构建企业为核心、“政产学研”共同合作科技研发的创新模式

此类创新模式主要体现在：首先，引导行业骨干企业积极参加科技研发平台构建，或者与企业合作建立科技研发战略同盟。美国政府曾经与美国的三家知名汽车制造企业共同建立了知名的研发联盟——“新生代汽车合作计划（PNGA）”研究中心。其次，充分吸收各行业企业的科研资金。

以韩国最为典型，韩国国内的科技研发投入总额中，企业投入占比是最高的。2005 年，韩国国内代表性企业的科技研发投资占国家研发总投资的 3/4 以上。最后，国家出台一系列政策引导企业、大学、研究机构与其他非营利组织互利互赢、合作搞科研，走政产学研协同创新的持续道路。这方面，有“韩国硅谷”之称的大德科技园就是由政府、民间机构、高等学校相互合作、共同构建的突出代表。

5. 3. 4　探索出一套科学的科技研发平台运行绩效考核与评价机制

研发平台运作绩效考核与评价机制设计的重点在于设计一套科学合理的评价指标体系与实践性强的考核评价制度，以达到研发平台内部自律、行业自律与社会监督共同促进的监督体系。这方面以美国最为典型，美国的国家科学基金会出台了《研发平台监管指南》，以法律法规的形式将内部自律、行业自律与社会监督高效结合，其中，利用自我评价提高了平台内部自律性，利用对平台负责人的考核指标体系、平台用户满意度的社会调查提高了社会监督的力度。韩国政府对研发平台的经费投资监管主要参照科研仪器设备的公开共享情况。除此之外，其他国家也一直在努力构建科学的研发平台绩效考评与监督体系，提高研发成果监管的科学合理性与国家财政支持的效果。

5. 3. 5　启示与借鉴

（1）我国政府应持续增加对科技研发平台的资金支持力度。这些年，伴随 GDP 的持续高速增长，科技研发经费也持续增加。根据 2017 年出台的研发资金统计数据，该年度我国政府的 R&D 资金投入占 GDP 的比重达到 2%，明显高于同一时间段的其他发展中国家，是发展中国家的佼佼者，但与发达国家相比还是很落后。这里有一组对比数据：日本、韩国政府的科技研发投资分别占到 GDP 的 3. 44% 与 3. 66%，明显高于我国科技研发投资占比。美国的科技研发投资总额占 GDP 的比重为 2. 79%，也远远高于中国。综上对比发现，我国的科技研发经费数额与增幅还明显弱于发达国家。创新与知识经济时代，科技研发是国家竞争与综合实力的集中体现。要想追平甚至赶超经济发达国家，必须要足够重视研发经费的投入规模与效率，提升科技知识的存储量与质量，促进科技进步与创新可持续发展。

（2）不断完善“政产学研”的科研合作方式。长期以来，我国的“政产学研”合作研发过程中存在不少问题尚待解决，突出体现在三个方面：①科技研发与市场需求严重脱节，产学研缺乏应用可行性；②研发平台的科技资源开放、共享度与效率偏低；③产学研主体合作中的利益保障机制还需要进一步加强。后期，要提高“政产学研”的合作效果，政府相关部门必须要不断改进研发相关法律法规，以市场需求为导向，科学地引导企业、高校与研究院所的互惠互赢、多方合作，以减少资金、时间与人力的严重浪费。截至目前，我国政府已经相继公布了关于研发平台的一系列法律、法规与政策，代表性的有：《中华人民共和国促进科技成果转化法》、《中华人民共和国专利法》与《中华人民共和国知识产权保护法》，以上法律虽然发挥了一定的作用，却仍无法满足现代科技研发平台运作管理的客观需要，在处理产学研合作过程中经常碰到一些利益纠纷时，仍显得解决问题的参照依据不充分。除了政策加强，政府还需要对科研能力突出、发展后劲大的行业与企业提供充实的研发资金支持，激发微观主体的创新激情与潜能，也应该合理引导高校利用扎实的科研人才优势与企业开展科研合作，根据市场需求进行应用性科技研发，提高产出效益。在这个过程中，政府的引导作用非常重要，政府必须要给与财政、税收、金融与法律法规支持，让企业、高校、科研机构在研发过程中都能享受到政府的支持与补助。

（3）多方拓展研发平台的内容与功能，科学配置研发基础资源。对于科技基础研究，政府应加大扶持力度。这主要是因为与应用研究相比，基础研究的投资规模大、投资期限长、回报通常较慢，很多微观企业缺少基础研究的积极性。考虑到基础研究主要围绕科学技术进行，国家应将高等学校、专门的科研院所作为基础研究的主要机构，这样就能够尽可能利用高校、科研机构积累的技术知识与设备。要提别提出的是，企业在基础研究中也有一定的作用，它主要是以市场为导向、充当一架连接技术成果与经济效益的桥梁。一些面向市场的应用研究与试验研究，企业可以尝试参与。这样一来，可以在一定程度上吸纳企业的资金，降低国家的财税补贴负担，也能够提高技术的市场适应度，提高技术的应用价值。

要想尽快提升研发平台的功能效应，当前阶段最迫切要解决的问题应该是基础科技资源的整合与配置。在研发平台建设过程中，政府应始终重视科技研发平台建设管理，加强基础资源的数据建设与整合，提高资源共享共建开放程度，提高资源使用效率，力争在国家经济战略的指引下，推动科技资源合理高效地服务于多元经济主体，尤其是让科学仪器、科学设施与平台资源得到最大化利用，促进科研实力的不断提升。

(4) 构建科学的研发平台运作绩效考核机制。为了改善科技资源的利用效果，政府相关部门有必要对科技研发平台的应用状况与效果定期考评，并实行不同程度的问责管理与责任人监督管理。具体而言，政府相关部门可以于每年的年初、年末设计一些考核指标如研究开发成果数额、市场用户的研发满意度、研发平台管理效率等进行全方位的运作考核，并依据考核结果，确定下年的经费补贴额度以及主要负责人的任免安排。科学的运作绩效考核机制一定程度上能够改善平台负责人与员工的关系，提高管理能力，改善管理效率。

5.4 技术交易平台的建设经验借鉴

5.4.1 英国技术交易平台的建设经验

国外的技术交易起源较早。1949 年，英国政府协同相关部门成立了国家研究开发公司（NRDC），它的主要工作就是把政府前期通过公共资金资助产生的一些高科技研究成果进行后续的市场化与产业化。发展至今，该公司已经是全球著名的技术转化、转移与服务的第三方中介机构——英国技术集团（BTG）。英国在 2004 年曾出台了一个文件《英国 2004—2014 年科学与创新投入框架》，该文件指出，以后英国政府要重点强化公共科研机构对经济环境与市场需求、其他组织公共服务的多种响应能力，不断提高大学、研究机构的技术转化、产业化与应用能力。不仅如此，该文件还强调引导企业不断增加科技研发资金，将其与各种科学研究机构的深入交流作为科技创新的重要渠道。2005 年，英国技术战略委员会又推出了一项重要的科技研发计划——英国创新平台，该平台成立的初衷是汇集各产业企业、学术界与其他经济组织的科技资源，整合加工充分利用，以驱动企业的研发创新与一揽子投资，更好地服务国家经济的可持续发展。截至 2008 年年底，英国政府协同其他主体共建立了六个科技交易与转化平台，分别是：智能化交通运行系统与交通服务交易平台、技术交易网络安全平台、低碳车辆研发交易平台、科技生活研发交易平台、低环境冲击创新平台与生物药品交易鉴定平台。以上技术交易平台均受英国技术战略委员会、英国贸易工业部、各产业技术研究的理事会、知识产权交易网及政府相关调控部门的共同领导。技术交易平台链接了形式多样、信息丰富的知识产权交易网以及大量的产学研机构的科研利益相关者，有力地保障了技术交易平台的运行能够最大化地传播正的外部效应。不仅如此，知识产权交易网还会给参与技术交易平台竞争投标科研项目的利益相关者提供各产业的技术指导，提高了平台以及各产业企业的运行效率，见图 5. 1 所示。

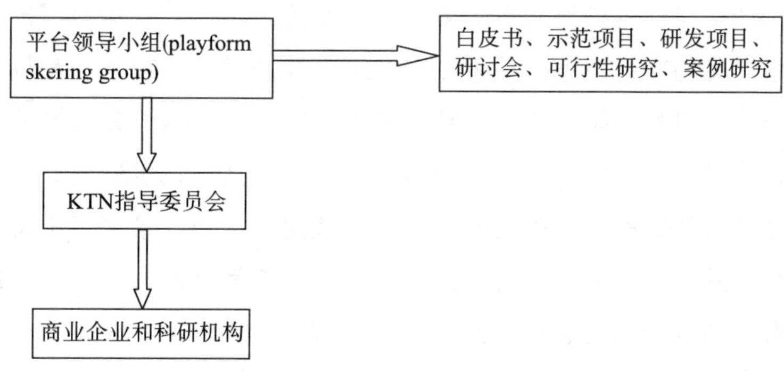

图 5. 1　英国技术交易平台运行结构图

英国技术交易平台是基于对经济社会深入广泛的调查基础上建立起来的，具有较为扎实的实践基础。技术战略委员会在启动平台建设项目之前，都会组织专门科技调研队进行针对性的市场调研，以确保平台设立的必要性与现实导向。以上技术交易平台的一项重要工作就是以竞争性技术项目招标的形式努力促成有利于国家战略实现的经济合作事项。技术交易平台所需的建设运营资金主要来自于技术战略委员会、政府管辖下的经济相关部门、公益性研发组织。依据平台性质的差异，政府提供研发支持资金的比重会有所不同。政府会有重点地优先采购技术交易平台竞标性项目的一些科技产品和科技服务。这样一来，平台通过与政府间密切结合，将各种经济资源、科技资源最大程度地汇集到一起。英国技术交易平台是产业服务的典型，其运行模式对于我国的平台建设具有较高的借鉴价值。

值得指出的是，在一揽子科技政策与规划执行过程中，英国的科技中介机构在技术交易平台发挥了至关重要作用，主要体现在：科技中介机构有助于促进科技相关资源、研发成果及时高效地转化与交易，将各种渠道的科技资源与相关产业企业密切联系到一起，借助于政府的有力间接调控，优化资源配置。多年来，英国政府一直非常重视科技中介机构的培育与发展。现如今，英国的科技中介机构已经具有相当大的规模，既有政府背景的，也有大量基于市场成立的技术中介型中小企业。其中，政府投资设立的技术交易中介机构，大约有200多个，日常主要工作就是协同促进各个产业的科技资源、高校、企业、研发公益组织与科技金融机构的战略性合作，严格督促各种科研组织最大化地发挥其功用，高效地贯彻执行国家的技术转化与交易政策，积极制定有利于经济发展的技术交易标准，努力促进更多的科技成果转化等。特别要说明的是，英国的公共性科技咨询中介机构，是国内规模最大的科技咨询平台，囊括了技术研究会、高校成立的科技政策研究所，在国家多次重大科技交易法规政策制定中都发挥了重要作用。除了咨询平台，英国的各类研究所也都会设立一个专门的技术成果转移基地或技术协会等中介性质的机构。

大量的私有科技中介公司是英国技术交易平台的又一个突出特色。它们作为前面两类科技平台资源的重要辅助支撑而存在。基于政府的科技平台无法兼顾科技发展的方方面面，对企业个性化的科技需求，不太可能都动用政府力量来解决，于是许多私有的小型科技中介公司应运而生。它们的经营规模大小不一，运行方式灵活多样，大多是由几十个人组成的小公司，旨在为企业量体裁衣，提供个性灵活的科技服务，帮助企业解决政府无暇顾及的一些技术转化交易问题。英国政府非常重视私有技术中介的发展，甚至还专门出台了必须得有技术中介参与“的法拉第科技合作计划”。与英国相比，我国的私有科技中介机构数量与质量都有待提升。

5.4.2 德国技术交易平台的建设经验

德国技术交易平台的发展也有很多可取之处。1998年，德国史太白基金会设立了史太白技术转移公司，全权负责德国的技术转移与市场化运作管理，所涉猎的经济业务由最初单纯的技术转移逐步发展延伸到技术咨询、技术研发等业务领域。与史太白技术转移公司相类似的平台机构，还有欧盟的科技交易转化中心（IRC）、德国的技术转化市场（IM）。1999年，德国的经济劳工部还专门提出过一个科技研发网络发展规划——Inno Net计划，该规划以技术合作交流为重心，要求参与者至少有4家企业和2家中介机构。它的竞争项目招标程序非常严格，提升了很多企业的科技实力，也引导了很多企业将专有科技资源对外开放共享。另外，德国政府还制定了“科技主题研究规划所”，意在帮助企业、公共性技术研究机构的协同创新中心，不断培育增强“德国制造”在全球经济中的技术核心优势。此类科技主题研究机构，大部分是由拥有多个科技资源的单位联合起来共同申请。联合机构主要有公共性科技研发机构与企业。科技主题研究规划所就规模、时间跨度、空间覆盖面而言，在德国都是首屈一指的。此项计划设立的主要目的就是用于抵补私人技术交易机构运作中出现的技术外溢、高风险与研发高投入、市场失灵等问题。其中，技术外溢性利用政府的研发补贴来抵补；高风险通过提高技术设计过程中的技术预测精度、优化技术路径来解决；研发高投入亦是借助于政府力量来支撑。科技主题研究规划所的运行过程具有较为明显的管理优势，体现在：运行时间最长久、用户满意度最高、效率最高、灵活性最突出、产品新颖度高，它们往往集中于某个特定的科技领域，都有灵活的经济运行期。

5.4.3 日本技术交易平台的建设经验

众所周知，日本的科技基础条件资源数量比较匮乏，正因如此，该国尤为注重科技资源在全国范围内的开放共享，为了最大程度地发挥科技资源的利用效率，不仅出台一系列共享科技文件，还探索出多条科技资源共享模式。其中，较为典型的是技术研究组合。日本政府历来非常看重由多个私人企业、公共科研院所、高校共同合作构建的“技术研究组合”，它是日本国内借助于产学研合作完成经济赶超、技术实力培育的重要方式，也曾一度引发国际社会的高度关注。该组合的设立周期至少 10—20 年，有力地确保了组合成员对关键共性科学技术的研发需要，确保了研发的质量，主要应用于重点行业技术领域，这是因为对于关键性的技术研发，往往需要投入大量的资金、人力与基础资源，单个企业往往承受不起，需要由政府建立技术组合优化协调科技资源，针对重点领域内的技术难题与共性技术需求集中攻关。实践中，技术研究组合的特性主要体现在以下几个方面：一是围绕日本的战略性产业、新兴产业里的核心关键技术展开应用性研究，成果的应用性较强，直接面向市场。二是设立一批优先支持的科研攻关项目，日本政府设立了“VLSI 开发”科技项目研究规划，主要目的就是尽快研发出高技术水平、能够与美国的 IBM 公司的第四代计算机系统所用的 M 比特级超大规模集成电路相抗衡的 VLSI。三是政府牵头设立关键技术研发的阶段性推进资金支持计划。该计划的资金支持力度都较大，最高的占到总研发投入的60%。四是以上述为基础进一步设立一个公共技术难题研究所，围绕研究中出现的技术瓶颈聘请首屈一指的技术专家集中攻克，与分散研究相比，这样明显改进了技术研发的效率。

得益于日本政府对科技资源力量整合的高度重视，在很短的时间周期内，国内各经济组织的科技资源利用效率大幅度提升，各产业的科技研发产出、科技转化与利用效果都大大提高，有力地推动了日本经济的飞速发展。

这些年，我国的科技资源配置虽然也取得了一些成绩，但高水平的技术交易平台仍较少。今后，我国政府应充分借鉴以上外国政策管理经验，尽可能地把行业技术实力突出的主导企业、技术研究基础突出的高等院校与科研机构组合在一起形成技术同盟，必要时再设立一批科技资源整合平台，立足于国家战略需求、世界科技前沿领域，对其中涉及的关键技术问题进行协同攻关，争取攻破一批制约经济发展的技术瓶颈。

除了以上国家，美国在技术交易平台的建设管理方面也有很多可取之处。早在1989年，美国国会就设立了专门的国家技术转移中心（NTTC），后来发展成为国内最大的一家技术交易平台，为各产业发展提供一揽子技术交易信息、专业技术咨询服务。后来，世界著名制药企业——美国礼来公司于2001年汇集全球“最强大脑”建立了美国最大的创励公司（InnoCentive），这是一家真正意义上的科研众包创新平台。综合来看，国外的技术交易平台与技术转移机构发展得已经相当成熟。上述技术交易平台的核心业务、核心优势、盈利模式与建设运营模式见表5.1所示。

表5.1　知名技术交易平台的模式、特点与优势

序号	名称	平台简介	核心优势	核心业务	建设运营模式	盈利模式
1	Yet2.com（1999）	全球最大的虚拟技术交易平台	用户群全球第一；平台技术供需信息最为全面；技术专家团队实力最强大；合作团队实力最强，联合了全球多家核心技术中心；吸引了很多知名风险投资基金的加盟	精准定位技术搜索；技术战略交易服务；技术筛查、优选、推荐与推送；开放性创新资源推送服务；个性化技术需求整理、筛选；技术专业咨询服务；针对技术定位与售后技术咨询服务；技术专利交易	市场化建设与运作；线下线上相结合；线上发布与汇集科技资源信息；线下技术需求甄别、技术咨询、技术推送	信息推送费；交易费；增值服务费，如咨询费、投资方案设计费
2	NTTC（1989）	非营利性组织，由联邦实验室、大学与私营企业共同设立的科技信息平台	最全面的技术信息库；交易量最大的全球技术交易市场	推送技术信息，链接联邦科技资源；专业技术咨询服务；技术交易辅导、技术商业化支持	政府投资；线下、线上运营，以线下技术咨询为主	NASA、联邦政府联合提供经费；技术评估、技术商业化、市场预测等获取的增值服务费

续表

序号	名称	平台简介	核心优势	核心业务	建设运营模式	盈利模式
3	UTEK（1997）	全球首个 U2B 模式的技术交易平台，具有较高的知名度	借助于战略联盟实现技术资源的瞬时高效转移；大学与科研院所共同成立科技资源库；汇集了国际著名技术专家；成立了技术咨询委员会	科技战略联盟服务；技术决策咨询服务；技术转移服务；技术参股服务	基于市场导向兴建；以线下运营为主；U2B 运营模式	购入大学或实验室的高新技术，然后股权投入企业，获取丰厚收益
4	Inno-Centive（2001）	开放式技术开发与技术众包的先驱者，是将技术与 Solver 连接的虚拟技术服务企业	以众包解决技术难题；将服务对象定位于寻找技术难题解决方案的微观企业；借助于外包解决技术难题	拥有超过 25 万名的高科技精英，包括科技问题的发现者与决策者；拥有保密性高、激励效果好的平台设计与运营机制	帮助企业科学界定技术瓶颈的技术咨询服务；帮助企业选择合适的技术解决方案	基于市场构建与运营；虚拟化的运营管理
5	BTG（1949）	重点面向于医药、科学领域，为技术转移过程提供专业化、多样化的科技服务	从源头入手把关技术交易等级；寻求高价值的潜在技术成果；规模庞大的专业团队与扎实的项目运作经验；构建了完善的客户利益共享、风险合理分担的机制	主动搜寻、优选获取技术成果；科学技术评估体系；完善专利保护策略；有序组织技术商业化转化；市场包装、转让技术等服务	1. 英国政府授权建设，市场化运营；2. 以线下服务为主	技术产业化后的盈利分成

5.4.4 启示与借鉴

（1）科技服务领域与业务水准的专业化。相对于国内的技术交易平台，国外发达国家的技术交易平台具有鲜明的平台特色，侧重于面向某个产业领域、某个关键技术瓶颈的客户群，拥有很好的聚焦性能，有利于平台更好地进行服务营销、科技信息推送与拓展，也更有利于各种经济利益主体之间的科技信息交流。例如，BTG 平台主要针对医药科学领域服务，为医疗领域主要是医院的科技转移提供高水平的科技服务；NTTC 平台重点服务于国家联邦科学实验室的科技成果转化。与上述优秀的平台相比，在国内，直接面向特定产业、行业或特定客户群体的技术交易平台数量还较少，有待进一步扩充。

（2）平台集聚了大量的风险投资商。全球知名技术交易平台大部分都具有较高的投资风险，都集聚了大量的风险投资商。技术交易平台源源不断地吸引大量的风险资本，有效地推动了科技成果的产业化。此外，不少技术交易平台甚至还专门成立了服务于自身可持续发展的专项风险投资基金。例如，yet2. com 设立了专项风险投资基金，很好地推动了各产业科技成果更快更好地进行产业化转化。

（3）大部分都采取了科研众包的建设模式。科研众包是近年来较为新兴的一种科研方式，它是以市场化为导向整合现有的科技资源，围绕棘手的科技难题，借助于互联网的支撑效应，向各个科研机构、科技工作者、各产业的技术人员寻求帮助，找到最佳的科技攻关方案，尽可能地压缩科研投入、提升科研效率，加速科技转化与应用模式创新。与传统的技术交易平台相比，这种科研众包的模式优势很明显：新颖、创新活力强，很多全球知名的技术交易平台都先后吸收了科研众包平台的诸多优势。

（4）持续创新的盈利模式。英美发达国家的技术交易平台大多是基于市场环境自发形成，私人企业全权负责建设与运作，每个平台都有稳定的盈利来源，这成为平台维持不断发展的基本保障，也是很多平台运营的重要目标之一。很多著名的科技平台在最初的艰难起步阶段，都通过灵活的业务获取了发展所需的生存资金，例如，通过给技术供需者提供服务获得佣金，这也是很多平台获取收入的主要来源。随着技术交易平台的不断发展，单纯依靠佣金生存很难实现可持续发展，尤其是竞争压力越来越大，逼迫平台不断开拓新的盈利来源，目前已经有很多平台业务转型、发展至高新技术评估、高新技术商业化、商业计划可行性分析、市场预测等多项深度增值服务，获取了大量的发展资金。

5.5 科技平台运作的国外实践借鉴

5.5.1 政府支持模式

政府支持模式的特点是政府直接提供主要的资金，通过直接设立一批交易平台或者对民间技术交易平台给予不同程度资助，帮助技术平台较快较好地发展。在这方面，以美国为代表，美国的技术平台资金主要由联邦政府的财政预算提供。政府专设综合性科技创新服务机构，对各行业、各类组织的科技创新行为进行针对性资助。美国资助成立了大批知名科技平台，除了国家重点实验室，还有一大批的工程技术研究中心。中国目前的科技平台状况较为相似。这些创新平台直接面向企业需求，充分集聚利用自身的科技资源与高新技术，为各产业企业提供灵活多样、种类繁多的技术支持。在这个过程中，政府为企业、科研机构提供大量资金，支撑它们对共性技术的研究与开发。再如，韩国的文化产业振兴研究院就是基于政府资助成立的文化信息平台，成立于2001年；它是由过去的文化产业支援中心改造而成的，承担着支援、培育文化信息产业，开发优秀传统文化、科技信息及产业应用技术，制定科技相关政策，培养文化人才等重要职责。该院成立的目标是全面支援扶持该国的文化产业发展，即从资金、人员、基础设施、信息化等各方面给文化创意相关企业提供政策性倾斜，以提高该国的文化产业的国际综合竞争力，使韩国成为一个文化强国。事实证明，近年来，韩国的文化产业发展极为迅速，不仅带动经济快速增长，也大大增强了韩国文化在全球的影响力。韩国有三大支柱产业即文化产业、金融业、房地产业。

5.5.2 政府主导模式

政府主导模式是各国普遍采用的一种运作模式，特别是在一些关系民生的重要产业领域，必须要借助于政府的力量实现发展。例如，美国的国家重点实验室、韩国的文化产业振兴研究院、欧洲的产业科技推进平台，都有密切的政府背景，大多是由政府全款出资兴建，后期的运作方式与收益也由政府来支配。政府主导型平台运作模式优点很明显，易于集聚科技力量、便于统筹安排科技规划。但它也有非常明显的缺点：首先，政府的财政资金相当有限，客观上决定了受资助的平台项目数量与资金额度有限，往往仅在涉及国家安全的重要战略领域进行引导性调节；其次，政府主导下开发的科技服务平台，建设周期通常特别长，效率低下，转化效率也不高，比较适合于盈利很少的公共性技术投资。

荷兰的科技创新平台就是一个运行特别成功的政府主导型科技平台。荷兰也曾是典型的科技创新型国家，科技实力特别雄厚。步入 21 世纪后，荷兰国内的经济出现明显的停滞甚至衰退。为了快速提升荷兰的科技竞争力，重回科技大国的全球地位，2003 年 9 月，荷兰政府出资兴建了荷兰科技创新平台。该平台的成员主要由政府、企业、技术专家、科技领域骨干组成，荷兰首相任平台主席。2007 年，荷兰科技创新平台继续启动第二期的工程，构建了非常完善的科技资源管理，主要包括六大层次：一是政府相关部门，全权负责科技政策、法规、战略规划与产业引导，由议会、内阁及科技机构组成；二是科技咨询部门，负责参与制定科技发展战略规划、科技资讯报告等科学发展规划；三是科技研发的资助机构，是科技研发活动的资金提供者，主要包括政府、科技研发公益组织、微观企业与其他公益组织；四是科技中介，主要负责把政府资助的科研资金科学、合理、高效地分配给科研院所、高等学校等机构，选取有重大现实意义的项目进行资助；五是直接从事科技研发活动的大学、研究所与企业等研究机构；六是其他科技支持机构，如 SURF 基金会、荷兰国家科学图书馆。

一定意义上，荷兰的科技创新平台具有重要的战略地位，多年来协助荷兰政府制定了大量的高效科技发展政策、推出一系列的科技攻关项目，在提高国家科技综合水平方面起到了重要作用。科技创新平台也在上述服务过程中，提升了自身的科技影响力。这主要是基于：一是平台的大部分成员来自于企业界与科研界，具有丰富的科技从业经验，借助于科技创新平台它们集聚到一起，有助于关键科学技术难题的攻克与快速转化应用；

二是平台成员中包括了首相以及与平台发展密切相关的各个部门的部长，从而确保了平台的政策与建议能够在第一时间传达到政府主要部门，及时受理采纳，确保对政策的影响力。

该平台目前已经推出的业务主要由六大类组成：一是技术知识的投资规划；二是技术知识的充分利用与转化；三是科技成果的转化与科技人员创业；四是关键技术领域的竞争优势培育；五是创新与创业服务；六是科技服务经济发展，例如医疗保障与教育。以上每个项目都由专门部门、专门人员分工负责。

平台实施流程大致为：①成立科研攻关问题解决工作小组，深入调研某个特定科技领域存在的技术瓶颈；②专门工作小组提交科技调研咨询报告，分析存在的技术瓶颈，提出可行的解决方案；③荷兰政府部门及时对科技咨询报告予以批复；④相关部门执行内阁批复文件与决议。

荷兰科技创新平台之所以能够取得较大成功，主要的原因归结为：①科技平台的核心成员大部分是对创新、变革极富热情、参与激情且给予高度评价的科技创客；②将平台定位于国家层面的科技政策协调机构，便于很好地引领创新发展；③平台的咨询建议能够快速地给各产业利益主体带来帮助；④科技平台的不少成员在政府部门身居要职，保证了决策被采纳的效率；⑤作为荷兰科技创新规划体系的重要补充，科技创新平台展现了一种灵活的工作体制。荷兰的科技创新平台的科技服务范围非常广，内容也繁多，不仅涉及资源搜集整合服务，还包括了一揽子创新创业服务，是一站式科技创新的典型体现，值得我国借鉴。

5.5.3 政府引导运作模式

政府引导运作模式有助于较好地发挥政府科技政策的执行效力。政府引导着产业、科研机构与大学三者积极开展深度合作，政府确定大致的科技攻关方向，以项目、补助、税收激励的形式给予一定的资金或其他资源支持。各个国家都普遍采用这种形式，中国也不例外。

根据不同的技术开发模式与项目，引导对象会有差异，大致可归为以下几种类型：一是基于产业的技术开发创新战略联盟，国内早已经开始借鉴采用，以德国的主题研发计划最具代表性；二是基于产学研合作的项目资金，主要是对企业、大学与科研机构给予不同程度的资源支持，这种模式以德国的技术创新促进网络联合体最为典型；三是支持大型产业研发基地建设，以美国的工程技术研究开发基地最具代表性，研发基地积聚了大量科技公关力量，集中了大批优势资源，较好地发挥了产业带动作用；四是基于共建共享目的确定的科研平台，比较著名的有瑞典的技术交易计划；五是围绕创新与创业环境打造的科技园区，诸如各式各样的大学科技园区，以英国的剑桥工业园区为代表。

发达国家政府对于科研平台的支持模式，不仅重视科技政策在科技资源平台建设与运作过程中的引导作用，更加重视财政资金的补贴效应以及平台在科技政策贯彻执行中的资金使用、资金控制与资金利用效果评价。有了政府的引导，企业与科研机构的研究目标才能够清晰，产学研合作才能够有扎实的现实与政策基础。实践证明，政府引导运作模式在推进各国科技资源应用与发展中起到了突出作用，促进了资源供需双方的高效合作，提高了科技资源的利用效率，增强了经济发展的质量。

5.5.4 间接支持模式

伴随着经济的不断发展，各国政府对于自身在技术交流、转化、知识传递中的角色定位有了更为深入的认识，由间接宏观引导逐渐地过渡到营造有利环境、提供辅助支撑性资源支持为主。政府采用的间接支持模式有以下几种：

（1）加强知识产权归属法律法规制定。一个国家的知识产权管理政策是引导支持科技研发、加快技术转移转化的基本支撑力量，只有清楚地厘清科技成果的产权利益关系链，高新技术人才才有不断推进研发产出的前进动力。各个发达国家一直致力于知识产权的立法保护的不断改进与完善，形成了一套科学合理、行之有效的知识产权管理制度，较好地维护了科研机构的科技人员、企业研发人员以及其他研发机构员工的个人利益，也很大程度上推动了科技平台的大力发展。

（2）加强宏观管理。政府拓展了服务范围，尤其是对各种运营组织的科研中心以及重点发展产业的高新企业，政府除了以基础资源、资金与人力支持外，还利用财税、金融、法律法规等方面提供政策支持，有效地引导了社会多方主体的科技资源积极融入到科研开发与转化工作中，也加强了各产业以及其他科研组织的规范化运作管理。

（3）科技立法支撑——制定一揽子科研法律法规政策体系。这方面的政府介入力度最大，例如，以文件的形式规定各行业企业必须积极配合科技资源与科技信息的开放共享、必须逐年加大科研投入，这使得过去那些不够积极、政策执行力度不强、或对政府激励政策体系不关心的各类研发组织逐渐加入到创新大业中来，最大力度地提升了全社会科研资源的利用效率。最早制定与实施科技资源共享的是以美国和日本为代表的发达国家，它们在各自的法规体系中围绕科技资源的可持续使用、开发方式与监测都进行了较为全面细致的规范，执行力度也较大，实践证明，这些法规有力地促进了本国的经济发展。在借鉴方面，我国可以重点学习日本的做法。日本在科技资源共享方面的立法非常有特色，也较为健全，突出的一点就是针对资源类别制定与之相适应的法律，突出特色、分别对待，更加有助于精准把握科技资源的独特性。例如，2006 年日本制定的《关于促进特定尖端大型研究设备共同利用的法律》运行实施的效果就很好。

（4）政府的间接宏观调控。发达国家的政府机构都会不同程度地为各种技术研发平台或各类研发机构提供间接宏观调控，提高技术转化与运作效率。在这方面，韩国政府管辖下的文化产业振兴研究院就是一家典型的由政府设立、负责运营、致力于文化产业发展的科技振兴机构，多年的实践有力地推动了韩国文化产业的大力发展，突出地体现在动漫产业界。再例如，美国国内较大的一家科技文献资源开放共享研究机构——OhioLink，其运作就是在政府支持下进行的，集中开发有利于本区域内经济发展的重要科技文献资源，致力于让广大用户能够实时随地开放共享本区域的科技资源，极大地提高了科技资源的利用效率，与此同时，也降低了科研人员对基础文献的查找成本，节约了查找的时间。除了以上措施，发达国家还制定实施了诸如税收减免、多倍折旧、多倍年限摊销等措施来促进科技设备的新旧换代，优化科技主体的科技资源配置、科技资源利用，提高科技主体对科技资源开放、共享的积极性与共享效果。

5.5.5 市场自发模式

这种模式主要用于产学研合作研发，在大多数国家都得到了很好的利用。经济意义上，市场在资源配置中就是一只无形的手，它的存在，使得科技资源的供应者、各个主体的科技需求者密切联系在一起，借助于科技企业这个平台，让科技资源充分释放潜能、服务于经济发展。伴随着市场竞争的日益加剧与经济不断发展，基于市场导向成立的各式各样的产业技术联盟合作逐渐增多。联盟模式下，科技资源的提供者会按照一定的约定合同主动将资源面对联盟对象公开分享，获取相应报酬，而科技资源的需求方借助于其他同盟者提供的科技资源，有力地促进了自身的科技实力提升，这就是稳定合作、合作共赢的产学研合作的运行机理。在这个过程中，政府要发挥的是利用政策实现对市场的间接调控。例如，美国的InnoCentive.com科技平台是迄今为止运营最具成效的第三方企业科技创新服务平台，该科技网站成长的速度非常快。它最初成立于2001年，直到现在，已发展成为一家集多个自然科学领域如化学、生物、物理、计算机、数学、商业、工程设计，链接各主体科技研发供需双方，为各行业企业提供研发、技术转化解决方案的在线开放共享科技创新服务平台。它的运作特点如下：有科技研发转化需求、需要寻求帮助的企业，不仅要向科技平台支付一部分咨询费用，还要为个性化定制的技术创新服务咨询方案额外支付1万至10万美元不等的金额。科技企业只要与InnoCentive签约合同成为被服务主体与需求商，就可以在科技平台的互动论坛里匿名发布遇到的科技难题以及解决报酬。发布之后，全球各地的科技专家都能够通过注册成为该网站的会员看到企业发布的信息，回应解决方案获取相应的报酬。全球各地的方案解决者可以免费自由访问网站，在线提交各种可能的解决思路，并针对可能碰到的程序问题以及服务问题，寻求网站帮助。InnoCentive科技网站的核心运作团队会及时处理解决者提供的各类问题，也会将所有的可能解决方案呈递给科技难题的发布企业。一般情况下，企业利用科技网站在线发布的科技难题大致有：寻求降低DNA开发成本的方法，研制氨基酸的微生物菌株创新方案，绿色环保添加剂的研制方案等等。解决方案一旦得到解决，科技网站会及时在线宣布、公开中选者的身份、个人简历与照片。方案发布公司及时在线审阅所有入选的解决方案，把有限的奖金发放给最能符合公司要求的方案提供者。InnoCentive 科技网站的运行，很大程度上降低了科技研发过程中由于空间距离、专业隔阂和组织边界所导致的各种障碍，为全球科研合作、全球经济发展与技术进步提供了很大的动力。一定程度上，InnoCentive 科技公司营造了一个高效率的虚拟技术研发市场，它的存在，使得寻求科技研发帮助的主体汇聚全球智慧、得到最佳的创意方案，也使得提供创意的人能够有更大的动力从事创新工作。数据显示，截至 2012 年，InnoCentive 面向全球已经发布了 1000 多个学科的科技研发、转化与应用难题，发布最多的是化学、生命科学、商业、计算机科学、清洁技术等方向，累计解决的难题有 500 多，方案的破解率达到了 50%，这个数据要比各个产业、企业研发难题的破解率高出很多。这种科技创新中心的模式，是典型的第三方科技资源服务机构，目前在我国还较少，还有很大的发展空间，值得推广。

5.5.6 启示与借鉴

基于以上对各国科技平台运作的梳理与对比，发现在以下几个方面值得我国科技平台发展与借鉴：

（1）经济意义上高效率的科技资源创新服务平台，往往是由独立第三方的虚拟或实体机构控制运作的。例如，网络科技创新中心就是在一个虚拟的网络空间中遵循第三方主导的市场规则运作的，其运作效率取决于三方的合作意愿与合作程度，科学合理的互动协作与交易机制是三方成功实现合作绩效的核心所在。

（2）科技资源服务创新平台的运行与交易机制主要有两种：科技开发项目制和研发补贴制。对于项目制，国内政府及其他组织应用得非常普遍，国内绝大多数的科技平台资金支持的方式都是借助于项目。这种运作方式的缺陷很明显，大部分企业在完成项目开发任务后，都会离平台而去，与平台的联系不够密切，无法保证平台的可持续运行与发展质量。与其相比，补贴制的运作机理如下：企业借助于平台向市场发布各式各样的创新任务，其他各主体根据自身基础决定是否参加，项目完成后再决定是否进行资助。

（3）科技资源服务平台的商业模式主要包括两种：技术创新服务外包与合作技术创新。技术创新服务外包，意指将科技资源研发、转化与运作等一系列服务直接外包给其他主体运作，签订正式的委托或承包合同，赋予对方一定的劳动报酬，此种方式主要适用于解决短期的或暂时性的技术瓶颈问题，它的缺点在于：所取得的科技成果虽然具有所有权与使用权，但并无真正的内在掌握与再造能力，若以后再碰到类似问题，还需要采取外包的形式，平台企业没有从根本上提升自身的技术解决能力。在这里，我们把科技创新的承包人称为科技创新者，它的范围很广泛——多样化的组织与个人。与外包相比，合作技术创新的优点很突出，它由多个主体共同参与，合作承担技术创新中的一项或多项任务，由于基于共同的目标导向与合作模式，能够较容易控制创新的进度与创新效果，具有较好的稳定性与可持续基础，也能降低研发成本。

5.6 科技服务平台建设与运作：来自国内部分省市的经验借鉴

自 2006 年以来，我国各个省市相继成立了服务于各个产业发展的公共性科技服务平台。各个领域的专家学者也纷纷围绕科技服务平台的构建过程、结构、特点、功能与运行机理、运行效果进行了多视角研究。相对理论探讨，科技服务平台的实践探索具有较强的典型性与应用价值，梳理借鉴这些实践做法，对于笔者进一步研究科技服务平台的架构设计与运作机制提供很好的参考与借鉴。这里仅重点关注几个比较有代表性的省市科技资源创新平台的建设与管理状况。尽管这些国内平台名称繁多、服务对象各异、运作主体多元化，但本质上一样，都是隶属于科技服务平台。从 2012 年各省市的科技平台交流会议就可以看出，截至 2012 年 5 月，国内各个省市都着手启动了以科技基础条件平台为主的科技资源创新平台建设，下面针对主要省市的建设情况做一介绍。

各省市的科技资源创新平台建设与运作重点集中在科技基础条件平台的共建共享上。整理各省市平台建设的材料，发现建设类型以科技基础条件平台为主，甚至有 7 个省仅有这一种平台类型。全国层面上，围绕科技基础条件平台建设为重心的省和市达到 24 个，约占全国总量的 75%。有一部分省市实施了基于经营绩效考核的科技补贴方式，用各种财税政策给予绩效好的科技平台一定的资金支持。例如，北京、浙江、山西、青岛、上海等地都先后采用了这种方式，实践证明大大提高了科技资源创新平台的运行效率与绩效。特别地，沿海地区的部分省市尤其注重产业结合程度密切、关系民生的技术创新平台建设，这样的平台主要有：各种各样的产业技术研发服务平台、科技基础条件平台、政府主导的公共性研发平台与技术转化平台等，有 8 个省市对以上平台建设得比较好。经济发达的地区或省市，往往更重视科技资源平台的建设。除了青岛之外，浙江、江苏与湖北等省的科技创新服务平台建设得也较为完善。其中，江苏构建了汇集公共性技术研发平台、企业科技创新平台、公益性科技服务平台为主要形式的一体化科技服务平台布局结构。近几年，江苏进一步加强了科技服务平台的建设与管理工作，将其摆在极为重要的位置，相继构建了一大批的产业技术研究院、企业技术研究中心、公共性科技服务平台和企业科技院士工作基地等一系列的平台。以上平台的功能较为全面，大致涵盖了应用基础研究、科技研发、技术转化到公共性科技应用服务等各个环节。江苏无锡市的集成电路封装与科技测试公共服务平台就是这方面较为出名的一个科技服务平台。

自 2004 年，浙江省开始着手启动平台试点，2006 年着手建设，总共规划实施兴建了 60 多个不同主体协同的公共性的科技基础条件平台、各产业科技创新平台与区域科技创新平台等三类平台体系，采取一边建设一边运行的方式，取得了显著绩效。其中，公共性的科技基础条件平台由大型科学技术仪器设备、科技资料与文献、实验测试等子平台组成，主要是为各式各样的科技创新主体提供公共性的科技基础服务；各产业科技创新平台的目的在于服务于各个行业的科技研发与转化，作为连接行业内企业创新链的有效载体；区域科技创新平台的目的主要是汇集区域科技创新基础资源，加快高新技术成果的转移效率，大力提高科技成果的市场推广效率，提高本区域内的科技创新能力。不仅如此，浙江省人民政府尤其重视科技资源的高效整合与政产学研的研发合作。截至今日，浙江省已经建成了10多个公共性的科技基础条件平台、30多个产业科技创新平台、20多个区域科技创新平台。效果显著的知名平台主要包括两家：浙江省现代纺织技术及装备科技创新服务平台、浙江省海洋科技创新服务平台。

湖北省的科技创新平台建设也较为突出，成效显著，主要从三个层面着手建设：企业层面的技术创新平台、产业层面的技术创新平台、科技基础条件平台，三者互相支撑，成为企业科技创新的一股强大助推器。近年来，湖北成立的有名科技平台包括：湖北软件产业公共测试服务平台、武汉生物技术公共技术服务平台。

我国台湾省科技资源创新平台也有明显特色，尤其是在产学研合作方面，平台建设的突出特点主要有：一是地方当局提供资金支持的产学研合作科研经费由高校与科研院所全权负责；二是地方当局负责从战略上主导产学研合作研发的目标导向与远期战略规划，营造优越的创新环境；三是特别重视产学研合作研发创新中的技术与知识互动交流，提高科技资源的使用程度与效果，尽可能地用财政少量的科技投入撬动更大的科技资源，放大财政资金的杠杆系数。与以上省份相比，青岛市的科技公共创新平台2004年开始启动，建设内容较为全面，包含十个大的科技平台系统，诸如：科技数据共享、各产业专业技术服务、科技应用中的决策支持。在不断完善科技平台建设的进程中，青岛市人民政府一直非常注重为各个区县的经济社会发展提供全方位的技术支撑，聚焦于青岛现实的科技、经济、社会、民生、生态等方面的重大科技需求，强化对各种科研基地的科技资源共享与合作科技研发，培育各学科融合交叉的科技创新基地、产学研技术集成联盟与试验基地合作研发系统。截至目前，该创新系统共吸收了全球136个国家重点实验室、82个国家的工程技术研究中心与150多个企业技术研发中心，有力地提升了青岛市的原发创新能力、集成创新能力与破解重大技术瓶颈问题的能力。不仅如此，青岛市人民政府还突出了产业基础技术、关键共性技术的研发重要性，依附于各区域的工程技术研发基地、学校、科研院所、各产业的龙头企业，共同兴建了综合性的科技服务平台系统，为各个产业的技术研发与创新较好地提供了灵活多样的技术服务，诸如试验评估与论证、加工测试评价、关键技术点开发设计等。截至目前，该科技服务平台系统已经对外提供了 50 多个专业技术服务品种。

广东省对科技创新平台的建设也特别重视，除了强化科技基础条件平台的建设，还特别看重产业科技平台建设。对于服务产业的科技创新平台，广东省主要实施了以下几种建设模式：①省、地级市两级政府部门和中国科学院联合合作共建；②省科技厅、地级市人民政府与中国科学院下属的重要研究所协作建设；③在省科技厅、地级市区政府的协作下，大学与各类科研基地合作共建；④省科技厅牵头，大学与一些科研机构合作共建。以上途径设立的平台都是市场导向、直接面向产业服务、重点扶持中小型企业发展。广东省在平台建设过程中始终注重各区域的科技创新布局合理性，全省各个区域都有服务平台，大致覆盖 40 多个产业。截至目前，广东省总共建设了 60 多个行业科技平台、30 多个产学研的合作联盟，全省下属乡镇共有技术服务平台 200 多个。

自 2005 年起，福建省成立科技基础条件服务平台专项资金，将科技创新平台建设纳入正式的科技发展规划。在福建省委、省人民政府的领导下，各个相关部门积极贯彻执行《海峡西岸经济纲要》、《科学技术发展中长期规划》、《福建省科技发展规划纲要》与《科技创新平台规划》，以提高自主创新能力作为建设长期目标导向，大力推进科技平台建设，相继成立了一大批科技平台，且逐步改善了科技服务平台运行的相关政策法规，对于福建科技能力提升起到了突出作用，主要体现在：①成立了一批科技研发合作平台。根据调研结果，直至 2017 年年底，全省经济系统总共设立的科技重点研究基地至少有 90 多个，省级以上的工程技术研发中心至少 80 个，省级的行业技术研发中心 30 多个，省级的企业技术研发中心 300 多个。②兴建了一批科技成果转化与交易服务平台。截至 2017 年年底，全省设立的科技企业孵化器 100 多个，福州与厦门属于国家级高新技术产业开发区，省级高新技术产业开发区有莆田、泉州、漳州、三明，成立了台湾学者创新创业园区、闽台农业合作科技园区、台湾科技企业孵化基地等台湾科技合作平台。③成立了一批科技中介服务平台与科技资源开放共享服务平台。福建省的省级以上科技生产力促进机构有近 200 个，成立了国家级的专利技术交易展示中心、国家级的专利产业化中心与知识产权产业化中心、高新技术企业创业服务中心等科技中介、科技中小企业投融资支持平台、知识产权科技研发服务平台，另外在科技文献搜索、科学数据加工、科技信息整合、科学仪器设备开放共享、自然科技资源利用开发、仪器检测与标准制定等方面也相继设立了科技共享服务平台。④初步形成了一套完备的平台运作管理制度。福建省科技厅曾制定了一系列的科技创新引导文件，诸如《重点实验室管理办法》、《科技创新平台建设计划管理办法》、《福建省工程技术研究中心管理细则》、《重点科技企业孵化器管理实施细则》、《省级重点生产力促进中心管理细则》，《重点实验室运行办法》，大大促进了本省的科技平台建设与发展。截至目前，福建省已经形成了较为完善的科技创新服务平台系统体系，主要体现在：以科技资源的集聚、开放、共享为目标，以提升优势产业的技术研发与应用水平、省内科技服务能力提升为核心，借助于重点实验室、工程实验室、工程技术研究基地、行业技术开发基地、企业技术中心与工程技术中心、产业化基地、科技园区、科技中介等载体的协同科技力量，形成由技术研发平台、科技成果转化平台、科技中介平台、科技共享平台融为一体、有序统一的科技创新服务平台系统，大大提升了福建创新创业的外围环境。实践证明，科技服务平台的大力发展很大程度上发挥出了汇集科技研发要素的作用，一方面，为福建省创新发展打下厚实基础，为重点优势核心产业与各类企业发展提供智慧源泉；另一方面，大力促进了福建科技实力的提升，从过去重视单个科技服务平台运作逐渐过渡到对平台系统的整合管理，为企业、产业、经济社会可持续发展提供了支撑力量。到目前为止，福建省的科技服务平台全面覆盖了电子信息、新材料、新能源、现代农业、资源与环境、节能减排等几十个领域，大大优化了科技资源环境，加快了科技成果转化步伐，提高了企业的自主研发能力，驱动了产业集群整体技术实力提升。

从以上国内部分省市的平台建设情况来看，有以下方面值得借鉴：

第一，要注重科技平台的系统整合。就规模而言，各个省份的科技平台数量都不少，但能与国际知名科技平台相抗衡、综合实力较强的大平台却很少见，而且科技平台的共享程度较低。后期，科技服务平台建设重在改善质量，整合平台科技资源结构与存量，优化内在适配关系，重点支持以技术研发合作为重心，多个区域、部门、企业、高校的产学研协作，培育一批强大的知名科技服务平台，集聚科技力量。

第二，进一步强调共建共享。共建共享是长期趋势。后期，各个省份要继续大力推动跨专业、跨学科、跨区域、跨产业的合作研发，提升政府在科技服务平台建设运作中的间接引导作用，尽可能地调动高校、研究所、企业、产业服务中心、其他公益组织等主体的力量与积极性，形成万众创新的和谐局面。政府还需要强化政策引领力，优化财政、税收、金融、法律等一系列科技相关政策，鼓励各式各样的非财政资金投入培育科技资源公开共享，最大程度地破除不同系统与部门的科技资源共建共享障碍。

第三，继续强化产学研合作。科技服务平台是产学研合作的强有力的结合点，产学研合作又是科技服务平台可持续发展与技术实力提升的重要途径。通过分析国内外科技服务平台的建设实践，发现大多都非常看重产学研合作。后期，产学研合作还需要进一步加强，对于科技服务平台的建设、立项、管理、考评，都需把产学研合作视为重点。

第四，尤为看重区域科技布局相对平衡。考虑到浙江杭州、福建省的福州、厦门等地教育、科研优势较为明显，科技大数据平台相关的重要技术、核心载体、基础设施集中分布在以上城市，其他地区明显较少。后期，政府应重在调节科技服务平台的非均衡布局，并适当向中西部地区倾斜，将科技大数据平台核心技术、载体、子平台系统向经济欠发达地区延伸，最大程度地激活当地的创新资源、提升技术水平与发展能力。

第五，更倾向于构建国家重点支持产业的协同创新平台。对地方而言，科技大数据平台构建的目标就是服务于当地的经济发展。“十三五”、

“十四五”期间，地方的科技服务平台建设应紧密结合自身产业地位、主导战略、新兴产业优势、重点产业的创新集群等有侧重地提供一揽子支持，以此增强科技资源的现实价值、对用户民生的服务能力，力争在电子科技、新一代信息技术、新工艺、新能源、新材料、高端装备制造、节能环保材料、现代农业、园林、畜牧、海洋经济、医药、生物等产业领域培育一批公共性、第三方科技大数据服务平台，服务于科技研发、科技成果转化与产业化的科技创新过程。

5.7 小结

本章分别就国内外科技大数据平台建设的经验做了全面介绍，以为后期科技大数据平台的优化建设与运作提供借鉴。国外方面，分别就科技基础条件平台、科技文献服务平台、科技研发平台、技术交易平台、科技平台运作详细介绍了英美德等国的建设经验。国内方面简述了近几年以浙江、上海、广东、青岛为主的省市科技服务平台建设情况。

第6章

科技大数据服务平台建设运作优化原则与方向

通过前面的分析，发现目前科技大数据服务平台投入运作后虽取得了一定运营绩效，但存在不少问题，其提供的信息与服务还不能够很好地满足终端用户对科技信息与服务的需求。基于此，以前面对终端用户的市场调查为基础，本章拟以青岛市为例，进一步探索科技大数据服务平台后期的建设与运作优化方向。

科技大数据服务平台的后期建设，应以终端用户的科技信息需求为导向，深度融合大数据，最大程度地发挥云计算的数据处理优势，加强对互联网环境下国内外各行业尤其是高新行业科技、专利、知识产权等资源获取和共享能力建设，提升科技服务人员的层次，丰富科技服务内涵，拓展科技服务的外延，为科技开发人员、高科技企业、创客、科技服务人员和广大的社会公众提供全方位、多层次、个性化的科技信息与服务，创立该平台的服务特色和服务品牌，培育平台的核心竞争力。

6.1 优化原则

6.1.1 必须突出科技共享的合作性

共享一词，可理解为共同使用并享受效用的意思。大数据环境下科技服务平台资源的共享，即平台共建协作的利益主体和社会其他成员在政府宏观调控下，通过合作方式共同使用平台资源并享受其效用，达到预期目标效益的过程。共享利益主体之间由于存在经济利益、时空安排等方面的差异，导致共享各方在共享实施过程中产生矛盾冲突。美国经济学家托马斯关于冲突处理的两维空间模式理论认为，有五种处理冲突的策略，即强制、回避、妥协、克制和解决问题。强制和回避都不宜采用；妥协是一种权宜之计；克制一般状况下不太可能采取；只有解决问题，对于自己和他人利益都给予高度关注，开诚合作，获得双赢。各利益主体只有在维护共同利益的基础上，采取合作方式，求得相对的统一和协调，才能使共享可持续地进行，才能使科技资源发挥最大的利用效率，因此，只有合作共享才是应积极采取的上策。在我国科技基础条件平台建设过程中，政府各部门、高等院校、科研院所等都应该从全局的利益与目标出发，打破各自为政、条块分割的局面，互相扶持，让自己手中的资源获得更大的利用率，同时去获取自己需要的科技资源，这种以一己的资源换取更多资源的共享方式，于自身和社会都将会产生大利。

6.1.2 必须坚持建设主体的多元性

科技平台建设主体是指建设实践活动的承担者，一般包括相对独立的组织团体和个体。共享是在两个以上主体之间实现的，共享主体的多元化要求平台建设主体的多元性。首先，各级政府是科技基础条件平台建设的主体，负责各地方和部门的平台建设规划工作、组织和推动本部门科技资源的整合、开放与共享工作，并组织部门联动，共同组织实施跨部门、跨行业、跨地区的科技资源平台的建设。政府加大对科技基础条件平台建设的投入力度，对于引导和支持科技基础条件平台建设起到关键作用，能够有效地保证科技资源发挥最大的社会经济效益。其次，共建协作网内的利益主体是科技基础条件平台建设的重要力量。根据“谁出资、谁受益”、“出资多、受益大”的原则，鼓励各个共建主体多方面、多渠道投入平台建设所需的各种资源。各个利益主体对平台建设的投入，不仅降低了自身的科技投入成本，而且，更加有利于各部门和研究单位之间的科技合作，使科技资源得到大范围的整合，从而大大降低了国家和政府对科技基础条件平台建设的投入成本。再次，社会力量在科技基础条件平台建设中的作用同样不可忽视。科技基础条件平台建设不仅是协作成员的事情，而且是全社会的共同任务。科技基础条件平台建设是科技创新，是增强我国科技竞争力的重要内容，各级政府可以引导和吸引社会团体和个人进行捐助，为公益慈善事业做无偿贡献。

6.1.3 必须强化统筹规划的可行性

科技服务平台建设涉及的领域宽、范围广，是一项复杂的系统工程，如果缺乏统筹规划，就会出现杂乱无章的局面，不仅会限制科技基础条件平台建设的进程，而且影响到科技发展与创新的全局。因此，必须认真贯彻“有所为，有所不为”的方针，对科技服务平台建设实施切实可行的统筹规划，确保各省市科技发展战略在正确的轨道行进。对科技服务平台建设实施统筹规划，是由当前阶段各省市科技发展情况决定的。首先，科技服务平台共建共享的理念不仅要贯穿于各个平台内部，更要体现在各个平台之间。科技服务平台至少应包括基础条件、研发、转化、产业等子平台，但它们彼此之间的信息或资源的共享还是相互独立的，这都不利于科技资源的有效共享。因此，各子平台各自的建设进程以及相互之间如何促进与联合等都离不开政府的统筹规划。其次，由于地域原因，各区域经济和科技发展水平存在不均衡的现象，因此，科技大数据服务平台建设也需要结合不同领域和南北的发展需求，突出重点、按部就班地开展科技大数据服务平台建设。再次，我国科技平台建设的目标在《2004—2010 年国家科技平台建设纲要》和《“十一五”国家科技平台建设实施意见》中已经做出明确的规定，必须认真落实，结合近期和远期目标的特点，做好统筹规划，按照不同类型科技资源的特点和发展规律，结合基础研究、应用研究和开发研究的不同需求，分阶段和按步骤积极稳妥地推进科技大数据服务平台建设。

6.2 优化方向

6.2.1 功能模块改进方向

（1）从被动式服务转变为主动式服务。从被动式科技信息服务转为以满足终端用户需求为目标的主动式、互动式科技信息服务，这就需要科技大数据平台专门搭建能够瞬时响应客户需求的云服务平台。该平台建成后，将能够把平台服务中心、平台建设主体、合作方、大数据供应商等单位和终端用户，借助于电话、网上在线咨询、短信、APP 等渠道方式实现即时科技信息传递、共享与互动，以推动科技供需双方充分利用互联网、通讯网以及其他媒介对海量科技资源进行有效沟通，提高科技服务效率，展开全球科技数据检索、配置各类主题的虚拟科技文献资源、提供各行业科技专家咨询、共享科技资源、远程存储科技数据等业务功能，建设成满足用户需求的、开放互动的科技大数据服务平台，以更好地提升各省市科技创新能力。

（2）多层级开发科技服务模块。后期应多层级开发科技服务模块，尽可能地满足各类用户的科技信息需求。不仅提供免费的基础性通知公告、政策文件与各类办事流程等服务，也提供各专业领域、行业的技术服务；不仅提供国内各行业科技文献，还提供全球先进的科技检索机构、科技期刊的链接、下载、订阅服务；不仅提供技术交易服务，还要提供共享虚拟研发服务（即万众创新服务）；不仅提供科技成果的汇总统计服务，还提供全球最新的科技产品发布信息；不仅汇总提供各省市近年来的科技成果、专利等，也尽可能地详细提供各类成果的功用转化开发情况等信息；不仅免费提供各领域的科技发明汇总信息，也提供各专业技术领域的高端科技信息定制；不仅提供高新企业认定的官方信息文件，也提供各家高新企业的综合技术实力展示情况；不仅提供创客创业服务，还提供创客退出服务；不仅提供创新地图、专利地图，还提供高科技人才地图、高新仪器地图，且对地图展示的信息尽可能地细化清晰；不仅提供用户一站式查询检索订阅服务，还提供用户互动、用户体验服务。总的来说，科技大数据服务平台的模块应本着科技创新成果积累与科技成果应用的原则，面向用户提供个性化、定制化、集成化的科技服务，有针对性地、全方位满足用户需求，尽可能地让现有的科技成果实现增值，促使科技平台从科技信息存储中心向科技信息推送中心转型。

（3）子平台及内嵌模式需清晰界定。各功能模块与科技大数据服务平台之间的内嵌模式要友好、有吸引力、便于访问。首先，浏览科技大数据服务平台首页，要能够非常形象、清楚地展示出该平台的所有模块及其对应的子平台，各子平台之间的内容要主题鲜明，不具简单重复性、较新颖、实用、无过时滞后信息。其次，各模块、子平台的名字要能够精炼地概括出其主要的功能与所提供的信息特点，例如，现有平台的科技成果模块里面其实都是与科技报奖有关的信息，叫“科技奖励申报”更为合适，更容易让有此需求的用户找到它；再如知识产权模块，提供的是与知识产权局的链接，直接改成知识产权局更合适，用户很容易明白这是提供知识产权局的链接服务。

（4）尽可能地避免重复性模块建设。各个子平台模块的设计要尽可能地利用其他模块已经有的科技资源，避免重复性模块建设，以节约建设与运作成本。现有平台中的知识产权与科技成果，在后期建设中，需要界限清晰，部分科技数据是可以相互链接的。知识产权中很大一部分是专利，这恰恰是科技成果的重要组成部分，但除了申请专利的部分，还有很多未申请专利的非专利技术以及正在申请尚未批准的技术，属于科技成果但不属于知识产权。知识产权是一个法律赋予的概念。因此，每个模块的内容要准确地界定，对于某些的确需同时划归几个模块的科技资源，利用云计算带来的便利，建立几个模块子平台之间的链接即可。

（5）实现各区域平台的资源共享。把虚拟站点与科技数据资源作为服务打包提供给各个区域的基层科技平台，提升各个子平台的实力。云计算环境带来的最大便捷就在于可以随时随地应客户要求，在云计算系统中安排部署与之相融的虚拟环境及科技数据资源。各区域的科技文献服务平台根本无需扩大建设规模、扩充各类硬件、设置相应的软件环境，只需租赁科技平台提供的各类模块与功能，即可在所需的基础结构上搭建自己的科技资源服务子平台，利用互联网络将平台服务器上的科技资源传递给用户，大大降低了基层科技平台利用大数据服务平台的难度、维护成本以及获取科技信息的难度，实现科技大数据服务平台的全面覆盖。

（6）捕捉用户需求，提供精准式服务。每个模块子平台的信息提供要尽可能地做到以捕捉用户信息为中心，真正实现大数据环境下的精准式服务。当用户进入某个模块平台时，平台后方支持层马上精准追踪用户浏览痕迹，甄别判断用户特点、信息需求情况，马上为其推送需要的科技信息以及其他相关联的科技信息。若平台缺乏这方面信息，在最短的时间内补充上线。平台需要统计浏览用户的行业、职业、年龄、兴趣点、信息偏好，对平台的哪些信息关注度高，哪些从未浏览，哪些信息的内容还不够精细，哪些信息需要分等级提供，哪些信息的广度需要拓展，哪些信息需要下架，据此重新整合信息分类与内容安排，优化信息结构，提高信息的实用性与使用频率。

6.2.2 科技文献资源整合方向

科技文献资源与每位终端用户息息相关，提供种类繁多、应用性强、质量高的最新科技文献资源，是科技大数据平台的一项重要整合内容。利用云计算处理工具，科技大数据文献资源应力求在以下方面进行后期整合：

（1）建立专门处理大数据的科技文献资源云系统。目前的科技大数据平台里的科技文献共享子平台已经拥有一定数量的中外文科技文献资源，包括期刊、会议论文、专利、图书、标准、报纸等，还链接到百链云图书馆，资料较为丰富，但资源分类若能适当改动一下会更好。例如，在浏览页专门设置子模块——国内外最新科技信息速递，在文献共享子平台里增加SCI数据库、主要行业技术数据库等，提高高质量外文原版文献传递速度，尽可能地让用户能够实时获取到原文文献等。这就需要后期进一步扩充科技文献资源库，调增一些优质特色科技资源。其中，SCI数据库可以链接到拥有此资源的各省市高校图书馆，国内外最新科技文献速递可以链接一些科技杂志等，通过互联网将各类科技资源集聚一起，组成科技文献资源云，整合后供用户分享与使用。这样一来，通过链接其他渠道的科技文献，科技大数据服务平台的文献存储、维护等建设与运营成本大大降低，也有效地避免了科技文献的重复性购买问题，也提高了其他资源单位的科技文献的利用效率，利用云平台真正实现了科技资源的共建与共享。但要注意的是，在科技资源云使用过程中，科技文献提供方要能够确保及时地更新自己的科技资源数据库，并上传到云平台中，使得科技文献云中的科技资源以最快的速度得到更新，最大程度地吸引用户的浏览热情与频度。此外，科技文献资源云平台还有必要尝试增加一条新的科技文献获取途径——用户上传，从广大用户获取来自各行业的科技文献，包括用户从其他处获得的科技文献以及自己撰写的科技文献。云平台根据用户上传的科技文献的数量质量（不能与平台已有科技文献重复）赋予他们下载平台一定数量的其他科技文献的权利。这样一来，既提升了用户的参与度、科技资源的利用程度，又最大限度地节约了资金。

（2）积极整合开发具有自主知识产权的科技文献资源云系统。确保科技文献资源云系统拥有较为广泛、较高等级的海量科技文献资源是科技大数据服务平台的基础。在建立科技文献资源云的基础上，还要提高其等级，积极整合开发具有自主知识产权的科技文献资源云系统。其本身就是一项高科技。不同的科技文献来源、大数据捕捉汇集处理输出方式，构成不同的云系统。科技大数据服务平台应努力培育体现自身地域特点、独特的、高质量的科技资源云系统，并申请专利，提高云系统的价值与使用中的受保护程度。科技资源大集中是一个趋势，也是万众创新与可持续发展的客观需要。

通过引进、合作、自建整合各种类型的科技信息资源，建立与支柱产业和传统产业发展相适应的、各学科文献资源相对齐全的大型科技信息数据库群，开发自主知识产权的科技资源云，需要以政府为主导，宣传倡导各区域的科技文献拥有单位、个人积极提供科技文献，依据资源类别、紧缺度、等级质量、数量给予一定的资金支持或分享其他科技文献或服务的机会；与此同时，科技大数据服务平台也要加强对科技文献资源云中的科技文献进行二次开发，在充分利用已有标准的基础上，形成统一、规范、科学的文献资源标准体系，为平台建设及今后文献资源共建共享打下基础，使得来源于不同渠道的科技文献分类更为合理、浏览更为方便、质量等级更高、使用更为方便，以便对用户进行更为便捷的后续推广与精准服务，可以考虑设立各领域科技走势分析专区、各领域科技报告、各领域科技文献最新动态聚焦，便于各专业用户最快了解到科技文献更新动态。

（3）整合建立统一的科技资源云管理平台。该平台的主要用处有：①作为终端用户对平台的访问入口，通过及时与用户互动，精准了解到用户的浏览需求，推送给用户科技信息，使用户快捷地使用大数据服务平台中的各种科技资源与服务。②云管理平台作为大数据服务平台的中间层以及科技文献资源云的管理入口，对储存在异构环境中的各种科技资源进行统一管理、监控、配置。科技文献资源云的数据来源渠道较为广泛，数据格式繁多，涉及行业较广，在将这些科技文献最终推送给用户之前需要中间的云管理平台进行甄别、分类、整合、优化，并对数据传输中存在的潜在风险进行识别、评价与监控。③利用云管理平台的优质管理，科技大数据服务平台可以提供高质量的各类科技服务。后期的科技大数据服务平台需在共享虚拟研发、个性化信息定制、国内外科技文献速递、科技互动等模块下功夫，每一个模块的高效开展都离不开云管理平台。例如，共享虚拟研发模块，需要将每一位浏览用户的技术特长、人力特长以及资金支持与研发项目发布者对资金、人才、材料的需求及时对接、有效沟通，促成共享研发计划的实施，并追踪项目进度，进行风险控制，确保虚拟研发保质保量地完成，最后还要对项目（包括对项目本身、虚拟研发参与者）完成质量进行评价。再如，个性化信息定制服务，只有借助于云管理平台，才能够根据用户在网页留下的痕迹最快、大范围、准确捕捉用户的偏好，精准快速地为其推送最符合其需要的科技信息。总之，只有借助于云管理平台，科技大数据服务平台才能够真正地体现出大数据的特点，真正实现对海量科技数据的捕捉、整合与优化处理，才能够有可能进行更高层次高质量的科技信息挖掘与科技服务互动，真正成为每一位终端用户的贴身技术顾问与科技信息电子词典。

6.2.3 数据整合方向

（1）拓展数据功能。各个子平台在开放、分享与相互链接科技资源服务的过程中提供的元数据数量、类型、格式都不尽相同，且提供的元数据元素有些还存有缺陷，有待完善，依据这样的元数据终端用户根本无法清晰了解数据所能够反映出来的科技信息。科技大数据服务平台的大数据很多来自各省市各区域的技术基地、高校以及其他机构、个人，想要解决各类主体之间较为复杂的元数据标准与终端用户获取数据接口的单一性之间的矛盾，就必须要解决元数据的互动操作问题。因此，在建设科技大数据服务平台时，建设方应事先明确规范统一的元数据标准，最为重要的是，吸纳不同主体的数据时，要求他们对同类数据的描述方式、标准尽可能地保持一致。另外，应建立元数据的应用规范，应用过程中允许同时组合采纳来自多个不同元数据标准中的数据元素，并对组合后的“混合型”元数据从内容、格式、类别、精确度上进行规范，保证混合后的数据具有相同的基本架构和规范统一的元素。科技大数据服务平台的元数据应用规范可以选择在都柏林核心集（DC）的基础上，根据平台自身定位、运作中的实际需求再添加其他数据元素，如群组（group）、数据预览（data preview）、修改历史（revision history）、许可（license）、标签（tages）等。科技大数据服务平台建设过程中，许多的元数据记录已经生成，当元数据格式较少时，可采用元数据映射转换方式提高互动操作的范围；但当元数据格式较多时，就需要借助集成、复用等方式以确保元数据的记录整合。

（2）增加数据量。前已述及，目前的科技大数据服务平台提供的数据量离真正的海量大数据还有一定的距离，提供的主要是一些结构化的标准数据，半结构化和非结构化的数据相对较少，主要体现在：各大功能模块以通知公告、政策文件为主，不涉及进一步的数据整合；平台不具互动性，缺乏对用户的捕捉信息。用户需求多样化、多信息的偏好各不相同，对其进行捕捉的信息丰富多样，大多是一些非结构化、半结构化的数据，而这恰恰是大数据的主体，也是大数据真正的价值所在。统计发现，大数据的价值体现更多地来自于对海量非结构化、半结构化数据的获取加工处理。基于此，后期的科技大数据服务平台建设，需要转而加大对终端用户海量非结构化与半结构化数据的捕捉与整合分析，平台内的所有信息与服务的提供都需要建立在对此部分数据分析的基础上优化决策。

(3) 丰富资源格式。从目前已经建立的各大科技平台的运作情况来看，注重提供多样化、通用性与包容性强的数据格式是非常必要的，这有利于用户不受数据格式和操作平台的限制，更好地对数据进行二次开发。官网显示，目前的科技大数据服务平台各大模块所能提供的数据，其格式以 XLS 为主，部分为 DOC 和 PDF。后期建设过程中，随着模块功能的增加，海量数据的搜集处理，数据的下载格式也要相应地拓展，以便更好地满足用户的下载需求。大数据环境下，本着开放共享的数据使用原则，科技平台中的数据最好采用统一开放的数据格式（如 CSV），以确保数据文件无需通过指定的应用程序即可访问，拥有最便捷的访问方式。

(4) 提高数据更新与维护的频度。大数据环境下，终端用户对动态、个性化获取最新科技信息的需求不断增强。如果科技大数据服务平台不能够及时更新数据，原已发布的旧数据就会成为无用数据，既不能满足用户需求，又浪费了人力财力物力，科技大数据服务平台最初的建设目标也难以实现。因此对于科技大数据服务平台官网展示的一些数据资源，还需要做好后期的维护和动态的更新工作，对每一块数据都需要标准更新频率。目前的科技大数据服务平台不少数据都较为陈旧，失去了作为信息的基本标准。例如，科技计划、科技文献、知识产权、高新企业等模块里的不少政策文件、公告仍停留在 2015 年。在平台后期建设运作中，应高度重视动态数据更新维护，使平台的信息供给真正迎合用户需求。

6.2.4 特色资源调整方向

作为展示科技实力与创新水平的一个对外重要窗口，各省市的科技大数据服务平台除了为各行业用户提供海量的有用科技信息外，还需要注重培育该平台的地方特色。以青岛市为例，结合青岛市的海洋相关自然资源与社科资源优势，青岛市的科技大数据服务平台建设应在以下方面突出海洋特色：科技文献大数据建设方面，单独设立海洋相关科技文献查询检索；科技成果方面，需单独展示青岛市近年来取得的海洋相关科技成果；知识产权方面，单独展示青岛市近年来取得的海洋相关的知识产权以及应用情况；仪器设备共享，也需要单独展示与海洋有关的高新仪器设备；科技专家库，需要单独设立海洋方面的高科技人才库等；政策超市，需要单独一个子模块介绍有关海洋资源利用方面的政策文件等。

6.2.5 服务方式改进方向

依据前面几个章节的分析，科技大数据服务平台后期需要从被动服务转化为主动服务，增加服务类别、提高互动性，重点在个性化定制与互动服务方式改观上，主要体现在：

（1）目前平台中的 QQ、微信以及科技通 APP 进入后咨询问题得不到很好答复，需要加强对此项服务人员的监督管理或绩效测评，提高 QQ、微信与 APP 的使用效果。随着浏览用户的增加，必要时需要适当增加服务人员数量，以便与用户之间能够很好的互动。

（2）考虑增加在线咨询。微信与 QQ 只有添加客服之后或者添加公众号后才能够咨询，这给用户带来一些不方便，为节省时间，部分用户会选择放弃或自己通过其他方式查询答案。因此，科技平台还很有必要增加在线咨询服务，并确保每位用户有问题咨询时瞬间即可得到解答。

（3）将个性化定制信息与个性化信息推送作为平台后期服务的主要改进方向。国外的一些城市例如纽约的开放平台早已经提供了各种类型的订阅服务，用户可以及时获取数据更新方面的推送信息。青岛市科技大数据服务平台建设可以借鉴此类做法。其中，个性化定制是平台根据用户的意愿、偏好，按照用户要求有偿地提供科技信息与服务，以满足特定用户对科技信息的特别需求。科技研发工作艰难而复杂，在此过程中任何未遇见的阻力都有可能发生，这使得研发工作者的科技信息需求带有很大的多变性。当研发阻碍发生时，科技大数据服务平台应能够马上领悟科技工作者需求，以解决问题为己任，在资金允许、可接受的范围内，在尽可能短的时间内提供所需的科技信息与服务。个性化科技信息推送与定制信息会有所区别。

6.2.6 尝试提供可视化展现服务

与传统的文字输入、语音输入服务相比，可视化服务能够提供语言和文字不能表达的准确信息，最突出的优点是能更直观地展现科技产品的外观、新颖度等信息，非常适合科技平台中某些模块的功能展示。但目前的科技大数据平台仅提供 QQ 与微信号，并无专人主动服务，更加没有专门的可视化服务。本着市场化、实用性、便利性的原则，后期的科技大数据平台需要多尝试提供可视化服务，尤其在以下功能模块拓展上可以多尝试可视化：科技成果模块里对每个科技成果的介绍除了文字介绍，还应有一段关于科技成果功能与使用、成果等级等的详细视频展示；同样地，知识产权模块，除了对每个知识产权详细的文字介绍，还应该有对知识产权功用、外观、应用前景等的视频展示；仪器共享模块应该提供每一个参与共享仪器使用情况、使用注意事项以及涉及的主要技术问题的一段视频；创新地图除了提供各区域的创新基地的地点，还要提供每个地点的几张实景图片；技术交易网在充当技术交易双方媒介的过程中，对于供需科技信息的发布，既要要求供给者提供一段有关技术功效、使用、常见问题、转化收益前景的一段视频介绍，也要求需求者提供一段有关寻求何种技术、应用方向、出资等方面的一段视频展示，必要时还需要展示一些需求者资质方面的证明图像。对于以上各模块的视频文件，平台在向用户提供在线咨询、个性化定制或推送的时候，向用户展示技术视频，以便于用户更深入了解技术功效、等级质量，增加用户的可信度。

6.2.7 多提供一些用户参与、分享与互动功能，汇聚用户智慧

互动对于更好地了解用户科技信息需求至关重要，对于用户的数据分享、提高平台的关注度很有效。目前的科技大数据平台提供的服务更多地是一种以自我为中心的被动式关门服务。后期的科技大数据服务平台要转向以用户为中心，所有的功能模块都要尽可能让用户参与，最大程度地聚集用户的智慧力量，真正地实现“万众式”科技创新。在这方面，美国的

科技平台值得借鉴，其在线互动功能较强，也取得了良好的效果。用户的分享与互动在以下模块比较明显：一是后期要建设的共享虚拟研发平台，该平台就是为有兴趣从事技术研发的用户提供一个沟通交流合作的平台，该平台运作的过程就是不断吸引用户参与共同研发的过程，这个平台可以把所有感兴趣用户的智慧汇集到一个研发项目中，大到全程参与研发、小到提供一个好的创意甚至是材料场地、试用新技术等，都视为用户对研发项目的参与。例如，某个专业技术人员有一个好的研发想法，想开发一项新技术，他把想法发布在虚拟研发平台，说明他的想法，目前尚缺资金投入、后期研发需要召集同专业的有志之士参与进来，对于他的创意也希望有人能够给予一些补充拓展。在平台发布后，很快其他用户浏览到了这个信息，有的用户表示可以投资资金，有的对参与研发感兴趣，有的对信息发布者的创意提出一些个人看法，最终有志于研发的用户共同组成了一个虚拟研发团队，他们在平台上有明确的分工，经常在自己的项目论坛里沟通研发思路，商量解决方案，一段时间后技术研究成功了。为了了解这项技术的被接受程度，平台发布了一个新技术的展示与使用公告，邀请感兴趣的用户参加，并提出一些改进意见。以上这个虚拟研发的整个过程无一不映射着每位参与共享用户的智慧。二是后期要提供的个性化定制或推送服务，按照用户的要求提供科技信息，这个过程汇聚了用户对科技信息的认识、所积累的科技实力、科技经验以及对科技走势的判断等。三是后期要增加的新技术产品的互动体验模块，这个模块就是通过吸引用户参与到试用新技术的过程中，亲身体验技术功效、使用效果，并根据自己的使用感受对新技术提出一些改进意见。这个互动参与通常是免费的，主办方获得的是用户使用技术的切身感受，这对于技术的市场投放、后期改进至关重要，这个体验新技术产品的过程，实质也在参与共享的过程中汇集了用户的智慧。

6.2.8 子平台之间科技信息优化方向

目前的科技大数据平台中的很多模块、子平台中的一些科技信息存在一定的重复性，且每个子平台的信息定位不很明确。后期建设中，对于每个模块子平台的信息内容，要尽可能地多征集广大用户参与，根据调查结果选取用户关注度较高的科技信息来展示。对于其他模块子平台已经有的科技信息，只需要建立链接关系即可，无需重复性建设。除了某些私人定制信息模块外，各子模块之间绝大多数的科技资源可以互相访问。后期建设的科技大数据服务平台，要本着开放、共享的原则，按照用途分类、将国内外科技动态、科技文献、科技成果、共享仪器、科技金融、个性化定制、共享研发、科技互动体验等分别置于不同模块中，必要时候各子模块之间进行内嵌，每个模块要主题鲜明，界面友好清晰且易于访问。

6.2.9 创客服务方向

目前的科技大数据服务平台拥有创客创业服务模块，主要为创客们提供必要的政策法规、场地、材料和设备与服务方面的支持，里面有创业孵化综合服务网的链接。对于创客而言，他们最需要的除了一些孵化器信息、国家支持政策外，更为重要的是对于创业过程中的困难与技术、人才与资金、管理障碍等问题能由专家给予解答，提供最好的一对一的在线服务。后期的科技平台应设有专门的创客模块，不仅为创客提供文献检索、参考咨询、主题情报跟踪和竞争情报等信息服务，为新创企业的顺利开展、人才引进、新技术的正式投产等提供基础性支持，还要有专门的创业指导专家、技术人才、财务专家等给予提供在线帮助。平台要积极探索基于众创空间的多样化的新型服务方式，如个性化定制创客信息，真正从创客朋友们的切身需求出发，重点为创客们建设科技信息共享空间、技术转化服务、创客论坛、“他山之石”、新技术体验、创客金融等内容，真正发挥创业顾问的作用，以吸引社会各个行业的有志创客，促进各省市整体创业水平提升。

6.2.10 小结

以终端用户对科技信息的需求为基础，本章提出了科技大数据服务平台的后期优化方向。科技大数据服务平台后期应从以下几个方面入手设计优化方案：改进功能模块，每个模块子平台的信息提供要尽可能地做到以捕捉用户信息为中心，真正实现大数据环境下的精准式服务；多层级开发科技服务模块，尽可能地满足各类用户的科技信息需求；搭建能够瞬时响应客户需求的云服务平台；各功能模块之间的内嵌模式要友好、有吸引力、便于访问；各个子平台模块的设计要尽可能地利用其他模块已经有的科技资源，避免重复性模块建设，以节约建设与运作成本；整合科技文献资源，建立专门处理大数据的科技文献资源云系统，积极整合开发具有自主知识产权的科技文献资源云系统，整合建立统一的科技资源云管理平台；拓展数据功能、增加数据量、丰富资源格式、提高数据更新与维护的频度；结合各地域相关自然资源与社科资源优势，科技大数据服务平台建设应重点突出地域特色；从被动服务转变为主动服务，增加服务类别、提高互动性，重点在个性化定制与互动服务方式改观上，尝试提供可视化服务，提供一些用户参与、分享与互动功能，汇聚用户智慧；对于每个模块子平台的信息内容，要尽可能地多征集广大用户参与，根据调查结果选取用户关注度较高的科技信息来展示；探索基于众创空间的多样化的新型服务方式，如个性化定制创客信息，真正从创客切身需求出发为其打造科技信息共享空间。

第 7 章

科技大数据服务平台基本技术架构设计

科技大数据服务平台建设与运作与云计算息息相关。科技大数据的甄别、计算、分析、统计、传输等都需要交由云计算与互联网络完成。根据美国国家标准与技术研究院（National Institute of Standards and Technology，NIST）的定义，云计算是一种泛在、便捷、实时、按需访问的网络访问可配置性计算资源共享池模式（诸如网络、服务器、存储空间、软件应用与服务等）。利用云计算，海量资源能够瞬时、动态地被获取、识别、加工或者被最广大的终端用户快速获取与应用，以支持决策。云计算技术的最大优点就是能够集成、加工、分析与共享软硬件多样化资源与业务信息，将大数据和计算任务分布于计算机、服务器以及其他设施共同构成的资源池中完成，便于用户通过互联网络便捷地按需在线获取计算信息、存储空间与信息提取服务。云计算具备的诸多特性，使其成为支撑科技大数据服务平台建设与运作中必不可少的一部分。在大数据运营环境下，科技大数据服务平台的基本技术架构包括五个方面的构建主体：主建单位及共建单位；云计算服务提供商；数据提供主体；平台的合作机构、合作个人；平台的服务主体。其中，平台的主建单位及共建单位的管理重心集中于 PaaS、DaaS（Data as a Service）的一部分与 SaaS（Software as a Service）的一部分。云计算服务提供商作用集中于 IaaS（Infrastructure as a Service）和 PaaS 的一部分。数据提供主体的作用集中于 DaaS。平台的合作机构、合作个人作用集中于 SaaS。

7.1 平台的整体技术架构

在云计算环境下，科技大数据服务平台借助于互联网为终端用户推动虚拟化、动态化、数字化、个性化的科技资源与服务信息。该平台建设是一项复杂的系统工程，涉及海量大数据的获取、分类、存储、检索、分析、计算、识别及数据库信息输出、辅助决策等。依据云计算提供的辅助功能与服务类别和科技平台系统的内在运作流程，科技大数据服务平台基本的技术架构由四层组成：基础支撑层、数据服务层、平台管理层和应用层，详见图 7.1。

7.1.1 基础支撑层

基础支撑层是科技平台系统的基础基石，它由物理硬件资源、虚拟化信息资源与相关管理技术共同组成，在很大程度上，决定了科技服务平台的运行方式、工作内容与工作质量。基础支撑层主要由云计算服务的提供商提供大量虚拟服务器来建设完成。其本质是将云操作系统层下的云基础数据资源通过虚拟机进行有序组织。云中存有海量的数据子节点，每个子节点都对应着一台计算机、一台服务器或者是服务器群及对应的存储设备。必要时，还可以借助于虚拟技术将一台服务器分解成几台服务器以提高数据处理速度与质量。云处理过程中，工作人员通常会利用集群技术统一协调管理这些分散的子节点，根据需要随时增加、删减节点数量，以提高系统性能。基础支撑层中的设备、技术大多具有较为类似的布局和运行结构。

7.1.2 数据服务层

数据服务层给科技平台的管理层与应用层提供多样化的数据支持，其主要任务有：数据获取、数据调度、数据分发、数据传输、数据去重、数据压缩、数据加密、数据推送、数据备份、数据安全预警等。数据服务层主要利用虚拟化技术与中间组件对云计算过程中的分散节点、海量数据集中管理，这些数据来自不同国家、不同机构组织、不同时间节点。在数据服务层，用户通过中间组件提供的服务端口，在线提交个人的数据使用需求（诸如数据检索、计算分析、决策支持等），然后，服务层利用云计算进行分析、分解，将用户的请求快速映射到系统内部的各个数据库服务端口，执行结束后将运算结果快速推送给用户。除了以上服务外，服务层还能够对数据库进行深度加工、提供个性化定制、辅助分析、辅助决策、重要数据备份等服务，这在一定程度上提升了平台的应用价值，保障了平台的数据信息安全。

7.1.3 平台管理层

平台管理层是连接基础支撑层、数据服务层、应用层三者之间的重要桥梁，亦是科技大数据服务平台的主建单位最为看重的技术层面。它的主要任务有：用户管理、系统协调、安全管理、存储访问、进程管理、资源分配、任务调度、绩效考核等，通过任务调度分析识别用户的在线请求，然后分发至子模块执行各个子任务。在这个过程中，它还需要分担分布式计算过程中的数据计算辅助支撑工作。平台管理层应用的技术主要有：程序设计、海量数据分布、资源部署、资源分配、资源并发控制。运作过程中，平台管理层还需要全面兼顾科技平台系统内部的多种功能、服务与运行性能的协调，致力于营造良好的运行管理环境。平台管理层具备开放性、透明性特征，各类科技服务机构、技术应用开发机构、创客服务机构或个人都可以将其科技信息与服务需求在线提交至平台管理层。高效的平台管理应具备较高的兼容与共享度，这样才有利于平台的健康发展，也更容易吸引、汇集更多的技术服务应用程序、更多的终端群体的持续支持。

7.1.4 应用层

应用层直接面向终端用户，很大程度上决定了平台在用户心中的形象。它是靠基础支撑层、数据服务层、平台管理层的共同协作发挥作用的。运行过程大致如下：用户登录平台网站，根据个人爱好使用平台提供

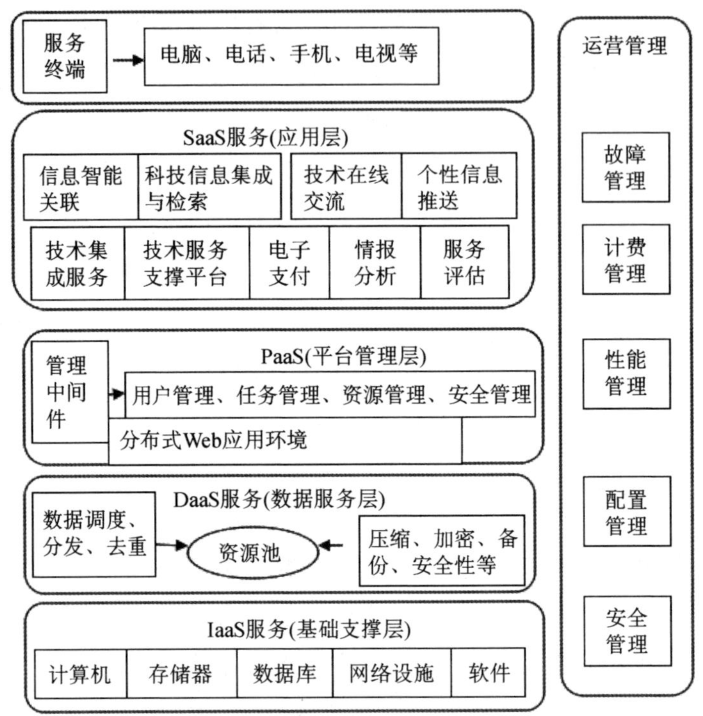

图 7.1　基本的技术架构

的各类功能，并将个人的各种需求提交至平台等候处理。平台工作人员在应用层能够给用户提供以下多项服务：科技检索、科技数据整合、大数据分析、科技信息在线咨询、科技产品估价、科技供需信息发布、科技信息速递、科技市场、科技数据挖掘、科技产品风险预警、科技人员管理、在线科技交易、科技专家系统服务、虚拟体验等。利用 Web 虚拟现实技术、多用户联合技术，应用层将云计算的数据结果以标准的 Web Service 格式及时提供给用户。通常而言，应用层给用户提供统一的系统登录界面，且在用户登录成功后，根据用户输入的个人信息差异推送独具特色的信息界面。不仅如此，应用层还为终端用户提供多个终端的联合服务，尤其是手机、平板电脑、PDA 等此类设备。在应用层，用户不需要过多关注上网细节，无需配备大量的软硬件资源，无需存储大量信息，也无需进行环境设置，仅需输入网址就能获得需求结果。

7.2 平台整体工作流程

科技大数据服务平台的终端用户包括企业、创业园区、科研机构与高校、政府部门、金融机构、中介机构等多种类型。为了满足不同用户的多种信息需求，该平台需具备较强的甄别、判断与信息分流能力，这要求平台建设从顶层界面到底层的硬件支持需要多种计算机技术来实现。平台整体工作流程如图 7.2 所示。

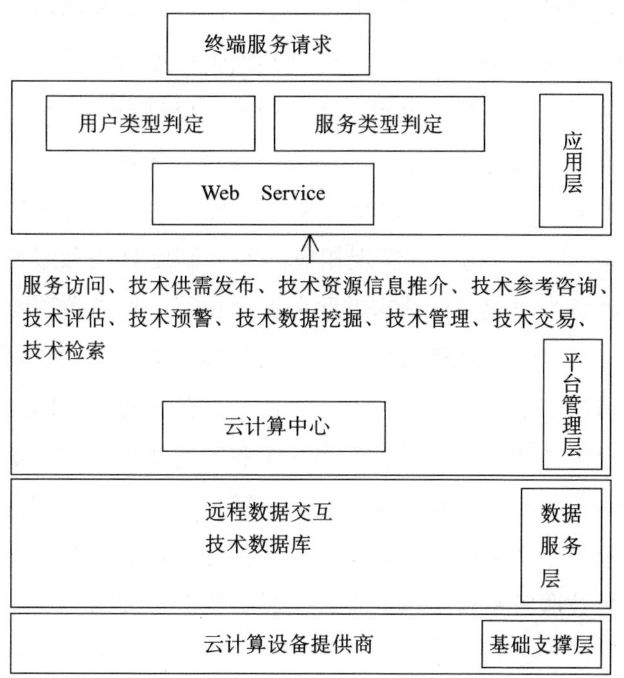

图 7.2 平台整体工作流程

7.2.1 应用层

SaaS 发展较早，因此其技术更为成熟。许多 Web 技术以及 SOA 相关技术，甚至包括 HTML、CSS、Ajax 以及 Flash 等插件式 Web 技术，都可以应用于 SaaS。在接收到用户关于科技服务的应用请求后，应用层对用户类型及权限进行判定，然后选择对应的服务界面，并根据用户的服务选择，采用 Web Service 技术，调用云计算环境中平台相应的服务进行运算，并将平台返回的结果向用户显示。

7.2.2 平台管理层

平台管理层负责对所有的服务进行管理，这些服务分布在云中的各节点。该层负责对应用层的服务请求进行处理并将处理结果返回。其大致结构如图 7.3 所示。平台涉及的所有服务分散在云中多个节点，每个服务所需实现的功能通常都由若干节点共同完成。因此，平台的所有服务在物理上分散在云中。对于每个服务，可根据其繁忙程度增加或减少能够完成该服务功能的节点数量，对每个服务所占用的节点进行动态调整，从而有效平衡云中各节点的负载。对于云中的数据存储，分布式文件系统可以选择如 Hadoop 的 HDFS 及其相应的改进文件系统。在平台管理层，云计算架构可采用 mapreduce 架构，并实现相应的服务调度算法和服务节点动态调整算法，前者负责对应用层请求的服务调度执行，后者负责动态调整各个服务所占用的节点，实现负载均衡。在云计算环境下，对于每个服务能够完成该服务请求的节点都不止一个，因此当部分节点失效时，其原本所负责的服务可以由其他节点提供，而当某个服务的实现节点数量降低到一个警戒值时，服务节点动态调整算法会为该服务增加节点。因此，单节点的失效不会影响整个系统的正常运行，从而保证了系统的高可靠性和高可用性。这对于科技服务平台中诸如在线交易等安全性要求高的服务而言是极为重要的。

7.2.3 数据服务层

平台需要将物理上分散的数据库联接成逻辑上统一的数据库。逻辑上的统一使得一个应用可以同时访问和修改多个数据库中的数据。该层的主要功能是为各个不同的科技数据库、需求数据库及其他相关数据库提供统

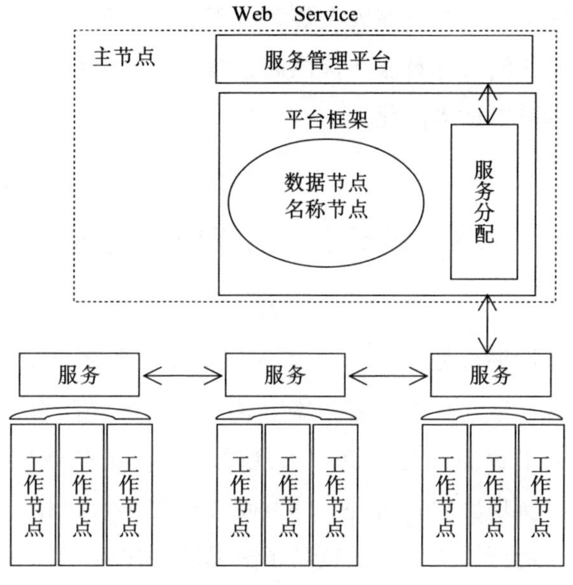

图7.3　平台管理层工作示意图

一的接口，使不同的数据库能够统一存取数据。针对平台建设所需要的各种类型的数据库，可以采用远程数据交互技术来完成数据服务层的开发建设。

7.2.4　基础支撑层

基础支撑层需要对服务器、存储、网络等进行虚拟化，主要涉及虚拟化技术。虚拟化技术是云计算的核心组成部分之一，是将各种计算及存储资源充分整合和高效利用的关键技术，是为操作系统、计算机系统、存储设备和网络资源等创造的虚拟版本。服务器虚拟化通常采用寄生架构（Hosted Architecture）和裸金属架构（Bare Metal Architecture），其功能是让一台物理服务器拟合多台虚拟服务器同时运行。CPU 虚拟化能够实现 CPU 的分时复用，通常采用模拟执行和操作系统辅助两种方式。存储虚拟化能够为底层存储资源的复杂功能访问提供简单、一致的接口。网络虚拟化能够将多个硬件或者软件网络资源集成到一个可能软件中统一管理，VPN、VLAN 等都是比较成熟的传统网络虚拟化技术，而对于云计算环境而言，网络虚拟化面临更复杂的技术问题：如何实现物理机内部的网络虚拟化，如何确保虚拟网络环境安全等等。不过，正是由于平台的基础支撑层可以交由专业化的云计算服务提供商，对于主建单位来说，科技大数据服务平台的建设可以适当简化。

7.3 科技云平台的技术结构

与一般的计算平台相比，云计算平台具有几个突出特点：①规模化。它通常由几万台甚至几百万台服务器组成。大规模的服务器为云计算平台的基础设施，云平台通常是建立在大规模基础设施的数据中心基础之上的。②虚拟化。实现虚拟化管理、调度硬件资源是云计算平台最大的技术特点，这降低了运行维护成本、提高了资源的利用效率。③可靠性。通过多副本容错以及计算节点同构可互换，云计算技术能够保障服务的可靠性。④通用性。云计算平台并不针对特定应用，同一个“云”能够同时处理与运行多个业务应用。⑤动态可扩展性。云计算平台可以根据用户多样化需求动态实时地拓展现有服务器集群系统，提高数据处理能力。如果在运行过程中某一个节点出现了故障，云平台能够自动识别故障类型、故障程度，且能够及时将运行在故障节点上的任务交付给其他节点继续运行。当故障排除后，平台还能及时将其再加入到现有服务器集群中。⑥用户透明性。用户在操作云计算平台时，与操作过去的单机没太大区别。用户不需要关心平台节点上如何协同工作、如何扩展云节点本身性能，所有的数据处理过程都是平台内部自动运行的。用户也不要考虑软件的购买以及升级问题，在信息化建设上的投入也会大幅度减少。

7.3.1 平台云的层次结构

云计算的层次结构如图 7.4 所示：

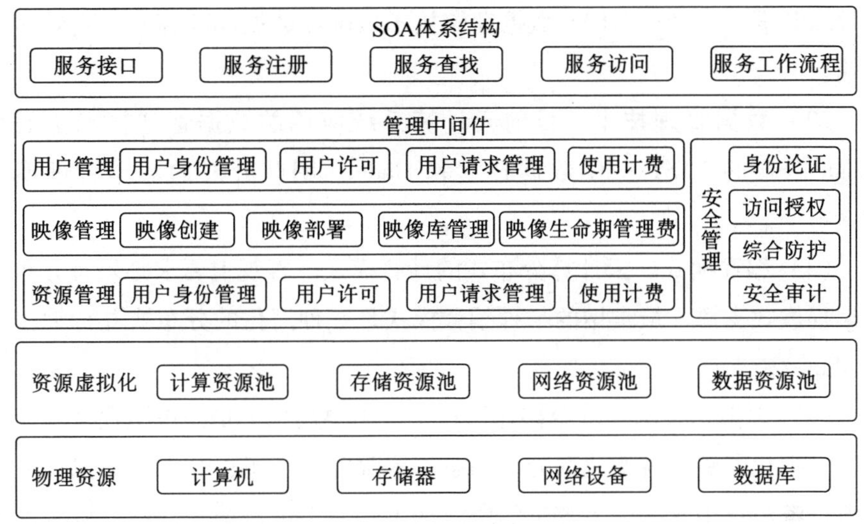

图 7.4 云计算的层次结构

如图 7.4 所示，云计算的层次结构从下向上分别为物理资源层、资源池层、管理中间件层和 SOA 构建层。物理资源层为云计算平台赖以运行的基础设施，主要包括软件、存储器、计算机、网络设施、数据库。借助于虚拟化数据资源池，我们把同一类型的资源与相近的资源进行统一汇总分类，进行资源请求、许可、计费等操作。云计算资源的管理工作主要是通过管理中间层来实现，它能够实现资源管理、用户管理、安全管理等工作，进行众多应用任务的调度。以安全管理为例，该任务能够保障云计算设施的整体安全，要做的工作包括用户身份认证、授权访问权限、综合防护及安全审计。SOA 构建层主要从事以下工作：整合汇总多样化数据形成标准的 Web Service 服务，包括注册、查找、访问和构建服务工作流等。

7.3.2 平台云计算中的核心技术

云计算是一种全新的数据计算模式，是分布式计算、网格计算、并行计算的集合体，其关键技术体现在数据存储方式、数据管理模式、编程方法等方面：

（1）数据存储技术。云计算采用以分布式存储为主、冗余存储为辅的方式实现多样化数据存储，这样能够在不同结点上存储多份相同数据，且在提取数据时，利用 HDFS 数据存储技术来确保数据的高吞吐与高效转换传输。

（2）数据管理技术。目前云计算系统应用的数据管理技术主要是 Google 公司的 BTST - IO 数据技术和 Hadoop 团队开发的数据管理模块 HBase。

（3）编程模式。云计算分布式的计算模式，客观上要求必须有分布式的编程模式支撑。最常用的一种编程模式是一种简化的分布式并行编程模型 Map - Reduce。

（4）虚拟化技术。平台搭建过程中，需要用到大量的虚拟化技术。服务器虚拟化能够实现快速划分、动态部署服务器资源；存储器虚拟化能够将海量资源集中于一个大容量的资源池中，便于进行统一管理，也有助于支撑网络环境下多种多样的磁盘存储系统；网络虚拟化能够增加网络数量、降低网络复杂度，可以通过将单一物理网络节点虚拟化为多个节点来实现；应用虚拟化有助于动态分配资源帮助改进数据传递能力。云平台目前已实现了在服务器、存储、网络以及应用等多方面的全系统虚拟化，打破了数据中心、服务器、网络和应用中的物理障碍，提高了系统运作的灵活性，降低了管理成本和风险。

（5）云计算平台管理技术。云计算平台拥有规模庞大的数据资源，分布在不同地点资源节点，运行着数百种 SaaS 服务。云计算平台管理技术能够高效地管理这些资源，促进服务器集群内部的协同工作，及时解决平台出现的故障。

7.3.3 科技云平台的技术结构

科技云平台的技术结构分为四个层面（见图 7.5）：信息访问层、信息展示/表现逻辑层、业务逻辑层与数据资源层。其中，信息访问层主要服务于终端客户端，属终极应用层。它是用户使用平台系统的统一界面入口，并进一步通过信息展示与表示逻辑层实现对每位终端用户提供多样化的信息服务需求。业务逻辑层主要服务于系统内部业务管理，使得终端客户与内部数据库完全隔离，有助于提升权限管理控制力度与数据的安全性。可见，在平台运行过程中，信息展示/表现逻辑层与业务逻辑层是完全区分的，这样一来，当用户的个性化需求变化时，系统内部的业务逻辑不受影响。

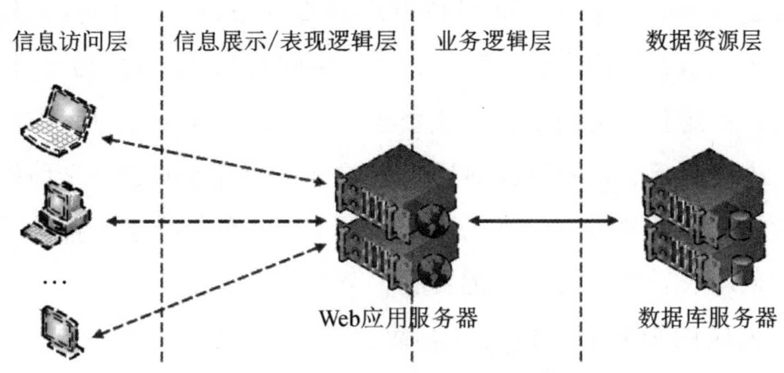

图7.5　云平台的技术结构示意图

7.3.4　基于用户的科技云平台分类

从技术层面看，依照终端用户服务主体的多样化，科技云平台主要涵盖以下几个业务模块：科技云应用支撑系统、科技业务管理系统、科技成果服务系统、科技协同办公系统（即公共性科技服务）：

（1）科技云应用支撑系统。科技云应用支撑系统主要面向政府管辖下的科技应用主体与个人。平台通过 SaaS 层标准化、统一的用户服务组件，为用户提供科技公文管理、日常科技安排、信息通讯录等有关服务，为各个层面的科技主体提供相关经济决策。

（2）科技业务管理系统。科技业务管理系统主要面向政府所设科技管理部门、科技组织以及各类科技企业用户、科技孵化器等，致力于为各行企业科技相关业务提供全方位的科技讯息服务。

（3）科技成果服务系统。科技成果服务系统主要面向科技成果管理人员、成果鉴定专家以及各行科技企业，主要任务是科技成果登记、科技成果鉴定、最新科技成果发布等。

（4）科技协同办公系统。科技协同办公系统主要面向科技管理部门所管辖的科技服务人员，主要负责各类终端用户的科技创新业务办理以及科技创新业务申报、不同科技主体业务协调、公共性科技信息发布。

7.3.5 科技云应用服务平台的技术分析

科技云应用服务平台（即科技云应用支撑系统）通过引入云计算技术，整合了分散在不同主体的科技资源，搭建起基于互联网的科技大数据服务平台，一定程度解决了各行业企业、用户在科技创新过程中面临的资金筹集、人力匮乏、信息资源滞后、资源重复购置等问题，全面提升了各行业企业的科技竞争力，促进了科技创新主体的科技共享，推动了科技企业的研发创新、转型升级与长远发展。

科技云应用服务平台的建设初衷是为了满足各省市科技主管单位、直属单位以及各类科技企业、用户的科技创新需求。满足此目标，平台需要构建一套统一的、开放的技术架构，便于动态整合和兼容扩展，以适应科技创新过程中不断出现的新业务需求以及新的信息。基于此，平台需要有标准的输入接口、完整的集成系统、机制和海量丰富的构建集合，为不同主体内部科技应用系统开发、运行提供基础性支撑服务，最大程度地实现主体间科技业务资源、数据资源的共享和协同，使各类主体的科技系统实现完美有机结合。科技云应用服务平台不仅要满足不同主体科技服务的动态需求，还要尽可能协调、调动各主体的科技系统的办公效率，尽可能地避免重复性、效率低下的资源与功能设置。主要体现在：

（1）应用级服务功能的技术需求。应用级服务主要提供两个方面支撑服务：基础办公应用、个性化科技服务办公应用。相应地，所应用的支撑组件应该具备以下特点：提供多样化的办公设施组件，满足科技云平台快速开发带来的动态变化；具有很好的扩展性与灵活性，满足多种用户的差异化需求；具有较高的兼容性能，能够实现系统内部、不同系统之间的完美兼容。

（2）平台级服务功能的技术需求，即集成整合平台。集成整合平台能够提供海量科技资源的收集、导入、汇总、整合、管理与输出服务，能够支撑多种格式、多途径的科技资源、科技服务、科技设施的集聚与共享，支撑多主体在线实现科技服务系统办公的虚拟空间搭建，还能够对其他科技相关系统及时进行信息识别、数据录入、界面交流、逻辑分析，快速将有用资源导入系统，及时捕捉到机会与信息。

（3）平台支撑构件的功能需求。平台支撑构件是整个应用支撑平台的最基础部分，它为系统内部的各个构件及组件的定制、兼容与扩展提供设施保障。应用支撑平台应能够应对如下功能性需求：能够提供个性化定制流程的一揽子服务；能够对发布内容实行动态监控；能够应对各类主体的个性化科技系统开发的需要；能够应对系统内部不同主体信息与资源实时交换的需求。

7.3.6 科技业务管理系统的技术分析

科技业务管理系统是科技云平台运营服务中较为重要的一部分模块，主要向用户提供以下几个方面的科技服务：

（1）科技政策推送。主要包括各类高科技企业、中小企业科技创新创业相关政策法规、技术标准、专利与科技文献资料方面的信息。借助于平台提供的国家、省、市科技相关法规政策、科技研发优惠扶持政策、知识产权法律法规体系，企业可以在国家法规政策允许的框架下从事科技创新促进长远发展。

（2）科技信息服务——科技文献与技术标准。云平台提供的科技文献主要涉及政府科技相关部门收集的各产业、各省市以及其他各层面的科技文档、科技视频、科技期刊、科技创新会议资料。通过提供科技文献检索、下载、个性化定制等服务，云平台能够更好地满足各类用户的科技信息需求。除此之外，云平台还提供各产业技术标准，主要包括国际组织、主要发达国家、中国、行业、部门、省市地方科技标准文献。科技信息服务的功能模型如图7.6所示。

（3）科技资源共享服务。云平台提供各个层面的科技创新资源信息，致力于促进各个主体的科技资源共享，提高各区域科技资源的利用程度，扩大社会正效应。科技云平台提供科技仪器设备共享、测试加工设备共享、实验检验材料共享、科技研发数据共享等多项服务。仪器设备、测试

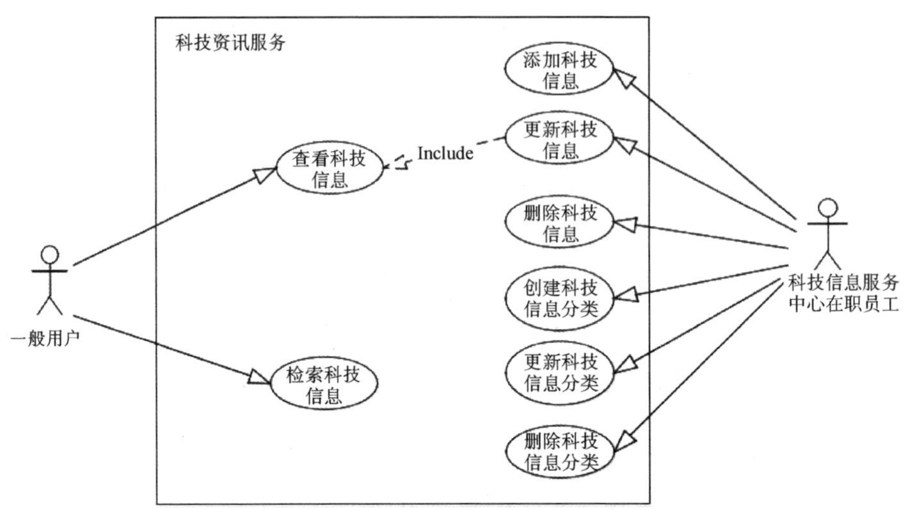

图 7.6　科技信息服务的功能模型

加工设备、实验检验材料等都是科技研发过程中必不可少的基础支撑资源，通过共享可以缓解各类主体由于资金缺乏不能购买设备材料的窘境。共享服务面向社会开放，各类主体均可通过网络注册申请共享，经科技信息服务中心在职员工审核后，即可通过平台对社会开放发布（见图 7.7）。

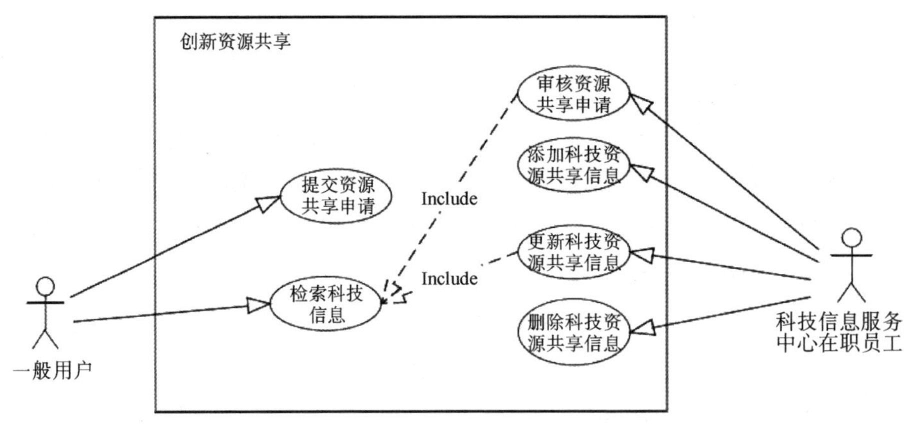

图 7.7　科技资源共享图

（4）人才培训与引进服务。人才培训与引进服务主要面向三类用户群：科技信息服务中心在职员工、各类企业、个人。科技信息服务中心在职员工通过科技云平台实现对科技研发、转化、售后等服务信息、科技人才培训与需求信息、企业科技人才猎头信息进行管理。个人用户经授权许可，可以在平台发布自己的求职信息、推送个人简介与求职意愿。与之对应，企业用户经授权后，也可以发布科技人才需求信息、招聘广告与个性化招聘服务（见图7.8）。

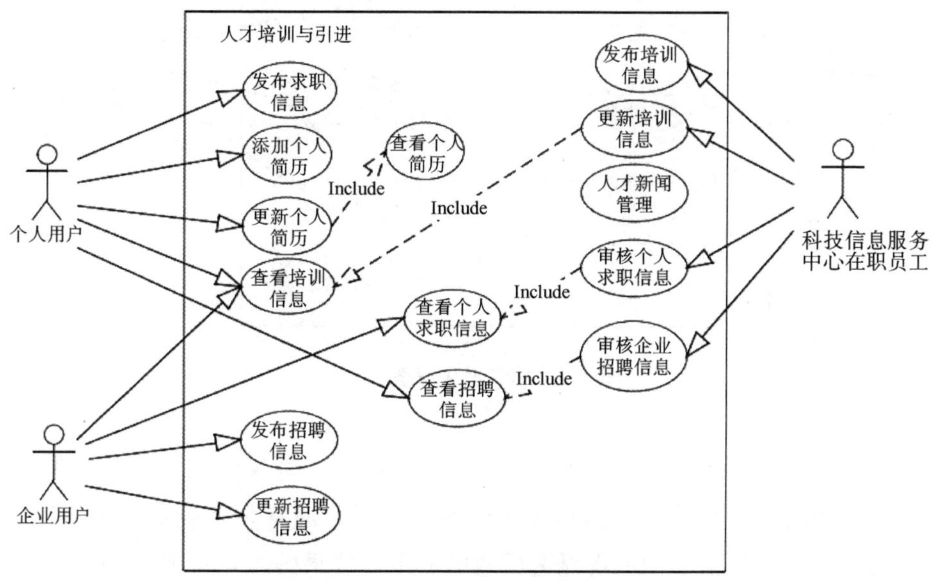

图7.8 人才培训与引进技术流程

（5）知识产权服务。科技云平台应能够提供知识产权申请、维护以及后期管理过程中涉及的一切相关服务，诸如政策法规的及时推送与在线下载、政策法规解读、政策法规分类管理，以便于普通用户及时获取知识产权相关法规政策，必要时进行检索、下载、分析与整合。进一步，平台还应设有纠纷调解服务功能。企业可以将经营中遇到的知识产权纠纷难题提交至平台，知识产权系统在职员工对信息审核后协助解决。另外，知识产权系统在职员工还应动态实时地推送一些知识产权相关的用户培训信息，诸如培训时间、培训地点、培训类别、培训内容、培训等级等描述信息，最大程度地为普通用户提供大而全的全方位信息支持（见图7.9）。

7.3.7 科技成果服务系统的技术分析

根据现有文献，科技成果是指由科技行政主管部门认可，在一定时间

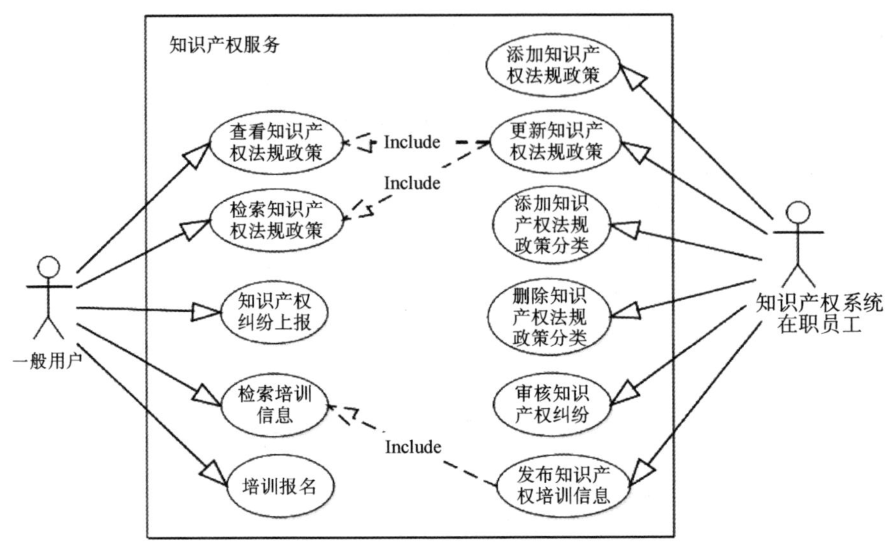

图 7.9　知识产权服务技术图

与空间范围内，经实践检验证明较为先进、成熟、且投产使用后取得明显的经济效益、社会效益或生态效益的研发成果，通常是在企业科学研究、科技研发与转化活动中取得显著成效的成果。成果的转化价值是衡量其成效或贡献大小的重要标志。科技成果主要涵盖三种类型：一是应用技术研究成果；二是基础理论研究成果；三是软科学研究成果。做好科技成果服务工作，对各类主体的科技成果转化以及行政部门的科技管理监管都较为重要。科技成果服务系统主要包括（见图 7.11）：

（1）科技成果登记。这是科技成果管理过程中最为基础的一项工作，是各类主体申报各层次科学技术奖励的必备工作。图 7.10 是科技成果登记技术图。

（2）科技成果鉴定。成果鉴定有助于激发创新动力、调动各层次人才积极性，推动关键核心、原创性、推广程度高、经济与社会效益显著、支撑引领性较强的科技成果不断涌现。科技成果鉴定的一般技术流程如图 7.12 所示：

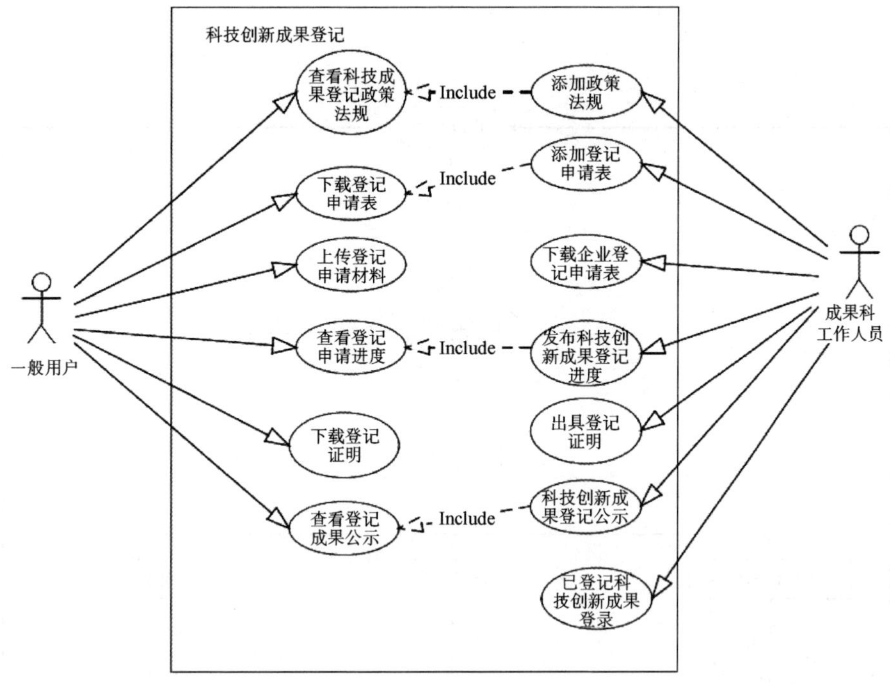

图 7.10　科技成果登记技术图

（3）科技成果转化。这是科技与经济完美结合的必经流程。高新技术成果只有经过快速转化才能够推动现实经济社会中生产力水平的提高。科技成果转化是一项复杂的系统工程，需要政府主管部门、各类企业、科技中介机构的共同参与。为了实现高新科技成果的顺利转化，平台需要做到：①设立专门的科技成果存储数据库，汇集一定区域科技成果集中管理；②实时发布最新的科技成果转化过程中的政策与法律法规，以便于用户按需检索；③平台要能够展示科技转化动态，由科技主管部门负责监管；④平台还需动态提供科技中介机构的市场信息。科技中介机构在科技成果供应者与需求者之间起到桥梁与纽带作用。借助于科技平台，企业可以很方便地查询到平台中注册的每一家中介机构的详细信息，包括名称、地址、注册情况、从业情况、典型业务与案例等（见图 7.13）。

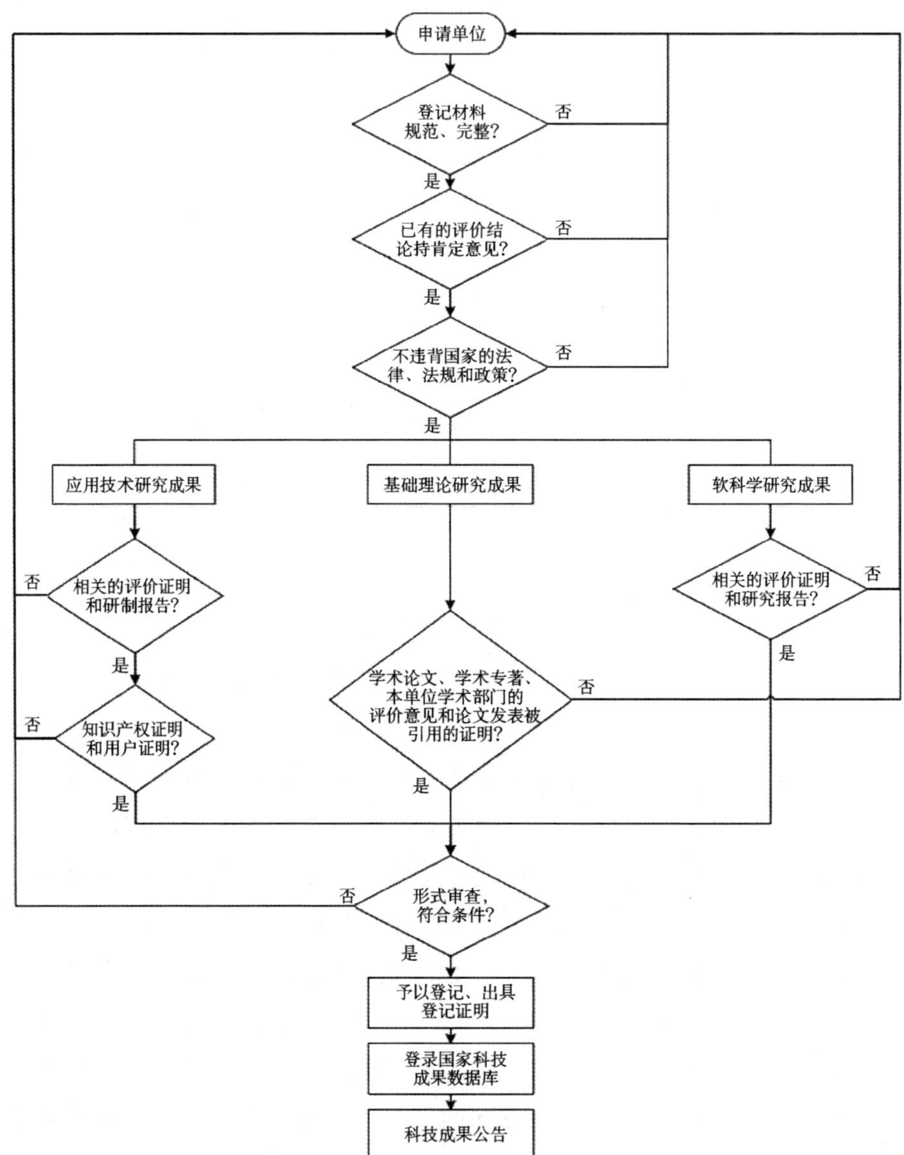

图 7.11　科技成果服务技术图

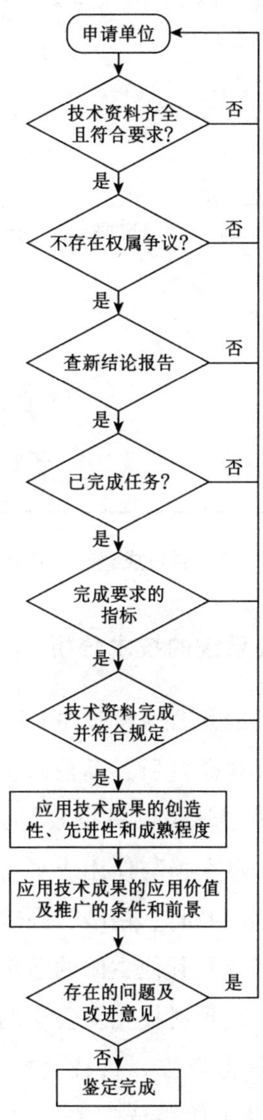

图7.12　科技成果鉴定的一般技术流程

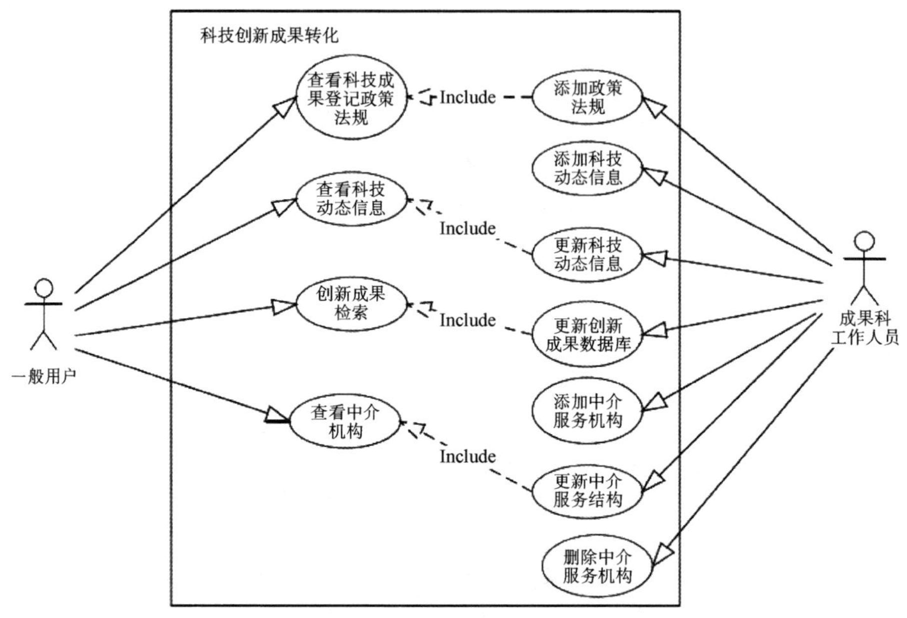

图 7.13　科技成果转化技术图

7.3.8　科技协同办公系统的技术分析

科技协同办公系统，指的是各级科技主管部门及管辖范围内的分支机构与人员、直属驻外单位、科研院所、高校、企业、创新创业服务机构之间的合作协同办公，业务主要涉及：科技政策公文流转、科技信息发布、科技信息共建共享、科技信息交换与使用。平台的协同办公，有助于各类主体尤其是政府科技主管部门及时、精准、高效地组织、协调平台内的各类科技相关文献资料，为国家及其他主体的经济决策提供保障，主要技术模块有：①科技公文管理。负责科技相关公文的收发与归档管理工作，主要面向收发文部门领导与其他用户、科技公文系统管理人员提供日常办公、文书档案管理业务，以实现科技相关办公公文的归档，诸如归档登记、归档备案、文件审核、档号生成、类目设置、保存等系列操作。②文书档案管理。主要面向文书档案管理人员，从事立卷归档、档案著录、模板管理等工作，针对公文档案使用主体，也会提供科技文献目录检索、记录查询、目录导出等。③公共信息管理。该工作面向各类主体、各类用户提供大而全的电子通讯录管理、通知公告管理、站内消息管理、售后管理、在线咨询管理、系统内部服务管理、文档资料数据服务等，能够对协同办公起到很好的支撑作用。④个人辅助办公。有助于更好地提升各科技主管部门常设机构办公人员办公效率，主要工作是面向各类科技办公主体与用户提供业务日程安排、待办事项工作列表、个人消息推送列表、个人信息修改等服务。

7.4 平台的非功能性技术需求

平台功能性需求之外的其他一切需求，都可以称之为非功能性需求，甚至有些需求仅仅是为了展示系统环境的基本属性。此类需求主要涵盖接口、可用性、可靠性，性能、安全等方面。

7.4.1 平台性能需求

（1）安全性需求。平台要全面充分地考虑各个应用层面的系统安全，尤其是提前把控好科技信息资源的访问环节安全控制、用户权限配置控制、用户操作审计控制。

（2）稳定性需求。稳定性是科技平台正常运行的基础条件保证。科技平台建设过程中，有关主体需要严格、反复地测试系统稳定性，将可能出现的运营问题降到最少，最大程度地考虑平台系统内部软硬件设施的容错容灾能力，只有这样才能够最大限度应对系统临时性或突发性问题。

（3）扩充性需求，即平台的可扩展性。主要涵盖平台内部各个处理器、系统内存的后期可扩展能力（诸如：是否设有多余的 CPU 接入端口、内存条插槽的数量）、存储设备的扩展能力（诸如：SCSI 与 IDE 卡可支持的硬盘数量是否满足需要）、外部设备的可扩展能力、应用软件的后期升级能力。

7.4.2 平台接口需求

（1）与外部系统的接口需求。主要包括各省市其他政府相关管理部门与科技部门的对外服务接口、与科技部门内部各业务系统的接口、与各类企业科技创新系统的对接、各主体的信息服务资源对接与整合，以此实现各区域、各主体的科技相关业务的有效整合、信息资源与服务的开放共享。

（2）面向各科技管理部门的接口需求。通过预留面向各个科技管理部门的服务接口，科技云平台能够实现云科技服务资源的开放共享，提升各科技系统的开发效率，避免重复性资金投入，为科技协同创新提供有力的支撑与保障。

（3）与内部系统的接口需求。内部系统的接口主要涵盖：①认证接口。科技平台要能够提供严格统一的认证接口，所有与平台有业务往来的外部系统都需通过统一的认证接口验证身份，之后才能访问平台系统权限内的所有科技服务相关功能。②授权接口。科技服务平台提供统一的授权接口。利用这个接口，平台所有的科技相关业务都通过统一的模块授权以及权限分配。③地址接口。科技平台需要设置统一的地址接口，以便于为各科技平台系统之间的科技资源调度提供高效服务。④日志接口。科技平台要能够提供统一的日志接口，以便于记录其他系统或模块的访问和操作。

7.4.3 平台安全需求

科技云平台的安全需求集中体现在以下方面：

（1）身份识别。为了实现对系统登录用户身份的自动识别，科技平台需要具备一套严密的登录验证功能模块，该模块要做的工作有：查验登录用户的身份标识是否唯一、自动识别个人信息的真伪、限制非法登录次数、设置自动登录与退出权限。

（2）访问控制。科技云平台要建立一套严格的访问控制体系，以确保终端用户能够很放心地在线访问科技资源与服务，具体体现在：严格设置不同用户的访问范围与权限、严格把关系统默认账户可以访问的资源权限、本着最低权限受权原则授权登录账户、建立不同类别账户的牵制关系。

（3）安全审计。科技云平台对安全审计的要求体现在以下方面：审计范围应能够涵盖到每个用户；审计重点集中于应用系统定期发生的重要事件；科技云平台要能够确保任何人无权删除、篡改或覆盖掉审计过程记录；审计内容除了业务发生时间、具体操作行为、操作者信息，还应包含交易信息的完整性与保密性。

（4）交易安全控制。科技资源安全控制需求要求科技云平台能够做到：在一段时间内，若交易中的对方无响应，立即自动关闭在线业务信息；不允许出现单一账户的多重并发在线交易。

（5）数据安全及备份恢复需求。考虑到数据的安全性，平台要注重数据的完整性与保密性。平台要实时监测交易业务数据的完整程度，一旦发现身份识别信息或核心业务交易数据出现漏洞，立即启动应急措施。此外，平台还应该加强核心数据与信息的保密监控力度，为了避免数据丢失，平台要建立完备的数据备份和恢复功能。

7.5 技术协调问题

科技大数据服务平台的技术架构建设，涉及的主体类型相对较多，若考虑到未来的可持续发展和开放共享的需要，参与平台建设的主体种类数量可能更为庞大。在这种情况下，为了确保平台的技术架构建设质量以及后期平台的技术运作效果，需要重视各建设主体之间的整合机制、激励机制、安全机制、协调机制等诸多方面在内的协调问题，为适应市场经济的商业模式奠定基础。

具体而言，为适应基于云计算环境的科技服务平台上各类主体所提供的科技资源与服务整合需要，科技大数据服务平台需要建立统一的科技信息标准，提供统一开放的 API、提供统一的应用托管中心、提供统一的用户认证服务。平台主要通过以下两种途径实现科技资源与服务整合：一是通过虚拟化和分布式技术，将地理位置分散的科技信息数据库及相关服务整合到平台的统一管控下，形成有机统一的科技数据库；二是通过 Open

API 实现对区域分散的科技数据和服务整合。

另外，科技大数据服务平台运行过程中的科技资源与服务整合主要依赖于平台共建单位与参与单位的科技优势互补和公平分配。为调动不同类型平台建设参与者的积极性，平台管理者需要事先规划平台的发展目标、阶段性发展规划以及平台的收益实现方式，这实质是平台的商业模式选择与可持续发展问题。根据发达国家科技平台的运作经验，平台大多按照科技资源使用量（如网络流量、存储量）与单位价格支付 IaaS 服务费，依据平台相应规则支付 PaaS 服务费。此外，平台对外提供 API 调用，调用者根据信息量支付费用。平台自身还可通过会员费、广告费、服务费等方式拓展商业化运营模式获取收益。为保障平台建设与服务的有序推进，还需要就利益分配、知识产权、数据安全、公共标准、运行规则、监督评估等问题在各类参与主体之间加强协调与交流，以明确平台各方利益与责任，保证平台服务质量。

7.6 其他技术障碍问题

科技大数据服务平台建设目前还处于起步阶段，尚存在一些问题需要改进，突出体现在以下方面：

（1）由于建设目标、建设方向、资源投入以及地域差异，各个地方的科技服务平台开发与运行环境有所不同，这对云计算技术的适用灵活性提出挑战。该技术目前还缺乏各种应用程序开发的统一细化标准，这使得科技服务平台不能很快地移植于云计算环境并在 SaaS 层面完美兼容，得到 PaaS 的高效支撑。

（2）云计算环境下的知识产权问题在现有法律框架下尚未得到妥善解决。对于提供云计算服务的公司不当使用客户存储数据行为，无论是法律层面还是技术层面，都尚未发现较好的解决办法。

（3）科技服务平台对互联网带宽和稳定性要求比较高，现阶段尚不能完全达到。由于本书主要探讨科技大数据服务平台建设与运作问题，对于技术障碍的诸多细节与改进，留待以后解决。

7.7 小结

本章设计了科技大数据服务平台的基本技术构架，以此为基础，探讨了该平台的工作流程、层次结构、不同主体间的技术协调以及有可能碰到的技术障碍。大数据环境下科技服务平台的技术架构涉及的主体主要包括五个方面：主建单位及参与平台基础建设的共建单位；云计算服务提供商；数据提供者；开放合作机构与个人；服务对象。根据云计算提供的服务功能以及平台系统工作流程，科技大数据服务平台的基本技术结构可划分为基础支撑层、数据服务层、平台管理层和应用层。为实现基于云计算环境的科技服务平台上各类主体所提供的科技资源与服务整合需要，科技大数据服务平台需要建立统一基础科技信息标准，提供统一开放的 API、提供统一的应用托管中心、提供统一的用户认证服务，这需要各主体间做好技术协调工作。总体来看，大数据与云计算技术虽然近年来发展迅猛，但目前仍未完全成熟，且科技大数据服务平台建设在国内还处于起步阶段，尚存一些技术问题有待解决。

第8章

科技大数据服务平台系统功能架构设计与分析

通过前面几个章节的分析，发现终端用户需要能够按需定制的开放、共享、动态、有用的科技大数据信息，而目前的科技大数据服务平台的模块内容、所提供的文献资源以及访问方式并未很好地满足用户需求。基于此，本章拟设计科技大数据服务平台系统功能架构。基于前面对终端用户的需求分析，发现科技研发、技术转化与交易、国内外科技动态、各产业科技信息、创客服务、个性化定制、互动体验等的需求较为强烈，接下来科技大数据服务平台的功能设计充分考虑到用户的以上科技需求以及技术转化为技术资本、创造收益的必要条件，再合理地融入其他一些科技服务功能，打造成开放共享的科技大数据服务平台的集成系统。

大数据环境下，科技大数据服务平台后期建设应重点突出以下四个方面特点：

（1）系统性。意指科技大数据平台是由一系列密切相关的科技子平台按照一定内在机理组成的有机系统，每个子平台承担系统一定的功能与服务内容。

（2）开放性。即科技资源共享，体现在所有终端用户对每个子平台科技资源均享有平等的知情权与使用权、动态追踪与更新以及对子平台之间科技资源能够实时访问与共享。

（3）融入科技大数据。有别于传统数据的是，科技大数据是信息技术广泛应用的结果，它以物联网为基础，依靠云计算工具来完成数据搜集、整理与加工。平台系统涵盖了一切与科技相关的资源、物品、信息并实时更新。

（4）服务性。大数据服务平台系统尽管对技术层面要求较高，内部链接错综复杂、数据处理高端密集，但归根结底属于一个新生代服务系统。有别于传统服务部门的是，该服务系统能够同时服务于一切终端用户，服务内容依托信息技术和互联网动态更新，能够以较低的服务成本高效、瞬时、便捷地在无限空间内提供服务。

基于以上特点，开放式科技大数据服务平台系统应能够为经济管理、科技界相关人士提供与科技相关的基本服务内容，迎合企业动态的科技需求。依据服务内容、服务层面、服务主体等方面的区别，它至少应由以下四个子平台相互依托、有机构成：科技基础条件大数据服务平台、科技研发大数据服务平台、科技转化与交易大数据服务平台、产业科技大数据服务平台。每个子平台的功能模块与信息内容如下：

8.1 科技基础条件大数据服务平台

该平台为一切从事科技研发与创新相关人员提供科技资源、政策、服务等方面的大数据基础性信息支持，其功能与服务至少包括以下方面的大数据信息：

8.1.1 科学技术数据共享

不仅要能够涵盖各基础科学与技术领域的代表性最新研究文献与成果，国内外尤其是先进国家的最新专利、非专利技术、技术资源与技术政策（主要介绍国外各产业、行业领域技术资源、技术政策等方面的发展态势，主要是欧美发达国家以及日本、韩国、俄罗斯等国技术资源与政策），还要能够动态地提供全球最新的科技动态（尤其是对于新兴技术、关系百姓民生的一些技术），供用户实时浏览、查询、下载，对于一些重要的涉私的技术信息为用户提供私人定制服务。

8.1.2 科技文献资料共享

国外代表性科技文献数据库如SCI、EI、高层次的会议论文等，国内如中国科技期刊数据库、中国知网、百链云、万方等经典代表性科技文献资源，平台应能够为各行业的技术工作者提供有关以上最新文献的检索、下载、查新、文献互借、私人订阅等服务，出具各类引用、收录、查新证明文件，还要增加一些免费的基础性技术服务，诸如支撑各产业、行业发展的公共性技术资源发展历史、发展现状、发展动向查询、咨询与必要的技术搜索服务。其中，私人订阅服务要兼具公共与私人产品的双重特征，平台允许某些科技文献免费订阅，对于投入较多资源获取的科技文献可适当收取少量费用以提供订阅服务。

8.1.3 仪器设施共享

仪器设施共享模块要能够分行业、新旧程度（9成、7成、5成等）、功效原理、共享历史、收费情况等展示仪器设备池中参与共享的每台仪器，并提供共享仪器的后续专家技术服务咨询、技术共享维护与维修。部分仪器可以适当收取使用费，以维持仪器正常保养经费。以现有共享仪器为基础，增加来自山东省内其他城市、其他省份、甚至是欧美先进国家、近邻日韩、东南亚国家相关行业的仪器共享信息，充实现有的共享仪器库，为科技创新人士提供最为全面的核心、关键大型仪器设备的供需信息与共享服务，以此促进先进设备在不同国家、省份、同一城市的不同区域各行业仪器应用主体间的高效流动，提高高新设备资源利用效率。

8.1.4 科技基础条件保障

为各个区域主体之间的科学、技术、文献资源流动与使用提供基础条件保障，包括硬件与软件方面的技术、人员、材料、制度保障，包括：科技资源条件保障，如公共科技图书馆、全民阅读站建设，科技导报发行等；科技人才储备库建设，尽可能全地集聚各地域科技力量集中区及周边、其他省份的科技人才、专家；各个区域的技术市场、人力市场建设情况，要能够提供最新的各地域技术人力市场发展状况；各个区域的孵化器、创业中心地图以及以往建设与后期规划等。

8.1.5 政策超市

政策超市模块提供中央、地方各级政府、行业管理组织、证监会、知识产权局、国家科技部、省市地方科技局等出台的与科技相关的金融、财政、税收、工商、经济法、研发与技术创新等方面的通知公告、政策文件、法律法规、规章制度以及具体的办事流程等，这部分信息现有的科技大数据服务平台已经建设得比较完善。

8.1.6 科技项目管理

科技项目管理系统模块主要服务于协调管理每个年度的中央、省级、青岛市人民政府有关部门、科技局设立的各种类型的科技创新项目，如国家科技部的重大、一般科研攻关计划、山东省自然科学基金、山东省科研计划项目、青岛市科研计划项目等，以上项目的申报、中期检查、后期结题、成果转化与应用都由此模块进行协调管理。除此之外，该模块还应该增加一个企业科技项目子模块，允许企业免费发布科技项目需求，高校、科研院所、其他企业科研人员、个人等均可申报。这样一来，除了政府的纵向科技项目，全民还可参与到企业的横向科技项目中来，以提升青岛用户对科技研发参与的积极性，也促进青岛市的万众创新。

8.1.7 科技成果奖励

科技成果奖励模块应为青岛用户提供中央、山东省、青岛市各有关部门组织申报的各个级别的科技成果奖励，发布有关的通知公告、组织奖励申报、申请资格审查、申报材料呈递、结果发布以及历史年度的奖励信息、证书查询等服务。此外，还需要能够链接浏览一些国外比较权威的科技奖励信息，例如，诺贝尔奖获得者以及科技突破等信息。

8.1.8 公共政务服务与创新券管理

为科技创新提供的一切必要的公共性政务支持，包括平台运营主体提供的公共服务及委托其他主体提供的服务，后者可以通过设立创新券的形式来实现。对于政府发放的创新券，专设创新券服务栏目，全面负责创新券的申请、发放、使用及后续兑付管理。

科技基础条件大数据服务平台的以上功能模块见图 8.1 所示。

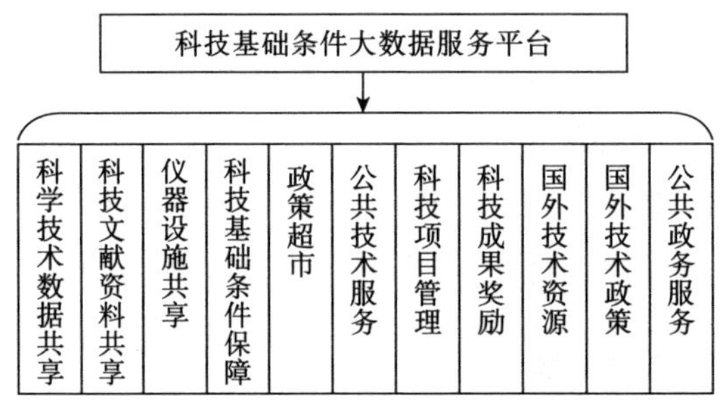

图 8.1　科技基础条件大数据服务平台功能架构

从上述介绍的功能看，科技基础条件大数据服务平台设立的目的是凭借大数据与云计算技术带来的资源加工整合优势，为青岛市各行业从事科技相关工作的用户提供有关科技文献、科技研发、转化与交易、高新企业等工作所需的基础性技术资料、仪器、文件、市场、资金、人才等方面的服务支持。基础条件大数据服务平台所提供的信息与服务面向所有终端用户，除了少部分的私人定制外，大部分都是免费提供，致力于开发成为青岛用户的公共科技信息服务站，属于公共性质的科技平台。

8.2　科技研发大数据服务平台

区别于科技基础条件大数据服务平台的是，科技研发大数据服务平台为国内各个行业的研发主体（产、学、研、个人）提供科技研发所需的人力、资金、材料、场地、仪器、组织、协调管理等方面服务，不包括科技文献与数据方面的查询、查新与借阅等（这部分由基础条件平台提供）。该平台应包括以下科技服务模块：

8.2.1 产学研合作研发

为企业、学校、研发机构可做科技开发提供供需信息、牵头合作、组织管理等方面中介服务。利用大数据带来的资源优势，平台要能够集聚国内各大技术实力较为突出的重点高校、重点研发机构以及高新企业，免费发布合作信息，免费猎头合作单位，极力促成具有重大应用前景的科技项目的产学研合作。在有条件的情况下，平台还应积极寻求欧美国家的高校、研究机构的加入，积极为其寻求好的科技共建项目。

8.2.2 面向企业的研发服务

为各行业企业的科技研发平台、项目的顺利进行提供必要的科技人力、技术材料、技术咨询方面的支持，或组织协调不同企业主体之间的合作研发行为，采取的途径有：专门设立企业研发技术服务站，里面包括技术难题咨询、人才猎头、技术设备租赁共享、技术体验、研发场地租赁（不少是需要进一步浏览基础条件平台获取），以及提供企业与企业之间的研发沟通。大数据环境下，企业研发不再是封闭性工作，在开放共享的环境中更有利于提高研发效率，研发子平台专设企业研发互助论坛，使各类企业及研发人员有一个研发互助的渠道。

8.2.3 虚拟研发服务

"互联网+"、物联网、大数据与云计算使得虚拟研发成为可能，这是一种基于网络平台成立的虚拟组织的研发行为，其吸收与服务对象均为互联网空间内的终端用户，子平台的虚拟研发服务为一切网络虚拟研发供需用户提供沟通、交流、业务流转等必要服务。任何一位有研发意愿、研发需求的主体都可以参与进来，平台的作用就是为了一个共同的研发项目，有研发意愿的人集聚到一起，有的出资金，有的出创意，有的出技术，有的出人力，有的提供信息等，共同完成技术开发。研发成功后由用户组织的虚拟研发单位自动解体。尽管很多用户对科技研发感兴趣，但科研单位用户可能对产学研合作感兴趣，企业用户有可能更期望寻求几位合作者，个人用户有可能对某个项目的某个环节感兴趣，可以提供一个有价值的创意，后期运作中平台将充分融合不同用户的科研偏好、服务需求，为其推送最适合的科技信息、科技项目与服务，真正成为万众创新的大平台。

8.2.4 研发服务中介

为合作研发、企业研发或虚拟研发等科技主体的研发行为提供拥有丰富服务内容的研发中介资源信息，这些研发中介组织形式灵活多样、服务种类繁多且遵循市场价格调节，有的从事技术产权登记，有的从事科技情报定制，有的从事技术抵押，有的从事技术的转让销售，有的从事技术咨询，有的从事技术猎头，有的从事技术评估，有的从事技术法律咨询等，能够从不同角度满足研发供应、需求、开发主体的多方需求。

8.2.5 科技人才资源系统

为各行业科技研发行为提供所需的各类高级技术人才服务。该模块要能够链接到各区域的人力资源市场以及专门建立的科技人力资源库，提供的主要服务包括：技术人才的信息登记、技术人才猎头、科研项目合同签订、技术人才流动信息、技术人力培训、技术人才级别认定、技术人才的信用评价、高级技术人才的工作简历查询等服务。

8.2.6 创客研发服务

创客研发服务模块为致力于创新与创业的青岛广大创客们（或潜在创客们）提供科技转化所必须的转化指导（包括必备的人员、场地、资金等)、新创企业所必须的资金、人力、设备、场所等方面的服务支持，并在国家、省、青岛市创新政策指导下给予相应的创新创业扶持，提供必要的创业场所、搭建融资渠道等。以上提供的服务，有些是免费的，有些适当收取一些成本费，对于大学生以及其他特困人员创业，在免费基础上还可以给予一定力度的扶持，对于有过一定工作资历、经济基础自行创业的人士，可以收取一些费用，适当增加一些私人定制的创业服务。

8.2.7 资金支持

平台要能够搭建服务于各类研发主体、金融机构的资金融通平台，及时提供研发融资信息、沟通、后续借贷、还款等必要的服务支持，具体包括：研发项目的资金融通，如银行与其他机构的优惠贷款、面向社会的研发项目投资；设立公共研发基金，由政府带头发动社会公众参与；专设面向大众的研发众筹平台；投资公司设立的以盈利为目的的研发投资基金。以上基金大多是可以获取收益的，政府牵头的主要针对公共技术研发，收益率略低些，甚至为零；企业性质的投资公司设立的基金针对行业或企业的专有技术，收益高一些。

8.2.8 研发创新券服务

创新券作为一种需求侧科技投入模式，面向用户的科研服务需求进行有针对性的补贴资助，能有效解决科技基础条件平台服务中创新资源配置的市场失灵问题，并弥补平台公益性服务与市场化服务之间的鸿沟，提高政府研发资金的使用效率，值得在我国各类科技基础条件平台的市场化服务中推广应用。"创新券"是一种面向用户设计的政府创新投入政策，在实际运作过程中，关联方主要有三个：一是平台，创新服务的供给者；二是用户，即服务对象，如企业、高校、科研院所等；三是政府，创新券的发放和管理者。从实施现状看，各国推行的创新券可分为：单一券、联合券、基本券、扩展券、一般券、专项券等。总结各个券种的优缺点，科技大数据平台运作初期，可先推行定额券和折扣券，类似于欧美国家的单一券和扩展券。创新券的管理部门制定具体管理办法，公布实施细则，基本操作流程是：科研用户申请科技项目时列支创新券的需求数量，主管部门组织审定，对符合条件的用户发放创新券，科研用户根据自身需要，在主管部门已审定的平台中选择对象为其服务，平台凭创新券及相关材料到主管部门兑现，为各行业企业的研发平台、虚拟研发平台以及合作研发平台的科研工作者提供与政府创新券发放、使用与后续兑现、使用风险管理、使用效果评价以及创新券收入统计等相关的科技服务内容。该模块与基础条件平台中的政府创新券管理要对应且区分。研发子平台的创新券服务更多地针对创新券的使用过程服务，服务对象是创新券的使用者。该平台专设在线创新券咨询解答使用中的一些问题，对用户的创新券使用全程监控，避免不当、或免费“搭便车”的行为，对创新券的使用效果及时评估，评估结果记入个人的创新券使用档案，若有不良记录，直接影响后续的创新券申领。为了促进创新券很好地得以实施，建议：首先，完善顶层设计、制定实施方案。创新券政策重在机制设计，主管部门需要从机制上理顺各方的关系，进一步完善顶层设计，并在资金来源、资金规模、支持对象、支持领域、创新券形式、创新券设计与派发规则与程序、过程评估和监管等方面制定系统、全面的管理办法与实施方案。其次，在条件具备的资源平台先行试点。创新券的资助对象以公益性研究机构为主，国家平台涵盖的用户更具有广泛性和代表性，先行试点适宜从国家平台开始。在条件较好、管理较规范的资源平台中选取一类进行先行试点，例如，大型科学仪器设备、自然科技资源等，并及时总结经验。在条件允许的情况下，向更广泛领域铺开创新券政策。

综上显示，科技研发大数据服务平台的设立目的是为微观领域具有研发意愿、研发创意、闲置资金、技术才能、研发材料、场地、仪器、欲从事技术研发活动或正在从事研发活动、处于研发困境中的广大的终端个体用户，以及其他具有丰富研发资源、愿意支持研发的企业或其他主体提供所需的研发沟通、交流、组织、协调与其他必要的服务支持。可见，该子平台的服务对象是有志于科技研发创新的一切微观供求主体，服务内容具有一定的准公共品性质，既有一定的针对性，又不失广泛性，所提供的大部分服务可以适当收取部分费用，以弥补成本投入，但不以营利为目的。其中，有些服务适宜个性化定制，如虚拟研发、产学研、科技人才、创客研发、资金支持、研发中介服务，可以收取一些费用，有些更适宜免费提供，如研发创新券服务等（见图 8. 2）。

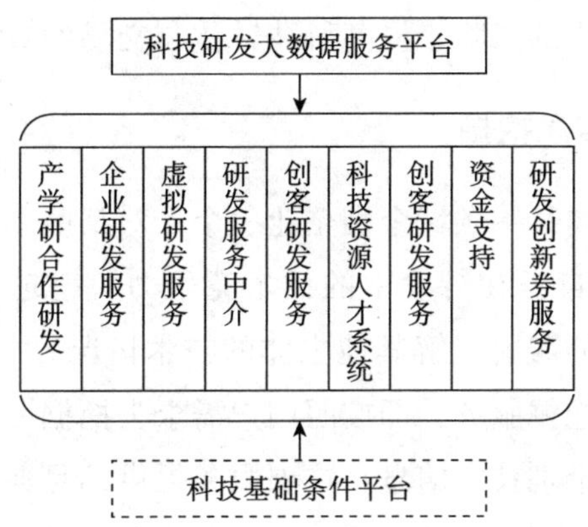

图 8.2　科技研发大数据服务平台功能架构

8.3　科技转化与交易大数据服务平台

该平台为具有科技转化与交易需求的终端用户提供与之相关的大数据服务支持，服务内容主要涵盖：

8.3.1　技术确权服务

只有厘清产权关系，技术才能参与交易与商业化。确权的合理性与清晰度是技术后期运营的前提条件，因此，该项服务对技术主体非常重要。该平台为企业（尤其是高新企业）、个人代理技术成果确权业务，这对于促进高新企业发展与科技水平提升具有很大帮助，具体包括：专利技术的产权登记与非专利技术的产权界定。对于前者，只需要代理向国家知识产权局提交登记文件即可；对于后者，需要对个人、企业及其他主体所享有的技术份额提供对技术产权的公证服务。

8.3.2　技术预警服务

为各行业企业、个人或其他技术主体提供高新企业、行业新的技术动态、新旧更替信息，帮助他们及时了解新技术研发动态、哪些旧技术已惨遭淘汰、哪些二手技术即将面临被淘汰命运，以便于用户能够及时调整科技研发战略、避免重复研发、高成本研发与低技术研发，及时处理落后淘汰技术，降低技术开发、持有、运作的风险，提高科技转化与交易的效率与效果。

8.3.3 技术信息挖掘

该模块主要面向某些领域个别企业、个人对某些新技术相关信息的需求（诸如为了提升自身在行业中的技术竞争力、超越竞争对手、财务并购、技术投资等目的需要了解其他主体的技术情况），为技术需求者提供个性化的技术信息挖掘服务，即按照用户需求去挖掘一些能够有助于财务或管理决策目的的个别技术信息，这项服务提供的是典型的私人物品，属于收费服务项目，按照技术挖掘难度、信息量以及质量要求收取费用。

8.3.4 科技孵化器

孵化器服务于那些拟进行科技成果转化、成立高新技术企业、其他类型企业的各类主体，为其提供创业所必须的科技及人才、场地、物料、设备、资金与其他资源支持，此模块的服务虽然市场化动机较为明显，但目前主要靠政府给予的各方面政策支持来推动工作开展。

8.3.5 技术咨询服务

为个别的技术供需主体提供有关技术转化、交易、技术本身功能、使用事项、后续升级等方面的科技政策法规、技术市场、技术供需信息、技术人才猎头等方面的咨询服务。此外，为了提高新技术的知名度，扩大技术宣传，促成技术转化与交易，此模块应该提供各类新技术的免费体验服务，通过对新技术产品的免费试吃、试用等，获取用户对新技术的评价，扩大新技术的影响力，更为重要的是用户体验中对于所碰到的一些技术问题可以及时地进行专家咨询，用户所反馈的试用信息为后续的新技术精准营销打下基础。

8.3.6 技术交易市场

技术转化与交易的网络场所，具备信息供需发布、技术定价、技术拍卖、技术风险评估、大宗技术交易、个人技术交易等细化功能。目前青岛科技大数据平台里的技术交易网虽然基本功能较为完备，但交易量与浏览量并不高，该交易市场在技术评估、技术定价方面还有欠缺。另外，借鉴欧美国家的经验，该市场应该建立各个行业的专利池，一方面，不断吸收行业内的新专利拥有者加入；另一方面，积极寻求技术需求者进行技术转化、抵押、投资等，平台依据交易量适当收取费用。为了更好地促成技术交易，平台有必要对技术供应者、需求者的资质进行认证，以增强用户的信用等级，或要求技术提供者对技术做较为全面的视频展示，以帮助技术需求者更方便地了解技术功效、新颖度与收益潜能。

8.3.7 电子支付系统

科技转化与交易大数据服务平台里的大部分服务都是获利的，平台根据服务的数量质量、促成交易的合同额收取一定比例的费用。因此，平台的顺利运作需要有安全可靠的电子支付模块做后盾，为技术转化与交易主体提供资金支付、资金存储、资金借贷、资金抵押等服务，可以考虑内嵌资金安全保险、资金担保、资金垫付、转账管理等模块。

与前述子平台不同的是，科技转化与交易大数据服务平台设立目的是为终端用户提供特定技术资源的发展动态、技术风险、供需状况、基础投入、资金与人员等方面的支持，服务对象主要面向具有较强技术转化、技术成果交易需求的特定微观创新主体，科技服务具体内容因不同主体异质需求而变动，具有明显的私人性质。该平台提供的服务大多是以营利为目的的，如技术交易、技术价值评估、技术风险投资、技术许可与交叉许可等（见图8.3）。

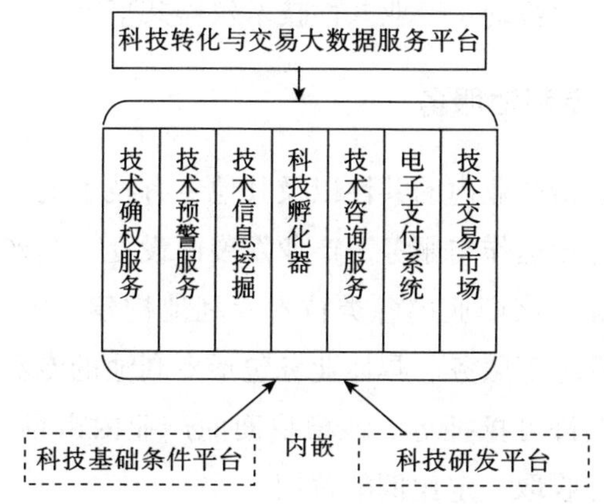

图8.3 科技转化与交易大数据服务平台功能架构

8.4 产业科技大数据服务平台

为了满足行业用户的专业科技信息需求，更有针对性地提供各产业行业的科技信息服务，还有必要增设产业科技大数据服务平台，为农业、制造业等产业及所属子行业发展提供科技相关的大数据服务支持。按照产业类别，产业科技大数据服务平台应该包括农业、制造业、信息技术业等13个子平台。按照功能分类，每个产业子平台应该涵盖的功能模块主要有：

8.4.1 产业共性技术服务

平台要能够为产业内各类企业、研发机构或个人提供支撑产业发展的共性技术信息与服务，具体包括：产业共性关键技术的类别、构成、原理、使用、发展史、发展动态、实力展示等基本共性技术信息；产业共性技术研发子模块，包括产学研、企业与企业、虚拟研发共享三种研发渠道；共性技术专利服务，为产业内企业的共性技术专利供需提供必要的中介服务，如转化、信息发布、许可等；产业技术价值链子模块，为产业内共性技术价值链条上的企业（包括研发、转化、生产、销售、服务等增值环节）提供研发、转化、生产销售后的集成一揽子共性技术套餐服务；此外还有共性技术难题咨询、产业共性技术仪器共享等。

8.4.2 产业专利池服务

产业专利池意指产业内的共性以及其他专有技术的专利池。该服务模块围绕专利池的持续运作与服务于产业发展而设立，为产业内企业、产学研等主体或个人提供该产业内各类技术专利池构建、申请、维护、更新、运作、收益受托管理等服务。具体业务包括专利池的专利吸收、专利销售与许可、专利反向许可抵押等。该模块面向产业内市场，依据服务类别、质量向专利供需方收取一定比例的费用。

8.4.3 产业科技金融服务

该模块服务于产业内各类科技研发应用主体的技术研发、创新创业行为，为其寻求资金来源渠道，缓解技术创新资金瓶颈。科技金融的供给主体主要有银行及其他金融机构、个人、投资公司、借款公司、其他企业。平台可以选择的科技融资途径主要有：技术抵押、技术借贷、技术众筹、技术证券化、技术担保等。以上融资途径，平台需要考虑设计一套融资流程，供需双方只需注册登录即可享受一揽子服务。

8.4.4 产业服务中介

该模块要能够集聚服务于产业发展、业务种类繁多、应市场需求灵活多变的各类技术服务中介资源信息，以满足产业内各行业用户丰富的科技信息服务需求。以农业产业科技大数据子平台为例，需要聚合产业服务中介包括农业技术转化、农业技术股价与交易、农业技术转让与许可、农业技术咨询以及农业产业科技一条龙服务等方面的技术中介公司，它们根据农业技术、产品、人才等市场供需信息确定业务服务定位，在遵循国家产业政策的前提下，以用户与市场为导向谋求发展。只有这样，平台才能够真正地贴近市场、企业与用户需求，成为农业领域终端用户的科技顾问。

8.4.5 专家咨询服务

专家咨询模块提供能够引领产业发展方向的各研究领域的知名专家、教授与学者、企业高管、创业导师等。平台通过设置语音、文字、视频答疑、邮件答疑、电话答疑、QQ 或微信、在线咨询等方式，为产业内微观主体提供技术开发、技术转化、技术应用障碍、技术运作难题、技术售后服务问题的解决思路与方法。平台要能够允许用户根据自己需要、专家视频文字介绍随时选取适合自己的专家进行咨询，并对专家服务质量、用户费用支付情况及时进行评价，作为后续服务的一个历史参考。

8.4.6 产业专有技术运作服务

与共性技术模块不同的是，设置产业专有技术服务模块主要是为了满足用户对各细分行业特定技术的服务需求，服务内容主要围绕受技术所有人委托从事技术许可与交叉许可、寻求业内技术合作伙伴、业内技术销售以及技术使用权共享等，目的是提高各细分行业技术产品的利用效率与产出效益。平台专设细分行业专利池，采取会员制或自营制，组织登记管理各细分行业的技术专利，并依据服务内容、数量与质量适当收取成本费。

8.4.7 产业创新券服务

该模块为特定产业持有创新券的企业、产学研、其他组织或个人提供与政府创新券有关的一切服务，诸如产业创新券申请、受理、使用、使用效果评价、后续兑换、收益统计、使用咨询、挂失管理等服务。与研发子平台创新券不同的是，该模块的创新券是政府为引导产业发展方向而设立的，带有一定的政策引导与产业扶持行为，只有符合政府规定的产业引导方向或为产业发展作出某些努力的用户才可以申领。

8.4.8 电子支付

电子支付模块主要为产业内企业、产学研、其他组织与个人的技术投资、技术合作、技术买卖、技术咨询、抵押与借款等行为涉及的资金往来提供资金担保、结算、转账、信贷、理财等服务。此外，该模块应积极提供多种资金理财创新手段，诸如成立多个产业技术发展基金、产业投资基金或设计同行业资金拆借系统、发行产业内企业债券等，缓解制约产业发展的资金瓶颈。

从服务内容看，产业科技大数据服务平台设立的目的是为促进产业发展提供所需的科技大数据服务，服务对象面向产业内所有的主体与个人。近年来，国家加大了对节能环保、新一代信息技术、生物、高端装备制造、新能源、新材料和新能源汽车等战略性新兴产业、信息技术、云计算、物联网等新技术领域以及关系民生的基础产业（如农业）的大数据技术开发力度，相继建设了一批产业科技平台，但目前青岛市的产业科技平台才刚起步，大数据的产业科技平台还有很大的发展空间。与前面介绍的子平台相比，基于共性技术服务需求而建设的产业科技大数据服务平台的服务对象要窄一些，主要靠产业内的代表性企业、产业内协会与政府共同运作，市场化行为略弱一些，科技服务内容具有一定的准公共产品性质。

8.5　整合分析

尽管以上各个子平台各具特色，功能定位不同，服务对象亦有些差异，但运作过程中它们之间关系密切，主要表现在：

（1）基础条件平台特色是基础性，意在提供每个用户都应该了解的最起码的科技大数据公共性信息，服务内容与对象范围最广，但每一块信息服务不够细致全面，要获得更好、更精准定位的服务，需要浏览科技研发、科技转化与交易、产业科技平台。

（2）科技研发平台与科技转化与交易平台具有一定的承接关系，科技研发工作者往往要同时浏览这两个平台，以便更好地掌控技术的研制转化应用过程。

（3）产业科技平台与其他平台也具有很强的通用性，其很多内容通过登录其他平台也能浏览，所不同的是，该平台的专业性、针对性更强，一些在其他平台查询不到的产业科技信息在该平台能够获取，服务对象更为明确，产业内的技术服务质量也更优。综合来看，每个子平台都有鲜明的特色定位，虽联系密切，但差异也很突出，很好地兼顾了各类用户的通用性、专有性科技信息需求。整体来看，虽然各子平台的服务对象与内容特色突出、差异明显，但终极目标是一致的，都是为了满足终端用户的通用性与个性化信息需求，都有其存在的市场空间。对于致力于技术创新的企业、产学研等其他组织或个人而言，往往需要同时访问四大子平台的科技资源、查询、甄别、整合、分析、评价与利用各子平台的科技资源、享受丰富便捷的科技服务。基于上述需要，各子平台之间的科技资源与服务要能够实现实时在线相互访问、开放共享。考虑到重复建设以及用户的便利性，产业科技大数据服务平台中的产业专利池数据部分可以从基础条件平台、研发平台以及转化与交易平台中获取，其要与后三类平台实现友好对接；产业创新券服务与基础条件平台中的创新券要实现对接；科技研发平台中的各类研发信息要与转化与交易平台中的同类技术专利、基础条件平台中的相关文献资料实现对接。为了迎合此需求，本着突出特色、实现共享的原则，按照子平台之间的内在联系与逻辑顺序进行整合，得到开放式科技大数据服务平台的系统功能架构，见图 8.5。其中，科技基础条件大数据服务平台为一类基础性平台，为其他子平台提供资源与信息基础，研发和转化与交易大数据服务平台为二类发展性平台，是技术创新的依托与支撑，为各行业企业、个人提供一切技术转化与交易服务。产业科技大数据服务平台属于三类拓展性平台，是在一、二类平台发展的基础上，向产业领域的拓展延伸。基于当前阶段的技术创新实际，整合后的平台系统应以一类平台为基础，大力推进二类平台建设，并进一步拓展延伸至三类平台。终端用户访问科技大数据服务平台网址，官网首页应能浏览到各个子平台系统以及各种互动服务，进一步点击即可浏览里面的所有功能模块。这样一来，用户可以同时分享到四大子平台的所有科技信息服务（见图 8.4）。

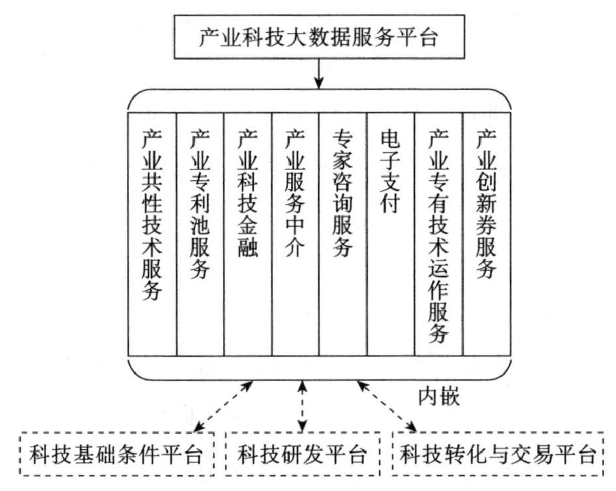

图 8.4　产业科技大数据服务平台

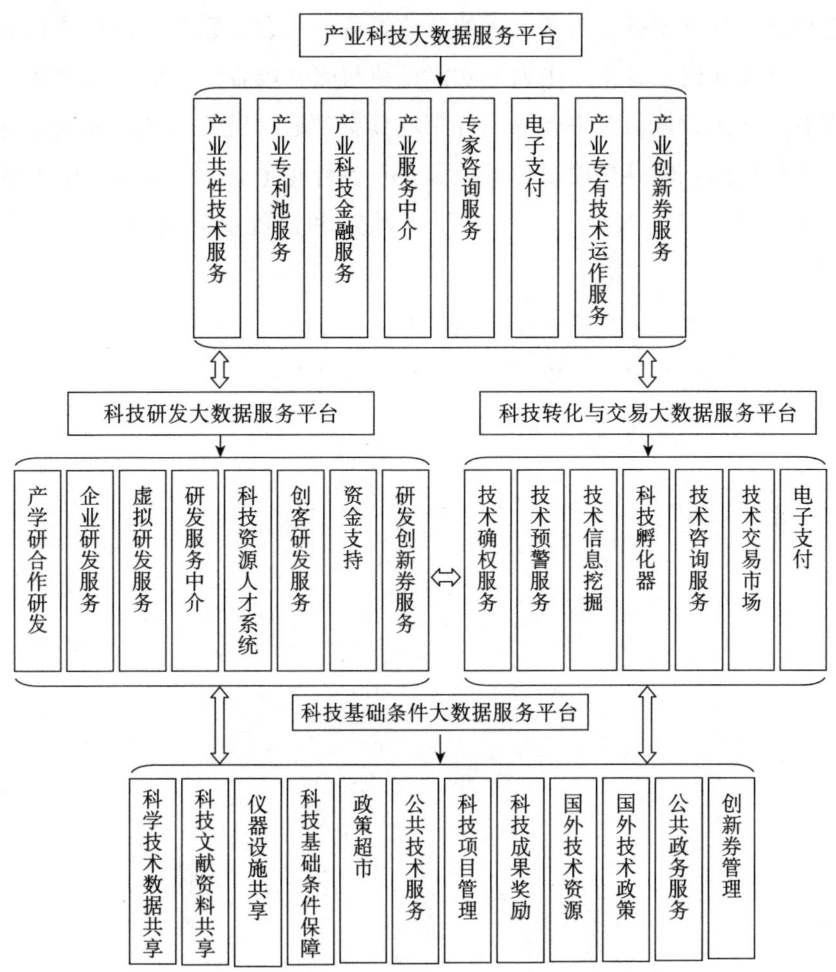

图 8.5　科技大数据服务平台系统功能架构

8.6　小结

伴随平台经济到来，关于科技平台建设主题的文献随之增多，但多集中于某一类科技平台，缺少大数据环境下科技服务平台的系统功能架构。针对此不足，以前面章节分析为基础，本章构建了集科技基础条件大数据服务平台、科技研发大数据服务平台、科技转化与交易大数据服务平台和产业科技大数据服务平台于一体的开放式科技大数据服务平台系统功能架构，并详细探讨了各个子平台的功能模块与服务内容，这对于后期优化调整现有科技大数据服务平台的内容模块具有一定的借鉴意义，亦能够更好地提升科技信息的共享度、更好地服务于各行业企业、专业领域个人的技术创新活动，也为政府财政科技投入政策和措施制定提供更相关决策支撑。

第9章

科技大数据服务平台运作模式设计与选择

前述章节分析显示，科技大数据服务平台系统是四大子平台资金、资源、信息、技术、知识、人力等资源的综合体，是推动新时期经济转型发展的一股重要力量，它的建设状况与后期运作水平是决定后期经济发展水平的关键因子之一，尤其是运作模式直接决定了平台的运作效率与效果、运作风险、综合竞争力乃至可持续发展能力。因此，搭建好平台系统的功能架构后，还有必要对其运作模式进行拓展分析与设计。

从财务学的视角看，平台系统属于一项技术资本，其运作应遵循财务学的基本规律，运作目标是平台系统的价值最大化，运作基本原则为权衡成本与效益、风险与收益。要充分挖掘平台系统的内在潜力、调动一切发展动力实现可持续发展与价值增值，平台运作应遵循市场经济的财务运作规律，将市场作为平台资源的幕后主导力量，决定平台系统的服务内容与资源配置方向。政府仅作为平台运作的间接调控者，积极倡导科技平台系统运作的市场化，仅对存在市场配置失灵的部分平台功能介入调节。但实现这一目标应循序渐进。在当前阶段，考虑到青岛市现实环境与市场主体科技投入及创新状况，健康、有活力与可持续的平台系统运作模式还应依据内嵌子平台的服务形式、类别（公共产品、准公共产品、私人产品）与市场情况选取灵活的运作模式。依据产权归属及运营主体性质不同，平台系统中各子平台的运作模式可区分为政府主导的非营利模式、政府引导下的独立第三方主导模式、企业主导的营利模式与多主体的混合主导模式。科技大数据服务平台系统的运作模式应根据平台的战略方向、目标选取某一种运作模式为主体，其他模式为补充的多主体混合主导模式。

9.1 政府主导的非营利模式

9.1.1 运作特点

科技平台运营中的政府主体主要包括各部门的行政机构、事业单位或全资国有企业。基于政府主体运营的层级差异，此类平台又分为中央级平台和地方级平台。中央级平台侧重宏观和全局，强调行业统领性与覆盖性；地方级平台多为提升科技创新效率、打造强势品牌、构筑区域辐射力和服务区域经济发展。该模式下，中央、地方政府及所属各级部门是平台的所有者，全权负责平台的技术架构、功能架构与后期平台运作。因此，此类平台具有行政体系特色的信息传递机制，管理者大多具有行政或事业编制，运营资金来源于财政预算，平台倾向战略性、公益性和社会性。

政府部门运作的平台系统定位为非营利组织，财务管理的目标为合理使用资金，实现服务质量最优化，最突出的运作特点是免费（个别私人服务适当收取成本费）为各类终端用户提供科技大数据服务，主要适用于提供公共产品、准公共产品服务的公共性科技服务平台。目前各级政府出资建立的科技平台大都归入此类。依据所有权与经营权的不同，此模式又细分为政府独资模式与购买服务模式。前者政府部门将所有权与经营权集于一体，全权负责平台运作；后者在科技平台所有权不变的前提下，将运作权交给有资质的社会组织或市场机构来完成，政府通常会引导行业协会、高校、科研院所等多方机构参与建设，最大程度地吸收社会力量，尤其是对于具有公共产品性质、准公共产品性质的科技模块建设，并根据提供服务的数量和质量支付相应的服务费用，提升大数据环境下的科技创新效率。

9.1.2 优点

政府主导的非营利模式优点在于政府对于整个社会各类资源的配置方向、配置数量拥有绝对的话语权，对微观企业的监督力强，具有聚合行政与商业资源的绝对效率优势，对于一些通过市场自发行为很难集聚力量的瓶颈项目，政府能够利用其绝对权威将其建立起来。可见，政府主导平台运作的可推崇之处不是创新数量、质量及效率，而是在平台的建设与运作初期，比如在平台规划设计、投资与建设、后期运作、管理与维护等方面政府不仅可以绕过许多行政障碍，还有能力承担相当数量的初始建设资金，不存在资金瓶颈问题，其稳定的资金投入、极低的行政风险和坚实的规划意图能够让平台正常建设起来，且能够持续稳定地确保后期科技平台的正常运作，对于大数据平台这一新生事物的建设风险、运营风险都具有较强的抵抗力。

9.1.3 缺点

政府运营平台的缺陷主要在于滞后性、弱市场性、后劲不足与寻租行为：首先，政府行政层级的信息传递与反馈规范严谨，在不确定性环境中仍可稳定运作，这一特性在信息交换频繁的背景下，容易导致决策滞后，这与科技创新追求时效性和前沿性的主题明显不符。滞后性是政府主导型平台的一个重要缺陷。其次，政府主导模式下不存在完全的市场调节，这意味着科技信息不是根据用户需求提供的，容易出现供需脱节，这在一定程度会影响、制约用户的科技创新积极性与创新效果，政府的公益导向与经济导向存在些许矛盾之处。再次，政府主导平台要素敏感性低、平台运营目标多样化等因素也是科技创新、市场导向与政府主体性质存在冲突的重要原因；进一步，政府主导平台运作效果的绩效评价存在一定困难，难以充分调动服务人员的工作热情与积极性，平台持续发展的内在动力不足，很难成长为具有较强核心竞争力、与世界知名平台齐头并进的平台。最后，政府运作存在大量的寻租的机会与空间。平台建设、运作过程中，由于政府主导缺乏有效监督、绩效考评等，建设者、管理者容易中饱私囊，将平台建设、后期运作资金纳为己有或私设小金库，使得平台的建设与运作成本大幅上升，致使资金本就缺乏的平台后期发展受到影响。

此运营模式适于解决具有战略性、全局性、免费性的共性技术问题，如公共科技信息服务、基础性行业研发和国家支持的重大关键技术开发服务。目前，国内的公共性研发平台多采取这种运营模式。就前述章节构建的科技大数据服务平台而言，此模式比较适用于平台系统中的公共平台——科技基础条件大数据服务平台，该平台属于公共性科技服务平台，为所有终端用户平等提供公共科技资源查询、检索、借阅与项目管理等服务，其服务的公共产品性质决定了运作主体只能由政府及相关部门承担，按照非营利组织的财务管理制度进行日常运作。

9.2 政府引导下的第三方主导型运营模式

9.2.1 特点

此模式下，政府不再是平台的所有者，仅对平台发展起到引导作用。平台由具有共性科技服务需求的利益相关者共同组建并拥有所有权，但经营权交由具有专业服务资质的独立第三方全权负责。基于运营主体视角，这里的第三方通常由政府、企业之外的行业协会、专业服务公司及专注某类市场服务的组织来承担，中立性、客观性和专业性都较为突出。其中，技术咨询事务所、技术产权事务所及各种行业技术协会较具代表性。第三方主体运营的科技服务平台，其经营权与所有权分离。平台运营主体即第三方机构，仅拥有平台的经营管理权而非所有权，因此，第三方并无逐利动向，其经营管理权的获得、转让及权力边界等，大都建立于契约框架，运营管理相对专业客观。这种运作方式的实质是通过社会分工形式，发挥各类社会主体的比较优势，使专业科技资源得到更加科学合理的市场配置，尤其是当前青岛市创建“服务型政府”，受理念驱动，政府与企业应分别专注于其社会职能与市场职能，将科技平台的运营管理让渡于第三方机构，将成为深化社会分工的必然。此外，第三方主导型平台运营管理的主体的权利义务基本在合约设立时约定，后期平台运营的绩效都在某个区间波动，这本质上是一种风险让渡，通过平台功能、绩效和目标的再分解一定程度上降低平台投资方的投资风险、运营风险及市场风险。而且第三方通常具有更专业、客观和中立的管理技能，运营效率也高于政府或企业。

9.2.2 优点

第三方主导型运营模式源于市场对专业化分工需求的深化与广化。尽管不同领域和性质的第三方主体专业偏好、管理理念及运营方式存在差别，但运营模式中具有一些突出共性优点：首先，较高运营绩效。绩效评价是综合成本、收益、性能和风险等众多指标的综合体系。以专业属性较强的行业协会为例，某个特定行业的技术专业性明显高于政府与企业，科技创新的方向性与投入的有效性相应地也必然更高，因而从行业科技创新的视角，第三方运营模式具有较高的平台运营绩效。其次，相对于政府部门而言，第三方主体的专业性、中立性、客观性都更强一些。他们仅拥有平台的经营管理权而非所有权，属于受托经营，具有清晰的定量考核指标，这样更有利于调动员工的工作积极性，保证了平台的服务质量。再次，平台的技术专业性强、兼容性和扩展性更强，能够在平衡风险、成本和效率的框架中较好实现科技创新目标。最后，第三方平台具有较强独立性与合作性。该运作模式具有较为扎实、客观的社会基础，即社会制度的契约框架、技术分工的结构框架及市场主体的供需框架。在这样一种立体框架下，第三方主导型运营模式对各类资源能够快速高效地进行有机组合，既相对独立又保持有机合作，是一种符合现代市场、企业及政府职能定位与发展方向的组织安排。这也代表了诸多科技平台的后期发展方向。

9.2.3 缺点

第三方主导型运营模式缺陷在于：

（1）此模式下的资金投入状况取决于所有者的资金投入力度以及经营者的资金配置合理性，资金集聚能力偏弱一些，稳定性也较差，不利于长远发展。

（2）“专业化”尺度认识不一。目前我国第三方主体的专业性、独立性和竞争性与发达市场相比仍不成熟，尤其法律法规等配套设施不足，在规范契约或协议框架中解决相关问题的能力较弱，导致对第三方主体专业化程度的理解具有较大弹性，一定程度上影响技术平台的绩效评价标准。

（3）科技平台对运营主体的要求较高，很多的独立第三方主体还不具备运营科技服务平台的能力。以科技研发为例，对科技研发方式、程度与价值的判断，需要极强专业性和私密性，并非所有行为都能以契约方式界定其价值、性能和程度。

尽管科技服务平台选择第三方主导型运营模式有一定局限，但综合来看，在青岛市创新城市建设发展的特定阶段，此模式运营优势更为突出一些。通常认为，科技平台发展稳定并进入成熟期后，选择第三方运营平台，一方面能够优化配置所有者资源；另一方面也能提供更有技术水平、更专业、更全面的技术服务，是具有较高效率的市场规则和制度安排。

实践中，第三方主导型运营模式的适用性需要考虑以下两点：一是由于科技成果产出的不确定、高风险以及投入资金较大，微观企业对投入较大的高新科技研发项目意愿并不强、需要政府引导；二是产业内企业具有一定的共性科技资源需求，此部分科技资源在业内具有一定的公共产品性质。基于上述考虑，权衡利弊后，此模式较适用于平台系统的准公共平台——产业科技大数据服务平台与科技研发大数据服务平台。

其中，产业科技大数据服务平台是产业内企业及其他组织基于共同的产业科技需求，通过入股或入会方式成立产业科技平台，交由独立第三方或产业协会负责运营。科技研发大数据服务平台是具有研发需求的创客、企业、高校、研发机构等共同出资建立，交由独立机构或产业协会负责运营，提供研发所需的信息、资源、设施与咨询等方面服务。其中，政府的引导性体现在：对于某些重大战略产业或其他确需战略引导的产业、重大的科技研发项目，政府可以通过发放创新券的方式进行引导性资金扶持。具体做法是终端用户以竞争的方式获得政府发放的创新券，然后依据平台的服务质量与数量支付创新券，平台再持创新券到政府部门兑现。

此类模式下，平台的科技服务内容按性质通常分为：公共科技服务与收费性服务，前者主要向终端用户提供与产业共性技术创新或科技研发有关的共性资源共享、政策咨询等服务，后者主要是面向特定对象的科技咨询服务。因此，产业科技大数据服务平台、科技研发大数据服务平台都具有半公益性质，业内企业通过出资或入会的方式能够享受到共性科技资源与信息，但对于其他方面个性服务需要另付费。中介服务计费可以采取按一定比例收中介费、资源类服务可以按次或办卡形式收取。可见，相对于政府主导的非营利模式，第三方主导型运营模式的运作相对灵活一些，资金获取渠道也更为丰富，有业内企业入会费、创新券收入、特殊科技业务的服务收入等。

9.3 政府引导下的企业主导营利模式

9.3.1 特点

平台企业是市场资源的基本组织方式，其行为模式、运营与管理方式俱根源于市场需求；其发展主要依靠市场内力来调节。市场供求决定了企业平台的数量、服务价格与服务质量，运营导向以营利为主，日常业务内容与运营模式均需遵循市场经济下的财务管理运作规律。此模式通常可分为纯粹企业运营模式和国企运营模式。国企运营模式本质上归属政府主导型范畴，是政府主导与企业主导的一种折中。这里的企业主导指的是前者。企业主导型科技平台的主要特点如下：企业主导型科技平台（以下简称企业平台），其组织类型可以选择有限责任公司、股份有限公司、合伙制或有限合伙制，股东可以是个人、企业、学校或研发机构，按照出资比例享有平台的产权份额；企业主导型科技平台的投资建设以是否能够实现盈利为标准，在投资前需要进行投资的可行性分析，需要拟定平台发展的短期、中期与长期发展规划；平台日常运营完全以市场需求为准绳，运营目标是通过合理进行资源配置（即投入小，产出效益大），提供用户需要的科技产品信息与服务，以此实现盈利；企业平台的日常管理与一般企业的日常管理无异，需要制定一套严格规范的日常管理规定，由于逐利性特征明显，企业平台对成本控制、绩效考评、激励与约束制度的制定与执行都较为重视；企业平台的一切科技信息服务的提供都以满足市场特定主体的需求为前提，这意味着企业平台的功能模块都有一定的市场空间，拥有生存的市场基础。运营良好的企业平台能够自我供给、循环发展。此模式下，政府的引导性主要体现在通过制定一些有利于平台健康发展的政策文件、法规、制度等制约企业平台的过度逐利或损害终端用户利益的行为。

9.3.2 优点

企业主导营利模式突出优点在于：

（1）市场调节能力强，能够最大程度地满足用户的科技需求。企业平台的日常运作内容、方向、科技服务模块的设置内容、设置方式、用户浏览设置、模块数量等可以完全建立在市场需求的基础上，有科技需求才有科技供应，市场在企业科技信息配置中起着决定性的作用，这样以来，确保了企业平台的内容模块都能够各尽其能，有效地避免了科技资源的闲置与浪费。

（2）灵活多变，适应性强。不同的市场发展阶段和环境下，平台运营方式将因股权结构、资本结构、管理架构及运营方式变化而改变，以企业为主体的企业主导型科技平台一般具有良好的包容性和延展性，能够根据市场变化低成本高效率完成调整，相比政府主导型平台更加灵活。近年来，此类企业平台发展迅速，已经成为我国技术创新与转型经济增长的一支重要力量，如阿里巴巴、京东、腾讯、百度等，其盈利能力与综合业绩水平明显超过一般科技企业。

（3）更有利于实现技术创新与转化。受天然的利润动机驱使，企业平台能够及时挖掘到市场需求，亦能够根据用户需要提供私人化的科技信息，因此，相比其他模式更能够及时发现科技应用领域（诸如虚拟研发、合作研发、技术转化、技术交易、创业）的潜在盈利机会，及时把握用户需求变化，提供满足需要的科技信息，推动潜在盈利项目的市场化，将潜在盈利变为现实利润。

（4）为平台实现自我可持续发展提供现实基础。平台可持续发展必须要有源源不断的资金来源，仅仅依靠投资方投入、政府拨款、吸收其他渠道的贷款、捐赠是不够的，必须要依靠平台自身积累的运营利润。相对于政府、第三方运营，企业运营的平台以短期与长期的利润最大化为目标，日常的运营收益是最为可观的。来源于运营收益的资金可以保证企业后期源源不断的平台扩展性建设投入，实现平台的长期发展。

（5）平台内部管理较为弹性。由于平台如何运营、怎么运营、运营什么等都由企业自行决定，为了更好地激励员工实现平台的盈利目标，管理者会尝试使用多种有效的管理手段，如灵活的坐班制度、丰富多彩的企业文化、多种激励形式相结合、定性与定量多个绩效评价指标等，并且各类管理都会根据后期的实践效果反馈，进行动态调整，直到找到适合平台运营的一套管理制度与方法，因此相对比其他的运营模式，企业平台管理弹性较大。

9.3.3 缺点

企业主导型科技平台的缺点主要体现在以下方面：

（1）社会资源整合能力较弱。企业主导型科技平台擅长市场资源整合以及内部管理规划，但对于其他社会资源如自然资源、关系资源、政治资源或其他第三方社会资源的整合能力较弱，明显弱于政府或其他组织。

（2）平台运营时间约束较强。企业主导型平台资源具有市场价格的显性成本约束、研发项目同业竞争的机会成本约束，以及市场风险约束和控制，多重压力下，企业平台的投资比较看重的是能够契合市场成长背景、快速投入、回报丰厚等。因此，此模式不适合周期较长、高风险的科技平台。

（3）企业平台的创新成果相对封闭。其创意、工艺和技术等具有低成本复制和扩散特征，这是政府和企业热衷科技平台建设的动力之一。企业性质决定平台的创新具有市场定价机制。而许多的科技成果（特别是一些公共性研发成果）大多属于非排他性质的公共产品，这在一定程度上与科技服务平台的私人属性相违背。

（4）科技行为的高度不确定、长建设周期、高脑力劳动决定了科技成果投资行为是一项极度高风险行为。作为科技项目之一的科技平台，其建设从事的大多是与科技研发、科技转化与交易、科技成果库建设等相关的服务行为，与科技行为密切相关，建设风险高，且其市场化运营过程也经受诸多市场因素竞争和挑战，再加上企业主导型科技平台政府资源较弱，对于控制研发项目的设计、建设、运营、管理和维护成本与时间的要求比较高，因此运营风险也较高。

（5）容易片面追求某些短期利益，易放弃短期收益甚小或亏损但对平台长期发展至关重要的一些战略性投资项目，导致平台的建设周期短、规模偏小。

（6）企业平台提供的大多是有偿服务，即“谁有钱谁享受的服务功能质量更高”，而致力于科技研发、创业的以中青年居多，资金实力有限，很难获得企业平台的优质服务。

综上所述，企业主导型运营模式适合处于市场化、规模化、集约化阶段的行业。依据企业主导型运营模式的上述特点，其适用于科技转化与交易大数据服务平台。该子平台主要服务于微观领域不同主体之间的科技转化与交易行为，体现着技术商业化的两个重要环节，市场需求量大、服务内容丰富，细节设置繁多、服务方式也较灵活。其运作也遵循规范的商业化规律，要能够迎合市场主体的多重需要、动态变化与拓展，依据平台市场服务的种类、数量与终端用户的质量评价收取相应的报酬。就目前的运营现状看，业务主要集中在科技转化与交易的信息发布，其股价机制、创新机制、内在发展动力及与其他平台间的共享度都还有待进一步提升。若平台交由已有市场影响力和号召力的高科技龙头企业运作，企业主导型科技平台的技术创新效率将会更高一些。实践中，许多科技平台都由高科技企业筹备建设和运营，意在解决专业性较强的产业关键技术瓶颈，助推科技成果快速转化。目前各种网上科技转化与交易市场都归入此类。

9.4 多主体的复合型运作模式

9.4.1 特点

多主体的复合型运作模式是一种融入多个主体的综合运作模式，其建设与运作主体呈多元化。复合型运作模式包含多元化投资主体和运作主体，既发挥各主体优势和潜能，也逐级分散其责任与义务，是现阶段一种灵活有效的科技创新平台运营模式。由于本章重点探讨的是运作主体，这里重点阐述多元化的运作主体，包括四种类型：如政府—企业主导（政府与企业按照投入资源比例享有平台运作的决策权，或者协商投票来确定不同模块的管辖权）、政府—协会主导（政府与行业协会按照投入资源比例享有平台运作的决策权，或者采取其他途径来确定不同模块的管理权）、协会—企业主导（协会与企业按照投入资源比例享有平台运作的决策权，或者采取其他途径来确定不同模块的管理权）与政府、行业协会与企业共同主导（政府、企业与协会按照投资资源比例、投票、协商等方式共同确定平台各运作模块的管辖权）。以上三种方式与政府主导型、企业主导型及第三方主导型模式并无本质差异。所不同的是，多元化主体运作更有利于设置非常细致灵活的模块功能、更有利于实现对不同模块的整合管理，实现多样化功能与目标，满足终端用户的多样化需求。通常而言，在全面权衡多元化主体运作优势的基础上，平台进行合理的模块分工管理，并伴随着青岛市技术创新环境的变化、青岛用户的需求变化、技术市场与科技人才市场环境的变化及时调整模块运营目标，并根据实际需要互换运营主体。日常运作中，多主体运作模式的运作范围、运作模块、服务内容都较宽泛，相应地，平台涉及的模块细分标准、模块资金投入安排、模块采取的服务方式、模块的盈利方式、模块的营销模式等都较难把握。

9.4.2 优点

多主体的复合型运作模式的优点主要体现在：

（1）集聚运营实力。多主体运作的平台能够发挥政府、技术机构、企业等多个运作主体的优点，克服其缺陷，将每个主体的运作潜能最大程度地发挥出来。

（2）适应性较强。因为多主体平台集合了若干模式优点，自然具有较强的市场环境适应性和市场敏感性，同时不失政府的中长期宏观思维与第三方的技术专业化特点，不仅增强了正常运营中各类业务需求的应对能力，还能够应对各种突发性意外事件，综合运营的适应能力大大提高。

（3）便于阶段性调整。若平台采取多主体的运作模式，可以针对平台发展的不同阶段选择运营主体，并根据运营的阶段节点灵活调整，这种战略安排体现了复合型运作模式的财务战略性特征。以政产学研多主体科技平台的复合型运作模式为例，前期政府主导推进建设，并引进科技企业、技术机构、高校、技术专家多主体共同开发建设；运营平稳后侧重科技资源提供、科技研发、科技转化与产业科技服务，政府功能弱化，运营转向企业与第三方。这一调整本质上是科技平台技术供给与市场需求的动态平衡。

9.4.3 缺点

采取多主体复合型运作的平台，在建设与运作过程中容易出现利益关系复杂、各自为政、难于管理、权责不清等问题，具体体现在：①平台很多功能模块的运营方选择问题，需要在政府、第三方机构、企业之间去权衡。各主体拥有的资源、能力、特征不同，如何确定模块合适的运营方是一项非常复杂的问题，受到权利、关系等因素的影响，很多模块往往很难确定恰当的运作主体。②不同模块运作主体不同，运营过程中对于多个模块的合作业务收益，需要确定一个科学的收益分配方式，且对于平台的整体运营收益也需要确定如何公平分配问题。③有些模块涉及多个主体，运作中很难清晰地界定内容、职责、流程方面的权责，容易出现管理漏洞，无形中也加大了模块运作的风险。

平台运营灵活多样、各具特色。除了上面提到的，科技大数据服务平台运营管理模式还可以采取链式、分布式、市区联动模式、政企合作模式以及加盟模式五种。上述模式并非独立存在于某个平台中，一个平台可能兼有几种模式的特点。一是链式。链式是指并不单独设立独立的平台，而是根据产业链和分工情况设立不同的专业平台。典型代表为青岛生物医药专业技术服务平台，它整合了行业各个环节的研发和服务资源，构建了整合全产业链的服务体系，为青岛市的生物医药科技发展提供优质服务。二是分布式。这种模式是指资源分散在不同的单位，并将分散的资源整合的一种模式。其代表为化工数据中心，整合了青岛地区典型的化工领域内的数据资源，而且是分布在多个单位的资源，成为一种分布式特点的平台模式。三是市区联动模式。指研发平台将市内资源和各区县科技资源都整合起来，调动各个区县的积极性，让所有的科技管理机构参与到科技平台的技术服务中。如青岛多媒体技术服务平台就是青岛市科委结合长宁区数字媒体产业的发展而由市区共同出资建立的，成为国家数字媒体技术产业化基地的组成部分，已承担了2项国家863计划课题。四是政企合作模式。芯片分析技术公共服务平台是这种模式的典型，该平台是由青岛圣景科技发展有限公司推进建立的，平台的投入、运行、维护和服务，全部用自身技术升级和改造，前期是通过政府资金扶持建立起来的，但是，在运行一段时间之后，已经开始盈利，并且服务能力和设备也在逐渐更新，达到吸引项目、聚集品牌、服务企业的目的。五是加盟模式。青岛科技服务平台在不同的建设模式上可以提出加盟方式。所谓加盟，是指对于具有一定条件的单位自愿加入研发平台，经管理中心批准后加盟研发平台、参与公共服务的形式。这种模式成为研发平台吸引社会各类资源、共同提供服务的主要运营模式。

9.5 运作模式的权衡与选择

结合上一节的分析，本书将科技服务平台以上各种运作主体的特征、优缺点、差异等整理成表9.1形式。基于可持续盈利与发展需要，平台运营需要在财务目标（长期价值最大化）的指导下，将总目标分解为初始、成长、成熟三个阶段性目标，制定阶段性财务战略规划，在充分了解、比较各运作主体特点、利弊后，结合平台每个阶段的发展目标、模块设定的具体内容与盈利特点，可选取一种或多种恰当的运作模式。

综合比较发现，对于特定的平台而言，运作模式的选择要考虑以下三点：

（1）充分利用政府部门的力量。其中，政府主导的平台通常在平台建设与运营初期具有显著优越性，但为了平台的长远发展，后期应逐步市场化、产品化并转向企业主体运作，政府应逐渐转向宏观调控、充当战略性引导角色。在当前市场经济竞争激烈的背景下，政府主导型运营模式仍是培育青岛市整体科技实力、促进产业转型升级的首要选择。

（2）模式的选择与平台的发展阶段密切相关。平台初始建设与运作时期，资金缺乏、风险大、市场尚未打开或打开难度较大，此时应选择政府主导的运作模式；度过初始运营期，平台运转正常，成本开始回收，部分模块实现盈利，为了增强竞争优势、拓展平台发展空间，必须在政府引导下将其推向市场，此时平台适宜选择政府引导下的企业主导模式；等平台有了一定的发展规模，内部管理也比较健全，具备较为稳定的收益来源与一定的抵抗风险的能力，为了进一步提升平台等级、服务品质，克服企业主导带来的过多追求盈利的消极影响，可以适当地向独立第三方运作过渡。

（3）平台的模块内容设定与营利性。如果平台设定的模块内容以公共性科技信息与服务为主，免费提供必须由政府负责运作；如果平台的模块功能大多是服务于市场中的企业或私人，不仅维持平台运转，还要获取一定的利润，必须在政府的引导下交由企业运作；如果平台的功能模块大多服务于特定领域、特定行业或具有某些共性技术特征的某类群体的科技需要，为了提高对特定群体的科技服务质量，可以将平台交由特定领域行业的技术机构运作，以便提供更加专业的技术服务。

表 9.1　　各类运作主体优缺点与适用性比较

运作主体	基本特征	优点	缺点	适用性
政府主导的非营利模式	事业单位性质，政府下属部门集所有权与经营权于一身，计划性强，市场化程度弱	整合科技资源能力强，投入稳定，较强公益性	决策滞后、市场性偏弱、要素效率略低	前沿性、战略性、全局性共性技术平台，公共领域科技平台，科技平台的初始运作阶段
政府引导下的企业主导营利模式	市场化程度高，经营理念方式灵活	市场的调节作用较为突出，内部运作机制灵活，技术创新与转化应用的契合度好	规模小、风险高，资源整合能力偏弱，技术服务具有一定程度的封闭性	服务于私人部门、特定应用领域、市场化程度要求较高的技术服务平台，科技平台的成长阶段

续表

运作主体	基本特征	优点	缺点	适用性
政府引导下的第三方主导型运营模式	所有权与经营权分离，利用合约制度约束主体，专业、客观、公正	专业性、兼容性、扩展性、独立性与合作性较好	专业性评判标准模糊、资金投入不稳定、目前运作主体能力不足、配套机制不完善等	产业、行业技术服务平台，科技平台的成熟阶段
多主体的复合型运作模式	多元化主体、综合性特征、较强“阶段性”	市场适应性、运营实力都较强，能够更好地兼顾阶段性需求	不同主体间利益协调、平台各模块的主体选择都有一定的难度	模块内容较多（免费与盈利的）、目标功能各异需要协调的科技服务平台；科技平台的成熟阶段

基于以上分析，整合后的开放式科技大数据服务平台系统是以上各个子平台的集成系统，应充分权衡各子平台的服务定位与发展方向，选取多主体的复合型运作模式。基于可持续发展与综合竞争力培育的目标，平台集成系统应选择企业主导、第三方主导与政府主导三种相结合的多主体的运作模式：公共科技服务子平台——科技基础条件大数据服务平台以政府为主导；准公共科技服务子平台——产业科技大数据服务平台与科技研发大数据服务平台以第三方为主导；私人科技服务子平台——科技转化与交易大数据服务平台以企业为主导。其中，政府主导的子平台是经济健康发展的基础、条件、保证；第三方主导的子平台是协调转型经济发展不平衡，促进各产业、行业平衡发展的重要力量；企业主导的子平台主导着平台经济的长远发展方向与综合竞争力，是促进经济增长的一股生力军。

9.6 小结

从财务学的视角看，平台系统属于一项技术资本，其运作应遵循市场经济的财务运作规律，将市场作为平台资源的幕后主导力量，决定平台系统的服务内容与资源配置方向。政府仅作为平台运作的间接调控者，积极倡导科技平台系统运作的市场化。考虑到国内现实环境与市场主体科技投入及创新状况，健康、有活力与可持续的平台系统运作模式应依据内嵌子平台的服务形式、类别（公共产品、准公共产品、私人产品）与市场情况灵活选取。依据产权归属及运营主体性质不同，平台系统中各子平台的运作模式可区分为政府主导的非营利模式、政府引导下的第三方主导型运营模式、企业主导营利模式与多主体的复合型运作模式。

建议参照事业单位改革的精神，后期各类科技大数据服务平台的运作模式可以依据平台服务的公益性质，据此分别采取有差别的财政投入方式：①对于纯公益性的科技基础条件大数据服务平台，应由政府财政部门全额拨款。例如，对于开发过程周期较长、难度较大的关键核心技术科技资源平台以及为广大社会公众提供推广科普类科技资源的公共科技服务平台等，它们的目的不是为了盈利最大化，公益性凸显，难以采取市场化运作机制，其日常运行中的正常维护费用应由财政补贴支持。②对于那些有能力部分实现市场化运行机制的准公益性科技平台，应采取政府财政差额化拨款补贴的方式。目前，大多数的科技服务平台都属于此类，诸如各领域的研究实验基地、各产业的科学大数据、科技资料文献、大型科学仪器共享平台等。虽然此类科技平台所拥有的科技标准、科学数据、科技文献、科学仪器等资源的经营内容、服务标准与方式具有一定的公益性，但它们可以通过对科技标准、数据、文献、仪器的深度利用、共享、抵押、许可等进行市场化运作，拓展增值空间，获取一部分利润。因此，对于此类平台的经营维护费用，政府仅需拨付一部分资金即可。

第 10 章

科技大数据服务平台业绩考核系统设计

10.1 科技大数据服务平台业绩考核现状

笔者查阅了目前国内外有关平台业绩考核与评价众多重要文献以及多个省市科技平台的建设状况，发现各领域学者们以及管理者们对科技服务平台绩效关注较多，也比较感兴趣，他们一致认为：

（1）因当前的考核方法和考核手段规模较为单一化，使得各个考核方式方法之间并没有形成良好的沟通联系，没有建成完整完善的统一有机体。我国尚未出台更好的政策来监管科技服务平台，在科技服务平台的建设初期，通常依靠政府的财政支持补贴和项目支持资金，没有其他的方法可用，建设初期也没有形成一个可供平台参考的系统的标准体系，平台需建设 2—3 年才能初见规模，此时政府需考虑是继续向科技服务平台提供技术和资金的支持还是选择让其独立门户，如果科技服务平台继续受到政府的财政资金支持，政府应采取何种形式。

（2）考虑到科技服务平台的特殊性，科技服务平台依靠政府的支撑得以继续发展，全面体现国家对科学技术产业的支撑与引导。政府需考虑到科技服务平台的特殊性，所以在出台一系列相关科技服务平台政策时需要给予一定的战略引导，政府大力扶持高新技术产业，而科技服务平台是一项和一般的高新技术产业不同的企业，更能体现出国家对重点发展科技服务平台的重视及其支持。随着政府的大力扶持，科技服务平台得到大规模发展，国家应依据其特殊性建立专门的科技服务平台体系促进其全面高效发展。

（3）在建立科技服务平台体系时，应充分考虑到人的主观能动性。现有的人力资源政策缺乏对高素质高能力人才的吸引力，而要实现科技服务平台的发展，必须引进足够的专业技术人员。仅靠先进的专业技术是远远不够的，所以，政府在建立高效的科技服务平台时应将人力与技术相结合，实现全面发展。

（4）相对于政府单方面的财政资金支持，科技服务平台中大数据的建设标准、数据的存储设置、如何规避风险、数据的运营机制等问题缺乏严格统一的政策文件，而这些文件需要国家统一制定出台。因此，在平台建设时期地方政府与国家部门没有形成有机的统一，很容易使得科技服务平台的建设与发展出现无政策监管、人员与职责不符而无人监管的局面。

综上所述，目前人们对科技平台绩效考核现状较为清楚，但关注点集中于传统单一科技平台的绩效考核，对基于大数据环境下构建开放、共享的科技服务平台绩效系统则鲜有探讨。从本章开始，笔者会致力于制定一套根据科技大数据服务平台的形成过程机制和一系列可能影响到的因素而建立起一套合理有效的科学运行的绩效评价指标体系。这套绩效评价指标体系可以有效地掌握科技大数据服务平台的运行效率和工作状态，对于提高数据的真实性和实际参考价值具有重要的战略意义。

10.2 平台运行绩效的形成机理

科技大数据服务平台是根据科技创新活动的现实需求及科技发展战略要求，采用适当的机制、规则与方式等将不同主体、不同种类科技资源基于大数据环境下有效汇集、识别与整合，为战略性新兴产业发展、传统产业升级提供与创新创业相关的专家咨询、大型仪器设备共享、研发融资等各类主体服务的新兴载体。科技大数据服务平台绩效是指平台支撑科技发展，为满足各行业用户创新创业需求所提供的科技资源共享服务的水平及效果，反映平台运行的优劣及产生的社会影响。

为满足科技创新创业活动所需要的有效合理的专业数据资源和资源共享服务，科技大数据服务平台应先了解各行各业不同用户对于科技数据资源的实际需求和创新驱动战略，对所收集到的用户需求进行识别、分类、筛选、描述和统计分析。科技大数据服务平台依据收集到的资源，进一步汇集来自地方政府或国家部门的人力、财力、物力、科学技术和信息等资源，对其进行有效的整合以实现资源的合理有效配置，使得不同用户的需求和平台的服务配置相连接，满足不同用户的要求。而对于“需求识别—资源整合—服务匹配”这一系列的过程需要国家部门和地方政府提供更加先进的平台服务运营机制和管理体系、科学规范管理制度和管理模式，提供财政资金和技术设备的支持，建立一支高效的优秀的服务团队。在技术指标评价体系的考核中，平台技术管理人员应根据各种用户的使用体验和后期的用户实时反馈意见做出相应的调整与完善，使得平台的运行更加流畅，提高服务质量，优化用户的体验感。科技大数据服务平台运行的首要目标即为提升平台的运行绩效，由各利益相关者参与，在取得用户的不同需求后进行资源的合理有效配置，最后进行需求和资源配置的有效连接，促进了大数据服务平台各不同要素之间的相互影响、相互促进。科技大数据服务平台运行绩效形成如图 10.1 所示。

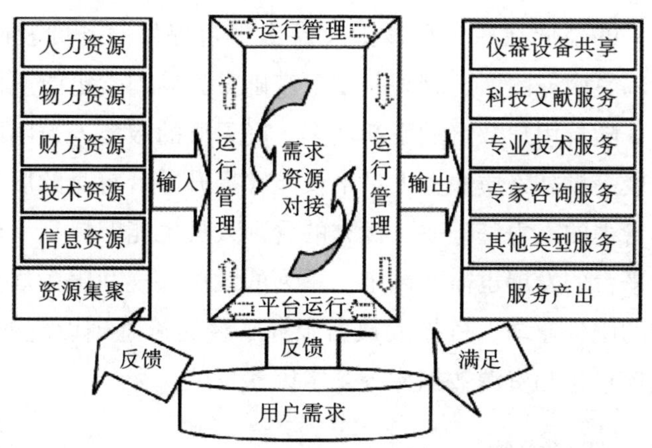

图 10.1　科技大数据服务平台运行绩效形成机理

10.3　业绩考核系统设计的影响因素分析

10.3.1　资源整合

科技大数据服务平台运行的基础是大数据资源，要使平台高效、合理、正常运行必不可少的就是科技数据资源的持续不断的整合和输入。资源整合是依据各级地方政府对社会各界人士创新创业的需要，优化社会资源配置，通过资源的整合来提高社会资源的利用率。科技大数据服务平台的目的是为了将资源进行共享，只有不断汇集科技资源，优化科技产业结构，才能不断满足用户查找资源的需求，促进产业创新创业的发展。而决定平台持续不断高效发展的关键性因素则是平台的资源质量，平台资源质量越高，用户的体验感、满意程度越好。

10.3.2　运行管理

随着科技大数据的不断发展，数据资源不断增加，用户数量也在日益增多，科技大数据服务平台需满足用户日益增长的需求，这就对“需求识别—资源整合—服务匹配”这一运行模式提出了更高更细致的要求，平台运行管理水平的高低在一定程度上反映出平台提供服务的及时性和有效性，管理基础、服务团队、管理制度及基础设施等因素更能全面反映平台管理的模式。随着用户数量的不断增多，高素质的服务人力团队是重中之重，培养发展一批高素质服务人员不仅能够提升平台自身的服务质量，作为平台运行管理的人力基础——优秀的管理人员也能够提高平台的知名度和吸引力。平台的发展也需要制定一系列的政策法规和服务规范体系以不断提高自身的服务业绩。科技大数据服务平台通过基础设施的有效支撑，可通过网络信息化和资源数据库等基本因素反映。

10.3.3　服务成效

科技大数据服务平台收集科技资源为增加用户的使用感和向用户提供

科技服务所产生的结果和一定的影响被称为服务成效。服务成效的重点则是关注用户在数据平台进行创新创业活动是否得到了支持，并满足于用户自身的需求。用户的体验感和满意度、平台所产生的经济效益和社会效益、平台支撑效果等因素可反映出一定的服务成效。用户的体验感和满意度从用户的角度出发，反映科技平台的服务效果，通过对用户的满意度调查可以更好地了解用户的需求，使管理人员及时针对用户的反馈和建议进行合理有效的整改，有助于平台更好地完善服务体系。经济效益则是平台对管理人员和企业带来的经济收益。社会效益是平台服务在促进社会发展方面所产生的效果，主要包括地方政府的决策、企业创新发展和民生服务等方面。平台支撑效果则是指平台支撑用户科学地进行数据查找研究，体现了平台对于用户的重要作用。

10.4 科技大数据服务平台运行绩效评价指标设计

10.4.1 评价指标体系

前面部分阐述了影响科技大数据服务平台运行绩效的一系列因素，按照平台运行的全面性、系统性、科学性等原则，综合考虑各因素的影响程度与路径，下面制定了科技大数据服务平台运行绩效评价指标体系。该评价指标体系包含三个级别的指标体系：一级指标包括科技资源整合、平台运行管理和平台服务成效三个类别，每个类别的二级类目如下：资源整合包括资源整合的数量与质量；运行管理包括管理基础、服务团队、管理制度与基础设施；服务成效包括科技支撑效果、用户满意度、经济与社会效益。每个二级类目又细化为多个三级量化指标，详见表 10.1。

10.4.2 指标解释说明

加盟机构数量是指参与到平台运行的科技服务机构的数量，它们大多拥有较为丰富的科技资源或科技人力，均能够独立对外提供科技资源运作

表 10.1　　科技大数据服务平台运行绩效评价指标体系

一级指标	二级指标	三级指标
科技资源整合	资源整合的数量	加盟机构数量
		科技研发成果数量
		科研专家与团队数量
		大型仪器设备共享数量
		参与平台运营的科技资源比率
	资源整合的质量	科技资源的增长率
		科技成果的先进程度
		关键核心领域优势科技资源的覆盖率
		科技资源维护、更新频率
平台运行管理	管理基础	科技平台战略规划的完善程度
		科技平台运作模式的先进程度
	服务团队	平台服务人员的数量
		硕士以上学历的在职员工比重
		员工每年的学习培训次数
		服务相关内控规范的科学有效性
	管理制度	平台产权制度的完善程度
		平台考核与激励机制的有效性
	基础设施	网络信息化建设的完备程度
		科技资源数据库的完备程度
平台服务成效	科技支撑效果	平台一年提供科技咨询服务的次数
		平台一年提供创新创业相关主题服务的次数
		新增科技新产品的数量
		每年新增专利的授权量
		新增技术标准的数量
	用户满意度	用户对平台的粘性
		用户对平台服务需求的增长率
		用户对平台的满意程度
	经济效益	平台新增的创新创业服务收入
		平台的成本降低率
	社会效益	平台的科技集成运作水平
		科技服务业的发展状况
		创新创业环境的改善程度

服务，借助于平台，能够更好地提升其服务绩效。此类科技服务机构主要涉及：科技服务机构、参与平台集成的科技企业、高等学校、专业科研院所、各类工程技术研发中心、各行业科技检测单位、科学实验基地、产学研合作研发平台等。

科技研发成果数量主要是指科技大数据服务平台自身所拥有的、参与平台运作的先进科技成果的数量。基于平台高质量发展的内在需求，平台需要不断积累拥有自主知识产权的高科技成果，平台对高新科技成果的要求标准较高，往往需要经过多层级的严格筛选，必须属于业内领先、且能够满足特定群体创新创业的需要。

科研专家与团队数量指的是具有专业先进科技成果咨询服务能力、且能够为科技大数据服务平台的终端用户提供与技术引进、科技情报、科技研发、科技转化、科技应用、高科技产品创新、关键技术攻关等知识相关的专家与团队的数量。

大型仪器设备共享数量主要包括那些参与共享、为科技平台终端用户提供专业科技性能检测、加工、分析、设计、价格至少在 20 万元以上的仪器设备数量。

参与平台运营的科技资源比率指的是那些科技平台所拥有的不需要平台进一步加工、整合或处理，用户可以直接拿过来使用以满足其创新创业需要的科技资源占总的科技资源的比率。

科技资源的增长率反映了科技平台获取科技资源的可持续性，可以用科技平台新增科技资源的数量与平台累计科技资源数量的比值来表示。

科技成果的先进程度主要指的是科技平台所拥有的科技成果的新颖度，可以设置成五大等级，分别是：国际领先水平、国际先进水平、国内领先水平、国内先进水平、省内先进水平。

关键核心领域优势科技资源的覆盖率指的是科技平台所拥有的服务特定区域的关键核心技术科技资源的数量占平台科技资源总量的比值。

科技资源维护、更新频率指的是一定期间内科技平台不断更新科技资源、维护保养科技资源的总次数。通过定期地对科技平台的科技资源进行更新、保养与维护，有助于提升科技平台中科技资源的先进性、安全性、有效性。

科技平台战略规划的完善程度意指科技平台在设计、执行平台发展战略规划时的运作完备性，衡量的标准主要包括：科技平台战略发展目标制定的准确性与科学性、平台重点运作与服务领域定位的科学性、平台整合集聚科技资源与经济市场环境的匹配程度、平台发展战略规划的可行性与现实适应性。

科技平台运作模式的先进程度衡量的是科技平台运作的先进性。衡量的标准主要包括：科技平台运作管理的基本原理、概念、理念与方法的科学性、科技平台管理的相关制度与具体内部运作流程的先进性与协调性。

平台服务人员的数量主要是指在线直接参与科技平台相关服务的人员总量。

硕士以上学历的在职员工比重指的是科技平台所有员工中拥有硕士以上学历职工占平台所有职工数量的比值。

员工每年的学习培训次数指的是在特定的时期内（通常以年为单位），科技平台对在职服务员工进行加强型专业技术培训与服务培训的总次数。为了更好地提升服务水平，科技平台应经常开展有关的技术知识或服务培训，聘请一些各领域技术专家做些专题讲座，这有助于提升员工的综合素质。

服务相关内控规范的科学有效性指的是科技平台系统内部的服务过程、服务标准的科学有效程度，这个可以通过设计问卷针对性调研获知。

平台产权制度的完善程度主要指的是科技平台是否能够很清楚地界定每项科技资源的产权、支配权、使用权等产权相关权益的归属人及产权权力的使用权限范围。

平台考核与激励机制的有效性主要指的是科技平台的绩效考核与激励制度、激励方法、业绩标准的合理性、可操作性与科学性。

网络信息化建设的完备程度是指科技平台互联网络的信息化建设程度。衡量标准主要涉及科技平台对外终端门户网站的功能设置是否完备、网络支撑设备的购置是否先进与充足、网络系统的调试和维护等是否健全等。

科技资源数据库的完备程度是指科技平台在获取科技资源时，对科技资源进行数据录入、应用识别、储存与整合体现出的功能完备性。主要的衡量指标包括科技平台是否拥有一支科技实力强、综合素质强大的科技信息管理团队、是否拥有功能强大的科技信息储存空间、是否配备完善的搜索引擎等。

平台一年提供科技咨询服务的次数指的是科技平台注册的科技专家为平台用户一年所提供的创新创业、技术市场调研、技术转化瓶颈、先进技术识别、技术开发可行性分析等相关科技咨询服务的总次数。

平台一年提供创新创业相关主题服务的次数指的是科技平台注册的专家为平台的创新创业主体或用户提供的科技专题服务总次数。科技平台所提供的创新创业相关服务具有全面性、领域广、主体复杂等特征，需要借助于多领域专家、多种咨询形式、多种科技资源类别在线服务来支撑，才能够不断满足科技平台那些创新创业用户的科技服务需求。

新增科技新产品的数量指的是一定时期内，借助于科技平台的科技创新相关配套服务支撑，企业所开发出的科技新产品的数量。

每年新增专利的授权量指的是借助于科技平台科技相关配套服务的支持，平台注册企业与个人用户每年新申请、获得授权审批的各种类型专利数量，主要包括发明专利、实用新型专利和外观设计专利。

新增技术标准的数量指的是借助于科技平台的配套服务支持，一定时期内，企业与个人用户制定的新的技术标准的数量，衡量标准有基础性技术标准、产品技术标准、工艺性技术标准与检验性技术标准。

用户对平台的粘性指的是终端用户对科技平台的技术依赖程度以及使用平台的频率。一般地讲，用户对平台的粘性越大，说明用户对科技平台的使用体验感觉越好，忠诚度相应地也越高，对平台提供的功能与服务质量就越满意。

用户对平台服务需求的增长率是指科技平台新增加的用户对服务需求的数量与平台积累的用户数量两者的比值。

用户对平台的满意程度是指对科技平台感到满意的用户群体数量与平台所集聚的用户总量两者的比值。

平台新增的创新创业服务收入指的是借助于科技平台所提供的科技配

套服务支持，企业与个人用户研究开发出的各类新兴高科技产品所获取的销售收入。

平台的成本降低率是指借助于科技平台提供的配套服务支持，企业产品生产过程中所降低的成本与原来的成本耗费额之间的比值。

平台的科技集成运作水平在一定程度上代表了科技平台对特定地域政府科技管理部门科技管理的支撑与提升作用，衡量标准主要包括科技平台科技管理业务的流程化、规范化、开放共享度和信息化。

科技服务业的发展状况指标主要反映科技平台对科技知识的传递、推送、互动交流、科技信息推广培训、技术转化与推广、技术服务咨询、技术孵化器、技术市场发展、技术服务机构发展等方面的促进作用。

创新创业环境的改善程度反映了科技平台对特定区域内创新创业相关科技资源的集聚、融资渠道拓展、强化对科技平台注册用户的知识产权保护意识与力度、提高用户对科技创新的意识与积极性等方面的改善。

上述分别从资源整合、运行管理和服务成效三个方面构建了科技大数据服务平台运行绩效评价指标体系，并进一步对影响科技平台运作的多个影响因素进行了细化分析，这不仅有助于提升平台的运行绩效，还有助于特定地域的政府科技管理部门动态掌握大数据科技服务平台的运行绩效，为科技平台制定长远健康发展战略提供科学依据。

10.5 绩效评价系统开发设计

10.5.1 设计思路

本节目的则是通过对科技大数据服务平台的评价主体、评价客体、评价指标、评价方法进行科学研究，设计一套合理的综合绩效评价系统，该系统需满足集信息采集考评、指标动态定义、用户专家点评、点评分值计算、结果统一查询为一体，分为 B/S 三个有效的系统层次，分别是表示层、应用层和数据层。其中表示层即为 Web 客户端，是平台的系统管理服务人员、平台用户、专家用户和授权用户、服务对象等不同授权用户的登录接口。应用层是该系统的核心，也是系统的可视化管理模块，由考核信息管理、考核配置管理、考核评价管理和考核结果管理等四大应用板块所组成。数据层则是将各类文件和数据进行有效的储存，随着科技大数据服务平台的日益发展，将数据层指标体系运用动态定义的管理模式，方便日后的修改与完善，系统框架如图 10. 2 所示。

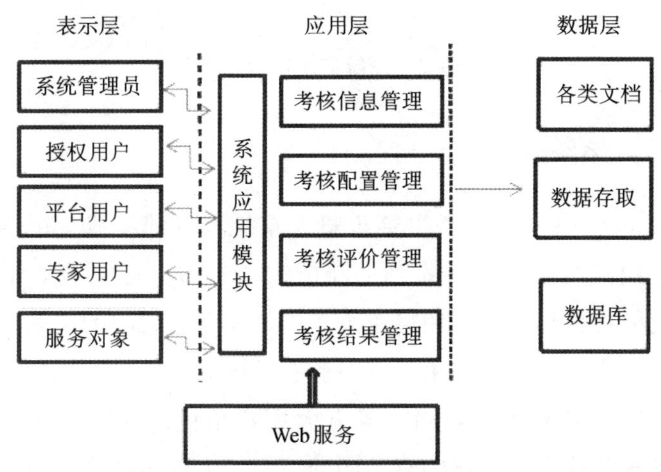

图 10. 2 科技大数据服务平台运行绩效评价系统整体框架

10. 5. 2 系统应用功能

依据科技大数据服务平台的一系列考核评价工作体系，由四大功能模块组成的可视化管理模式的系统分别为考核信息管理、考核配置管理、考核评价管理和考核结果管理。四大模块不仅可提升系统的易用性，也可改变系统的完善程度。其中，考核信息管理模块的内容为填写自评信息、信息审核规范、填报信息查看、填报信息维护等；系统管理员具有考核配置管理模块的唯一管理权限，该模块的具体内容为系统权限管理、考核指标管理、指标权重管理、考核模型管理等；考核评价管理的内容为对参与的用户进行评价、对用户专家进行评价、定性数据管理、定量数据分析、分数计算考核、考核等级评价等；考核结果管理的内容为考核结果查询、考核结果统计。系统应用功能结构如图 10. 3 所示。

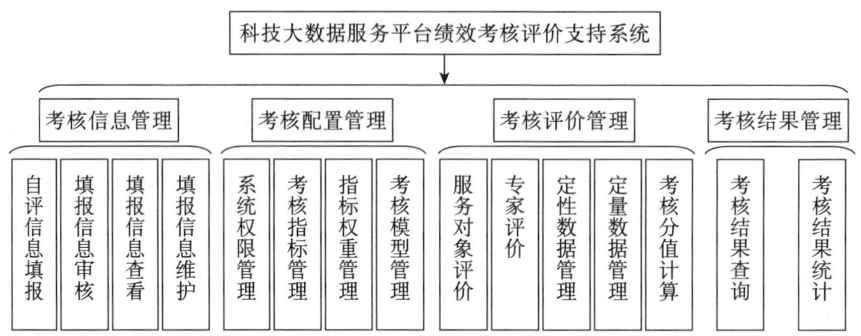

图 10.3　系统应用功能结构图

10.5.3　系统用例设计

用例（use case）是一条贯穿于整个系统开发的主线，用例的主要作用是通过运用例图将系统一系列的功能需求直观、形象地展示在用户眼前，即系统的可视化方式，使得角色、用例及它们之间的关系能够通过系统功能模型图直观地反映出来。该系统有系统的管理员、授权用户、平台使用用户、服务对象和专家用户等五大用户角色，采用分级权限管理机制。不同的角色在系统操作中有不同的用例，主要包括系统权限管理、系统指标管理、系统考核模型管理、填写自评信息、信息审核规范、填报信息查看、填报信息维护、定性与定量数据管理、数据分值计算、考核等级评价、结果审核查询、结果审核统计等。对于不同的角色用户应具有不同的操作权限。系统的管理员主要的操作权限为用户权限、指标评价、指标权重、考核模型等。授权用户的主要操作权限则为填写信息审核、查看审核结果、数据结果统计等。平台使用用户的主要操作权限为自我评价信息填报、服务对象授权、维护用户填报信息、查询考核结果等。服务对象的主要操作权限为对接受平台服务的对象做出满意度评价。专家用户则对平台各种信息的查阅进行平台定性考核指标的评价。

10.5.4　评价模型

根据考核内容的不同，构建不同的考核模型：定性评价模型、定量评价模型与混合评价模型。首先，分别应用定性评价模型、定量评价模型完成定性与定量指标的计算，然后应用混合评价模型对科技大数据服务平台的定性、定量评价结果进行综合评议。由于不同平台的同一指标存在不同质的问题，因此，在定量评价之前需要对相关指标进行无量纲化处理。各评价模型与无量纲化处理方法如下：

（1）定性评价模型：

$$A = \sum_{j=1}^{m} F_j \frac{\sum_{i=1}^{m} M_i - (M_{\max} - M_{\min})}{(n-2)}$$

式中，A——定性评价绩效；m——末级定性指标个数；n——评议专家或用户数量；F_j——末级指标权重；M_i——评议专家或用户评分分值；$M_{\max}$——评分最高的分值；$M_{\min}$——评分最低的分值。

（2）定量评价模型：

$$A = \sum_{j=1}^{m} F_j M_j$$

式中，A——定量评价绩效；

m——末级定量指标个数；

F_j——末级指标权重；

M_j——末级定量评分分值。

（3）混合评价模型：

$$A = \sum_{j=1}^{k} A_j$$

式中，A——综合绩效；k——此次考核包含定性与定量模型的个数；A_j——某个模型得分。

（4）无量纲化处理方法：

$$M = \frac{P}{\bar{P}} \times 100\%$$

式中，M——定量指标分值；P——该平台定量指标值；$\bar{P}$——各同类平台该定量指标平均值。

当 $M \geqslant \bar{P}$ 时，M 分值为 100，反之为实际分值。

10.5.5 平台系统功能实现

（1）科技平台的服务器端口主要包括：平台运行，使用的是 MS Windows Server 2008 以及 Web 服务器（Apache HTTP Server）；系统开发工具，选择的是 PHP－5.0 语言及 Zend Studio 集成环境；系统建模工具 Sybase Power Designer；存储数据的数据库，采用的是 Microsoft SQL Server；系统通信协议，采用的是 TCP/IP；客户端的运行平台，采用的是 Windows XP；浏览器，选择 Microsoft Information Explorer。

（2）绩效考核管理模块。该模块根据平台考评的任务需求，实现各主体的考评信息采集、录入、审核、识别、分析、查阅，主要设置自评信息填列、个人考评信息审核、考评信息审阅、考评信息打印、考评信息维护等功能。其中，自评信息填列是科技平台填报考评信息的在线入口。科技平台根据考评主体的性质、单位属性等引导用户完成考核自评信息填报，主要包括自评表填写、自评反思总结、考评相关附件上传；填报信息审核主要是对各科技平台所填报自评信息的规范性、合法性、合规性进行审核（由授权用户自己亲自审核），未通过审核的用户自评信息将被退回科技平台，用户再整改、整合重新填报。对于通过审核的用户自评信息，会提交平台考评组作为服务绩效考核评价的参考依据，不允许再做任何修改；填报信息查看主要是为平台企业与个人用户、考评专家、服务个体提供服务业绩考评信息相关资料的查阅服务。该模块允许授权用户、考评专家在线查看被考评科技平台的所有填报录入科技信息；填报信息下载打印功能主要是为被考核科技平台提交纸质自评报告而专门设计的，平台、企业与个人用户、其他授权主体均可适用。

（3）考核配置管理模块。为推进科技大数据服务平台考评工作的科学化、合规合法化，评价指标体系应全面权衡稳定性与发展性的双重需要，不断进行动态优化升级。考核配置管理模块主要是为此而设置的，其主要功能是从事系统权限管理与评价体系管理。考虑到考核对象发展过程及考核评判价值观的演变历程，本模块中的评价指标设计、指标权重得分、考核模型选择均选用了自定义模式，以此提升平台系统的灵活性与适应性。

考核配置管理模块主要涵盖四大部分：考核指标管理、指标权重与分值、考核模型管理与系统权限管理。其中，系统权限管理是基于用户权限的管理模块，系统管理员具有该模块所有功能的管理权限，其为授权用户群体、评审专家、平台用户及其他主体进行授权；考核指标管理（包括指标权重管理）可以采取以下方法：按照树状结构构建灵活的指标树，涉及的管理内容主要有指标名称、指标含义、指标类型、指标说明、指标界定、指标权重等；考核模型管理主要是依据考核对象的差异，选择相适应的考核模型，常用的有定性评价模型、定量评价模型、混合评价模型三大类。

（4）考核评价管理模块。作为整个平台考评工作的核心，考核评价管理模块功能主要涵盖：服务对象评价、专家评价、定性数据管理、定量数据管理、考核分数计算、考核等级界定与评价。其中，服务对象评价是终端用户对科技平台的评价，具体做法是服务对象在线登录平台系统，提取服务用户的评价指标，对平台服务情况进行详细、全面的评价与赋分。专家评价是各领域专家对科技平台的服务评价，由专家在线登录系统，阅读各科技平台的自评报告，进一步提取出相应的平台综合评价指标，按照一定的方法进行赋分评价。定性数据管理主要是对通过专家与用户评价的指标数据的规范化进行详细审核，未通过审核的数据将退回专家与用户手中重新修改，只有通过审核的科技数据才能作为绩效评价的最终数据，提交至考核评价数据库。定量数据管理是通过直接提取各科技平台填报的定量指标数据，对其真实性、规范性进行严格审核，未通过审核的数据将退回平台反复修改。通过审核的数据经无量纲化处理，之后提交至考核评价指标库。考核分数计算功能是根据定性、定量评价指标的内在差异，分别选取相应评价模型，提取有关指标、数据（定性与定量指标）进行赋分与计算，具体包括计算各定量指标的平均值、定性、定量及综合绩效的平均值，各一级指标的汇总计算与排序。考核等级界定与评价功能则是根据各平台一级指标的计算、分值排序结果与综合考评分值，填写考评分析的有关说明与详细考评意见，并生成绩效考评报告。

（5）考核结果管理模块。考核结果管理模块包括两大块功能：考核结果查询与考核结果统计。其中，考核结果查询可以按考核年度查询到科技平台的详细考核结果，包括科技平台的定量指标赋分、定性评价赋分与权重、综合考核绩效分值与等级、最终考评意见等。平台的系统用户、授权用户拥有该模块所有功能的查询权力。但平台用户的权限相对小一些，仅能查询到各自科技平台的绩效分值与考评结果。考核结果统计汇总了所有科技平台的整体考核结果，主要按照平台类型进行统计，详细的统计内容涵盖：科技经费投入、科技转化经济效益（直接和间接效益分别统计）、承担科技项目（国家、省部级与其他级别分别统计）、完成成果数量与等级、获奖数量与等级、取得专利数量与等级等。

综上所述，科技大数据服务平台绩效评价支持系统是一个集科技考评信息采集、考评专家与用户评议、考评分值计算、考评结果在线查询为一体的综合性评价管理支持系统，它的高效运行有助于各省市更好地开展科技平台的绩效考核管理。对该系统的持续开发研究相应地将对后期科技平台的科学高效评价与管理决策提供有力的支撑。值得一提的是，该系统在评价指标体系设计与应用中实行了自定义模式，这不仅增强了系统的灵活性，还提升了系统的通用性与普适性，为更好地进一步推广与应用奠定了坚实基础。

10.6　小结

基于对科技大数据服务平台健康发展与运作管理的现实需要，本章对科技平台的运行绩效的内在形成机理、影响因素进行了多方面的系统分析，并从资源整合、运行管理、服务成效三个层面设计了科技大数据服务平台的绩效评价指标体系。进一步，详细分析了科技平台的评价主体、客体、评价指标、方法与流程，整合设计了一套包含绩效考评信息采集、绩效指标动态界定、科技专家与用户评议、绩效考评分值汇总计算、考评结果统计与查询的综合绩效评价系统。这既有助于科技大数据服务平台长期持续的科学绩效考核与评价，还有助于政府科技管理部门动态全面掌握科技平台的服务状况，推动远期科技战略的高效执行。

伴随科技服务平台的不断发展及与全球接轨，科技平台的运行模式、服务类别、内容与性质差异越来越突出。后期，依据科技大数据服务平台的不同定位，建议应采取差别化的运行绩效考核方法，不能千篇一律，且政府财政科技补贴的力度也要体现出差异性，重点支持关键核心领域、基础性、公共性、政策导向性的科技平台建设。建议设计两套科技平台的绩效考核评价体系：第一套是公共性科技大数据服务平台的绩效考核体系，集中考核科技资源的维护、建设投入及公共性服务满意度；第二套是准公共性科技大数据服务平台的绩效考核体系，集中考核科技资源的核心能力提升以及对外科技服务的效果。

第 11 章

科技大数据服务平台资源信息共享机制设计

前已述及，科技大数据服务平台（以下简称科技平台）建设是一项牵涉多方主体利益、关系复杂的系统工程，具有特殊性和多样性，既要充分发挥政府的主导作用，又要协调利用好市场可调控地配置科技资源。采取多种手段和方法共建共享，在更大范围和更广领域实现科技资源的优势互补是科技大数据服务平台可持续发展所追求的目标。对科技大数据服务平台共享机制的考量，可以从以下四个方面着手设计：平台的资源投入模式、社会利益相关者科技资源加盟机制、人才队伍建设机制与科技平台激励机制。

11.1 基于共建共享原则构建科技大数据服务平台的资源投入模式

11.1.1 充分利用财政资金引导作用，加大国家财政资金对科技平台投入

站在全球视野下，英美等经济发达国家、新兴的工业化国家都把科技创新、技术能力提升作为参与全球经济竞争战略的重要举措，积极应对全球各个国家经济一体化发展的主流趋势。“十四五”期间，我国也以培育自主科技创新能力与关键核心技术竞争优势为立足点，加大对科技资源要素的规模投入，尤其是注重加强科技大数据服务平台的系统工程建设，致

力于为各产业科技主体提供多样化、动态、相关的科技服务信息。科技大数据服务平台是近几年政府财政重点支持的领域，后期还需要优化调整科研经费中的产业、地区、企业支出结构，从根本上扭转“重视科研项目，轻视科研条件建设”的错误观念，提升科技大数据服务平台的投资规模、结构与比例，厘清政府、市场、公益组织、各产业企业在科技资源配置中的密切关系。当前阶段，考虑到在科技资源与信息配置过程中市场机制的基础地位与核心主导作用尚不能得到充分发挥，政府还需要起到强心剂的作用，保证科技服务平台建设的稳定持续投入，强化财政资金的引领与导向作用，引导高等院校科技工作者、科研院所科研骨干、各产业科技中介机构、行业科技协会、科技企业等主体，风险资本、社会资本积极融入科技大数据服务平台的投资建设，最终培育成政府相关部门主导、引导、各类其他利益相关者协同共建的长效投资机制，为平台的高质量健康持续成长与发展提供坚实的基础保障与强大后盾。

11.1.2　强化政府财政资金对科技研发的投入力度，优化整合共享科技资源

遵循“整合、开放、共享、互联、信息、智能”的构建原则，后期科技大数据服务平台的建设管理应围绕终端共享为核心，最大程度地整合利用平台经济优势提升科技资源的利用价值。政府与其他相关部门要精准分析创新背景下各类科研机构的发展形势、多重需求、工作任务，从战略出发科学权衡财政资金在科研项目中的资金投向，全面分析各类产业科技大数据的内在规律与发展特点、经济价值，据此合理整合各单位的科研设备、精密仪器、创新实验基地、科研管理系统平台等，以推动不同单位的科研共享，具体措施有：在科技资源的投入方向方面，加大对国家卡脖子关键技术领域、学科的科研仪器技术水平，配备国际一流的设备，引导搭建跨省域、跨产业、交叉学科的先进科研仪器设备共享服务平台，尤其是鼓励高校、科研院所与企业共同合作建立开放型产学研共享研究实验基地；引导鼓励有较强科研资源实力、共享意愿与能力都较高的各类主体积极推行联合评议制度、共建共享专项管理制度，对于共享系统存在的科研

设备，严禁重复性支出，提升共享平台的管理效力，从源头上保障科技大数据服务平台的共享程度，这对于政府相关部门合理调控科技资源规模、结构、存量起到明显作用，也有助于高效挖掘既有的科技辅助资源的研发潜能，改善科技大数据服务平台中的科技资源的利用效率与效果。

11.1.3 优化政府财政科技研发投入结构，增强辅助科技设施的支撑力

科技大数据服务平台的基础与重要载体是物质设备与科技信息支撑保障系统。新经济环境下，互联网、物联网、移动支付与云计算、多媒体协同、大数据挖掘、虚拟现实等为科技大数据服务平台的高效运行提供了全方位的资源、设备、信息技术的有力环境支撑。后期，政府财政资金在对科技大数据服务平台提供支持时，应有所侧重地强化对平台运行环境的支持，以防止出现“见物不见台、见平台不见服务、服务呼叫见响应不见处理”的情况。除此之外，为增强科技大数据服务平台的运作效果，财政部门还应根据科技平台的运行质量、运行效果制定考核指标、分阶段、有侧重、灵活分批次地投入经费，以防止资金不合理使用与消费。

11.1.4 构建多个层次的科技信息协调管理系统，降低信息沟通成本

信息沟通成本是科技平台服务过程中发生数额较大的一项成本。科技平台共享机制的建立首先需要降成本，采取的措施如下：首先，通过搭建全面统一的科技信息协调管理系统，降低各类用户的科技信息使用成本，这样一来，用户借助于统一的在线信息管理账户与密码，登录使用与科技大数据服务平台建立业务关系的周边科技服务机构的服务。其次，基于分布式数据库，搭建跨区域、跨平台、跨机构的横向信息管理系统链，最大程度地促进高校、科研院所、企业、金融机构、政府科技管理部门的多样合作。最后，通过在线科技业务审批、在线资金支付、在线业务沟通协调降低科技信息使用成本。

11.1.5 利用 P2P 金融优势，构建完善的科技投融资体系

科技创新成果转化，离不开金融服务大数据支撑。通过前面的深度调研可知，科技研发人员、孵化器管理人员与部分企业员工均提及当前的科技创新投融资机制存在很多问题，亟待改革。以青岛市为例，青岛科技大数据平台目前提供的金融服务较为局限，对互联网金融的融合不足。互联网金融能够降低企业融资成本，提高科技创新成果转化成功率。后期需要强化 P2P 带来的金融优势，搭建大数据科技投融资模块。

11.1.6 公共机构和民营机构相互补充、协同合作

科技大数据平台是在政府主导下建设的科技创新服务机构，这种公共运作模式优势明显，能够为科技服务平台发展提供必备的物质资源支撑，缺点是对市场环境变化的感知敏感度较差。为了克服此缺陷，后期需要加强科技服务平台与民营科技服务机构的密切合作。以提供科技中介服务为代表的众多民营机构是科技资源供给、科技研发、科技成果转化中的一股重要力量，提升这些民营机构对科技服务平台的参与程度，是科技大数据平台共享机制的重要组成部分，建议通过参股等多方式参与。

11.2 完善科技资源加盟机制

科技资源加盟是将高校、科研机构、科技企业研发相关的各类科技资源加盟到科技大数据服务平台，为终端用户群体提供智能化、一站式的科技成果查询、下载与使用服务。科技资源不仅包括科技资料文献、企业科技投入与成果数据、科技标准、各类专利、非专利成果等直接的科技创新资源，还包括中央、地方各级政府下属科技管理部门的科研计划管理、科学仪器设备、产业科技需求等信息。当前，很多省市的各类科技信息资源集成程度还不高，尚未建立起统一的大数据科技信息资源加盟中心，且资源的自我更新频度也较差。后期，科技平台的运作管理人员应顺应经济形

势要求，建立完善统一的科技信息收集标准、规范，提高信息的利用效果。建议科技平台采取集聚式的科技服务模式。在此模式下，科技平台能够较好地利用现有的互联网系统与在线资源，以统一的共享标准与共享流程将多主体的科技资源集中汇集。集聚服务模式要求科技平台拥有统一的数据库与数据分类标准，该库要囊括人才资源、一般科技资源、专项科技资源、科技项目管理资源、科技政策资源等七类资源形式。这些年，为了集聚更多的科技资源，各省市的科技平台都通过加盟吸引越来越多的科技资源。以青岛市为例，截至 2018 年年底，大数据平台集聚的各类加盟机构数量已经超过 400 家。后期，为了进一步推进科技资源单位的加盟积极性，平台还应该制定更加包容的合作与加盟政策，降低加盟门槛，以吸引更多优质资源。还应注意的是，平台一方面具有社会公益属性，需要为社会提供公益服务；另一方面，还具有一定性质的经济属性：排他性和竞争性。平台会对特定用户的资源使用行为收取一定费用。基于此，科技平台的社会价值实现可通过政府宏观引导和调控，实行政府补贴的形式，尽量让国有资源和公益性资源能够最大限度地发挥作用；其经济价值则需借助市场力量，提倡实行基于用户需求导向的科技资源供给。

11.3 强化基于共享的人才队伍建设

11.3.1 共享科技人才需求分析

平台人才队伍是科技大数据服务平台建设管理的重要支撑力量，其地位举足轻重。笔者将科技大数据服务平台（以下简称平台）的共享人才分成两大类，一种是具有管理职能的人才，可以称之为平台管理人才；另一种就是在科技服务平台中做具体的操作和服务的人员，称之为技术服务人才。技术服务人才和管理人才共同组成了平台的专业化人才队伍。管理人才的工作内容主要是部门间统调、服务机制确立、服务工作监督及技术服务人才绩效考核。技术服务人才的工作内容主要是资源使用、资源维护、适当科研工作以及对外提供科技资源服务。详细的人才需求结构见表11.1所示。

表11.1　　共享科技人才需求结构

国家研究实验支撑体系	实验室管理、仪器操作	观测工程师、实验工程师、技师等
自然科技资源的保护和开发	标本、种子收集分析与收藏	专家和技师
科学数据共享	精通于计算机、网络、数据梳理、管理、服务和共享技术开发	高水平工程师和研发队伍
科技文献资源网络体系建设	跟踪世界科技发展动向和水平的科技文献信息收集、加工处理、信息检索等方面	文献技术工程师、信息分析工程师、网络支持工程师和图书资料员
网络科技环境建设	网站管理、网络信息资源处理技术、信息编辑	系统工程师、网络工程师、管理工程师和软件研发人员
服务于科技资源服务平台运行评估监测	评价管理、监测工作	专业评估人员
科技资源服务平台	专业性的技术服务、科技资源服务平台的日常运行与维护	技术服务与管理人才

11.3.2　共享科技人才供给现状

与人才需求相比，目前科技大数据服务平台的人才供给面临诸多问题，主要体现在：①人才队伍的科技服务功能缺失。目前大多数省市的科技大数据服务平台的运营管理主要由兼职人员完成，专业的平台管理与服务人员较少。②人才队伍建设体制和机制有待完善。当前，各省市还未出台鼓励社会资本与力量参与科技大数据服务平台管理的相关体制、政策文件，很大程度制约了科技资源的共享度，也导致大量的平台管理成本。③人才管理的考评与激励机制不完善。科技平台的高效运作需要建立一套有利于平台健康发展、相对独立、科学的考核机制和指标体系，目前很多的科技平台对其人员的考评主要依赖其依托单位的考评和激励制度，与平台管理严重脱钩。

11.3.3 基于共享的人才队伍建设

要建立相对合理有效的人才队伍，就要从以下几个层面出发进行考虑，以增强人才队伍的服务质量，具体措施包括：①在制定科技大数据服务平台总体发展目标的同时，要考虑到高层次科技服务人才的特点、能力与需要，将人才队伍培育与科技大数据服务平台的建设紧密结合，并在平台管理中设计有效的信息反馈机制。②人才选聘机制。建立一套科学合理、全面动态、公开透明的科技服务质量评价指标体系，从服务水平、服务意愿及技术实力等方面择优选择员工。③考核机制。首先确定工作内容和年度工作指标，然后建立具体的考核指标与完成情况表格，对平台不同岗位的科技平台人员设计差异化的考核指标。④建立开放、共享的平台人员流动机制。平台不仅要培育一支稳定的服务队伍，还要鼓励员工在科技主体之间流动，尤其是对大数据服务平台的管理人才更应如此，只有流动才能让这些科技人才开拓视野，掌握丰富服务经验。⑤先进理念培育。要充分认识到专业科技人才是平台发展的第一资源，要给予充分的尊重和支持。⑥大力推动各产业行业协会发展。行业协会一般都是非营利性的，是政府批准组建的旨在加快产业领域内交流与合作的社会组织，它可以完成政府相关部门难以完成的许多协调工作，最大限度地调动产业、行业层面科技资源力量，推动科技平台发展，基于此，有必要成立科技平台行业协会，并推而广之，让科技服务真正成为一个大众普遍关注的行业。

11.4 科技平台激励机制设计

激励指通过满足个人的内生动机和外生动机，调动人的积极性。科技大数据服务平台各参与机构的积极性是科技平台能否持续发展的基础和关键因素，利用大数据分析的技术优势，能够构建更为高效的科技平台激励机制。科技大数据服务平台的激励机制构建应包含一套完善的激励流程：

激励需求调研、激励方案制定、实施及激励效果考核（见图 11.1）。

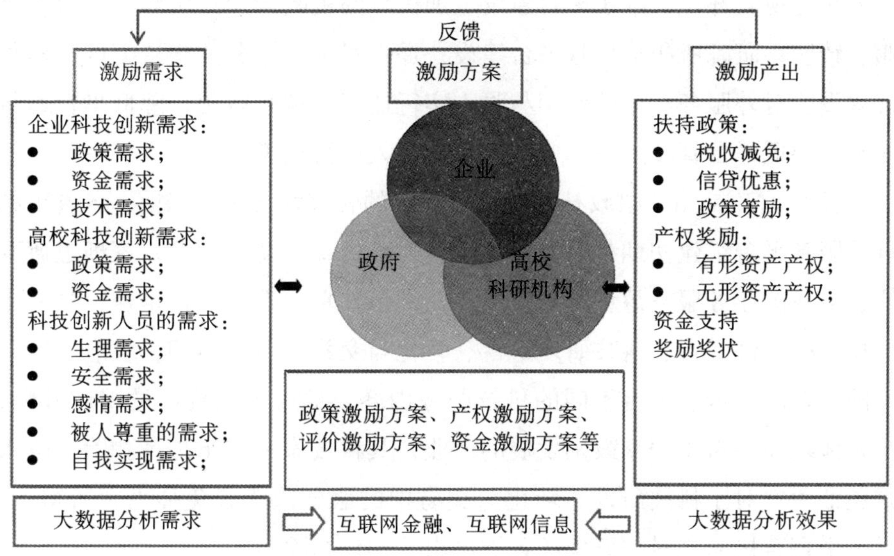

图 11.1　基于大数据的平台激励机制

下面分别从物质激励、非物质激励两个层面对可采取的激励方案给予说明。

11.4.1　物质激励

物质激励层面，主要就是税收和财政补贴、财政投入。笔者在调研时发现，这几乎是所有科技平台最关心的内容，也是影响对外服务积极性的重要因素，如果这两点能够加以解决，那么平台工作人员的积极性将大幅提高：

（1）税收。税收具有双重性，既是一种投入形式，也是一种激励形式。下面以青岛科技大数据平台为例给予介绍，该平台致力于为青岛用户提供多样化的科技服务信息。如果该平台属于高新技术企业，就要按照企业税规定履行纳税义务。不仅如此，平台建设前期的一些资金投入以及对外服务收入也要交一定的税。可见，平台税负压力不小。目前各个平台对纳税政策调整都比较期待，希望能有促进平台发展的优惠政策出台。尽管我国已经出台了研发费用加计扣除政策，但对于平台而言，其投入是否归研发费用目前还未清晰界定。后期，政府应提高税收政策的激励效果：营造公平的税收环境，给予平台建设更加优惠的税收待遇，引导广大科技企业、转制科研院所积极投身平台建设；加强对平台服务的支持力度，对平台建设、对外服务产生的费用与收入实行适当的税收减免，降低平台运行成本；降低平台管理人员、服务人员的个人所得税税率。

（2）财政补贴。财政补贴是一种间接的转移性支出。当前，各省市的科技服务平台组建初期都主要依赖政府财政资金支持，后期，逐渐过渡到依靠自身的业务服务盈利维持发展。此类科技平台发展非常迅速，主要是科技基础条件平台、科技研发平台、转化与交易平台。后期，政府应针对不同类型的平台、平台不同的科技服务内容，提供不同程度的财政补贴，主要体现在：对于国家鼓励发展的产业，其科技服务支出加计扣除，收入减免征税；对于科技研发、转化与交易中的服务收入，免征平台所得税；对于平台直接参与科技研发的各类支出，加计扣除。

11.4.2 非物质激励

（1）再培训教育。科技大数据服务平台所提供的服务兼具脑力与体力的双重性质，面向的客户层次大多是科技专家与高级知识分子，对服务人员的要求比较高，需要员工具备一定的科技知识、科技管理才能与较为先进的服务理念。平台的科技服务人员需要不断通过培训获得动态的技术成果与先进知识补给，这也是技术服务型员工人力不断保值增值的重要途径。考虑到员工个人在科技服务工作过程中仅能通过接受外界零散的科技知识来提升自己专业服务水平，平台进行集中式的人才培训显得尤为必要。这项工作建议由政府部门统一组织，采取的方式如下：①以大学科研院所为依托开展科技培训服务，让平台的技术服务人才体验科技研发，在此过程中掌握相关产业领域内的最新科技成果；②让平台服务人员积极参加各产业领域内的科技交流、科技推广与科技成果发布相关会议；③依托大型高科技企业提供灵活的短期培训、互动交流、在线咨询等机会，让其掌握更多的科技服务信息；④促进各产业领域内的科技平台之间的相互交流与合作。

（2）精神激励。科技平台可以采取的精神激励方式主要有：优选一批"优秀的科技服务专家"、"杰出的科技服务创新团队"，为科技服务人才颁发不同级别的"优秀服务人才专项卡"、"优秀科技平台管理人才"等荣誉称号，让各类人才在职务晋升、职称评定中享受更多权利，以此激发平台服务人员的工作积极性，营造一种有利于支持、鼓励各类人才成长的管理环境。

11.5 小结

本章从四个方面探讨了科技大数据服务平台的共享机制：平台的资源投入模式、平台的科技资源加盟机制、共享的人才队伍建设和平台激励机制。对于平台投入模式，基于共建共享的核心理念，需要加大财政投入、调整财政科技投入结构、打通信息管理系统、利用 P2P 金融优势、构建完善的科技投融资体系。对于科技资源加盟，科技平台需充分利用现有的网络基础，将各种类型的科技资源进行汇交，完善数据资源共享的标准和服务流程。对于人才队伍建设，需本着共享原则，在供需分析的基础上，从人才标准、考评、激励管理等着手设计。对于平台激励机制，需借助于大数据服务平台，灵活选择各类物质激励与精神激励方式，充发调动平台服务人员的工作积极性。

第12章

科技大数据服务平台服务质量评价

——基于SERVQUAL模型的模糊评价

青岛科技大数据平台建设已取得一定成效，该平台对科技、经济、社会发展的作用也日益显现，但运行中仍然存在各类服务低效问题，这在前面的用户调查中已经得到证实。本章拟在设计一套科技大数据平台的服务质量评价体系，以改善平台的服务质量。

现有文献关于科技大数据服务平台（以下简称科技服务平台）服务质量的评价大多集中于平台自身内部改善，对科技服务平台的评价也多倾向于从运作投入产出效率、综合效益、风险防控能力等角度出发，从终端需求用户的角度设计科技大数据服务平台服务质量评价体系的文献相对偏少，这在一定程度上反映出科技服务平台的管理人员对于平台使用者的多重需求、最看重的服务内容与水平、对科技服务平台现有功能与服务的满意程度，尚缺乏深入认识，更缺少一套较为可行、科学的评价方法。总而言之，现有的理论研究成果还不能对科技平台起到很好的指导作用，还有待进一步改进。基于此，本章从平台的终端需求用户角度出发，采取专门的研究方法——模糊评价，对科技大数据服务平台进行服务质量评价，在吸收借鉴以往文献理论成果的基础上，基于SERVQUAL模型设计并详细探讨了科技大数据服务平台的服务质量评价体系，并利用实例进行演练，模拟了服务质量评价体系的具体应用过程及应用成效，最后针对性提出后期科技大数据服务平台服务质量改进的具体措施。

12.1 设计原则

决定评价结果可信度的关键因素是评价指标体系，并且其质量高低将严重影响评价结果。基于科技大数据服务平台的服务质量评价体系的构建，为改善平台服务质量提供重要的参考和依据。有助于科技大数据服务平台清晰了解影响平台使用者感知服务质量的因素和平台提供的服务所存在的不足。本书构建科技大数据服务平台服务质量的评价指标体系应遵循科学性、系统性、重要性、独立性、可操作性的基本原则。

（1）科学性原则。科学性是指选取的指标应该遵循市场经济规律，采用科学的方法和手段确定指标。科技大数据服务平台真实客观的服务质量水平可以通过科学的分析结果客观反映出来。由于不同业态的服务对应不同的指标，因此服务质量评价的指标呈现出多样化，从平台的实际发展情况考虑是选择平台服务质量评价指标的基本条件，再结合平台服务特殊属性，建立符合平台性质、意义清晰明确的指标体系。

（2）系统性原则。该原则要求将平台服务视作一个有机的系统。依据系统论的基本原理，科技大数据服务平台的服务质量评价指标体系应具有统一性、完备性、全面性、综合性与有机性，要能够全面综合地反映出终端用户对科技大数据服务平台服务内容、属性特征、服务水平的多角度看法与服务质量的满意度。

（3）重要性原则。终端用户感知科技大数据服务平台的服务质量相关影子因子较多，在评价服务质量时，应按照重要性次序有选择地确定评价指标体系。本章仅针对科技大数据服务平台服务质量的主要制约因子，选取一组用户最为关注、极具代表性的指标。若选取的指标太多，资料搜集与数据调研都会增加难度，甚至用户填写问卷的积极性也会降低，直接影响到问卷的信度与效度。

（4）独立性原则。该原则要求指标选取应尽可能地层次清晰、逻辑分明，不同指标之间的差异性突出，彼此无明显重复与交叉影响关系，且隶属于同一级别的指标应具有不同的前置变量，同级指标之间不存在相互影响、递进或因果关系。

（5）可操作性原则。该原则要求在设计、选择及应用科技大数据服务平台服务质量评价指标体系时，要优先考虑到后期实践过程中数据搜集途径与难易程度、数据统计处理与加工的可行性。为了避免评价指标体系中的个别指标无法获取数据与样本或目前还没有出现与之适用的应用软件，设计的评价指标体系尽可能做到实践可行、易于操作，数据格式标准、规范。

12.2 基于 SERVQUAL 模型的科技服务平台服务质量评价指标

基于 SERVQUAL 模型，科技大数据服务平台服务质量评价指标体系由三个层次共同组成：目标层、准则层与指标层。其中，目标层属于终极指标，是对科技服务平台服务质量的最终评价结果；准则层属于二级指标，也是类别指标，由五大维度共同构成：可靠性、响应性、保证性、移情性和有形性；最低级、最基本的是指标层，它由二十六个具体指标组成，被用于直接衡量终端用户对科技大数据服务平台的服务质量的评价，详见表 12.1。

12.2.1 可靠性

可靠性是指科技大数据服务平台能够较为准确、无误地履行平台的各项功能与服务，这也是平台服务质量最主要的制约方面。科技服务平台的服务使命和内容就是围绕为客户提供用于科技研发、转化等所需的大型仪器设备、科技实验、测试资源、传递科技信息等提供相关信息服务。可靠性较高的科技服务平台要具备以下几点：科技服务平台要能够入驻各产业、各科技领域内的一流专家、科研团队，且能够向用户提供科技研发、转化与交易等一揽子科技服务；平台要能够吸引入驻大量高水平科技机构、

表 12.1 基于 SERVQUAL 模型的科技大数据服务平台服务质量评价指标体系

目标层	准则层	指标层
科技大数据平台服务质量整体评价结果	A. 可靠性	A1 平台能够推送科学仪器设备、科技研发资源、实时科技信息等在线开放共享服务
		A2 平台拥有各产业科技专家、科研团队且能够向企业提供服务
		A3 平台拥有各类科技中介组织，能为各类用户提供科技管理咨询、科技标准认证、技术培训、科技检测等服务
		A4 平台能够为各类用户提供科技研发基金、科技风险投资、科技金融、科技保险等相关政策服务
		A5 当各类用户需求得不到满足时，平台能够启动完备的补救措施
		A6 平台能够做到对各类用户的私人信息保密
	B. 响应性	B1 平台能够实时回应各类用户的科技诉求
		B2 平台能够快速受理用户的科技咨询、在线研发互助等诉求
		B3 平台能够积极地为各类用户提供免费的科技信息咨询服务
		B4 平台主动告知用户各类服务业务处理的时间、周期与具体安排
		B5 平台能够融合互联网、电话等积极拓展服务企业的渠道与方式
	C. 保证性	C1 平台服务人员能够积极主动、准确地告知用户收费类型、方式与标准
		C2 平台服务人员具备较为扎实的专业知识、业务技能
		C3 用户在接受服务的过程中感到很放心、有安全感
		C4 平台服务人员能够及时、耐心地处理企业对平台的不满
		C5 平台服务人员值得信赖
	D. 移情性	D1 平台能够做到所有用户同等对待
		D2 平台能够定期地与用户沟通交流，及时获取企业需求信息
		D3 平台能够针对企业实际设计个性化的解决方案
		D4 平台能够积极收集、处理用户反馈信息，并采纳好的建议
		D5 平台服务人员态度较好
	E. 有形性	E1 平台配备较为先进的科技仪器设备、其他配套设施
		E2 平台各项服务的有关资料数据较为详细完整
		E3 平台能够积极借助于科技报刊、网站、举办科技活动、科技竞赛等提高平台知名度
		E4 平台运营环境友好舒适
		E5 平台服务人员言语得体、端庄大方

中介组织，为平台各类用户提供科技管理咨询、科技标准认证、各类专利服务、科技仪器分析与检测、技术培训等；平台要能够为各类用户提供科技研发基金、科技风险投资、科技金融与保险等政策支持信息。平台服务质量可靠意味着平台能够为用户提供准确的服务事项、时间、地点与方式。一旦服务失败，平台也将遭受较为严重的利益损害，甚至导致大量客户流失。因此，当出现服务失误或失败时，科技服务平台也要及时采取有效的补救方案。

12. 2. 2 响应性

响应性是指科技大数据服务平台能够最快速度、最大程度地回应用户的科技服务诉求，随时做好为企业提供全方位服务的准备。这是科技平台绩效考评较为重要的一个方面，直接决定了服务质量、经济决策的质量。通过与多个用户主体的深入交谈，笔者发现，用户与科技服务平台之间在业务合作过程中存在明显的不对等性，突出表现为用户的被动性，科技服务平台开始处理企业业务、审核企业服务项目的时间太长，这个过程中企业缺乏持续跟踪。基于此，本书在确定响应性维度指标时，主要考虑了下面几个方面："对用户的服务请求快速实时反应"、"积极为用户提供全方位科技服务"、"告知用户服务相关的准确信息，诸如时间、地点、内容规划设计"；考虑到科技报务平台提供服务的独特性，还考虑了以下方面：及时处理用户的科技资源开放共享、协同研发服务请求，借助互联网、移动电话等形式延伸服务方式与渠道。

12. 2. 3 保证性

保证性是指科技大数据服务平台的服务人员在知识、素质与能力方面给用户提供的保障程度，具体是指服务人员是否拥有较为专业的科技知识较好地完成用户交付的科技业务，是否能够与企业进行高效沟通、解决实际问题。保证程度较高的平台，能够较好地抵消平台用户的无形感知风险对质量评价带来的影响。科技大数据服务平台服务人员通过向用户及时输送感知方面的信息，能够拉近与用户的感情与距离，增强用户对科技服务平台服务质量的好感与信赖程度，从而提高用户对科技服务平台服务质量的看法。本章在设计保证性的有关题项时，选择了下面几个方面：平台服务人员是否拥有较扎实的专业领域技术知识解决实际问题、服务人员是否能让用户在接受科技服务时感到放心、平台是否能够较好处理用户的诉求、服务人员是否值得用户信赖。此外，通过与大量平台用户的深入交谈，笔者发现，科技服务平台提供的科技服务项目收费方式与标准的公开透明性是用户评价平台质量较为看重的一个方面，本章设计了“平台服务人员是否能够积极主动地告知收费细则”这一题项。

12.2.4 移情性

移情性是指科技大数据服务平台能够给各类用户提供其最为关注、最能满足需求的服务与信息，确保用户的个性需求和私人利益得到最大程度保障。提升科技大数据服务平台服务质量，移情性的主要方式就是与用户保持密切沟通与交流，深入了解不同用户的实际情况、私人需求，尽可能地为其着想，与此同时，最大化地收集整理用户对科技服务平台的多方反馈信息，及时改进，提升科技服务平台的服务品质与用户认同感。这样一来，用户会深切感受到科技服务平台对他们的重视、真正体会到用户是上帝的感觉，对平台的服务质量满意度也会提升。基于此，科技大数据服务平台服务的移情性题项，可以从下面几个方面设计：平台是否与用户进行深入沟通、详尽掌握用户的科技需求动态；平台是否充分考虑到企业的实际状况制定了个性化的科技服务内容；平台是否做到定期获取用户对平台满意度的反馈信息；平台是否采纳了用户提出的合理化建议；平台服务人员的服务态度是否友好。另外，考虑到不少科技服务平台子模块的政府公益性，限制了很多用户的服务申请。此时，用户在线申请服务的公平性、透明性对评价科技服务平台服务质量显得较为重要，因此，本章增加了“平台在处理用户在线服务请求时，是否能够对所有用户公正对待”这一题项。

12.2.5 有形性

有形性是指科技大数据服务平台的用户界面在展示功能与服务时，尽可能地依靠一些有形的科技载体与资源如仪器设备、宣传单、工作人员等进行，尽可能降低新用户对平台的感知风险。科技服务平台服务最基本的特征之一就是无形性。这对首次入驻平台的新用户而言安全性不高。新用户往往不能够提前估算科技服务平台服务效果、提供信息的质量。因此，科技大数据服务平台的服务软硬件环境、服务配套设施、业务宣传等有形载体与资源就成为科技服务平台服务质量评价的重要方面。本章考虑到科技大数据服务平台的独特性及平台运作方式、运作状况与效果，修改调整了 SERVQUAL 模型中有形维度的相关题项，设计了以下几个方面的有形性测度题项：是否配备现代化的高新仪器设备与其他相关配套设施、平台的服务内容相关资料是否详实可靠完整、企业受理客户加盟申请的网络环境是否友好亲切安全舒适、服务人员的仪容仪表是否端庄得体、平台是否积极协同报刊、网站、科技活动提高平台影响力。

12.3 信度检验

对于态度量表的信度检验，本章选用 Cronbach's a 系数来完成。a 系数的数值与量表可信程度成正比例关系，a 系数越大，量表的可信度就越高。通常情况下，a 取值区间为［0，1］。借鉴吴明隆对 a 系数值的界定处理方法，态度分量表的 a 系数应不小于 0.5，对于小于 0.5 的 a 系数，量表要进行修改。进一步，整体量表的 a 系数至少要大于 0.7，对小于 0.7 的 a 系数，量表也要进行修正处理。另外，本章选用 CITC 值对量表进行纯化，目的是保证量表拥有较高的信度，具体判断标准如下：若某个题项 CITC 值小于 0.4，且去除该题项后量表 Cronbach's a 的系数会提高，应该删除该题项，反之不删除。下面是科技大数据服务平台服务质量评价表的信度检验结果。

由表 12.2 可知，基于 SERVQUAL 模型的评价结果较为成熟，且适用性较强。科技大数据服务平台服务质量量表中的各个题项的综合信度程度较高，达到了 0.96，量表的信度状况较为理想。其中，可靠性、响应性、

表 12.2　科技大数据平台的服务质量量表的信度检验结果

变量	题项编号	CITC 值	题项已删除的 Cronbach's a 值	维度层面的 Cronbach's a	整体量表的 Cronbach's a
A. 可靠性	A1	0.64	0.80	0.83	0.96
	A2	0.52	0.83		
	A3	0.70	0.78		
	A4	0.60	0.81		
	A5	0.56	0.81		
	A6	0.62	0.80		
B. 响应性	B1	0.74	0.80	0.85	
	B2	0.74	0.80		
	B3	0.73	0.80		
	B4	0.55	0.85		
	B5	0.58	0.84		
C. 保证性	C1	0.74	0.81	0.86	
	C2	0.73	0.81		
	C3	0.66	0.83		
	C4	0.68	0.83		
	C5	0.56	0.85		
D. 移情性	D1	0.62	0.82	0.84	
	D2	0.69	0.80		
	D3	0.73	0.78		
	D4	0.63	0.81		
	D5	0.56	0.83		
E. 有形性	E1	0.55	0.76	0.79	
	E2	0.69	0.71		
	E3	0.41	0.80		
	E4	0.69	0.71		

保证性、移情性与有形性的 a 系数分别为 0.83、0.85、0.86、0.84、0.79，其数值也均在理想范围内。另外，所有题项的 CITC 值均分布在 0.41—0.74 之间，且各题项已删除的 Cronbach's a 值取值分布在 0.71—0.85 之间。除了题项 E3，其他题项已删除的 Cronbach's a 值均小于其对应

维度的 Cronbach's a 值。考虑到有形性维度 a 系数 0.79，达到了可接受水平，且删除 E3 项对综合信度数值的影响不大，暂且保留 E3 项。

12.4 效度检验

效度检验是为了确保题项量表对科技服务平台的评价准确程度，它主要是依据题项分布的合理性来判断效度。本章所采用的 SERVQUAL 模型，是目前学术界主要用来测度服务质量的量表之一，被广泛应用于各个产业的服务质量测量，具有较为成熟的应用基础，其内容具备较为良好的内容效度。另外，参照现有文献，学者们在检验问卷或题项的结构效度时主要选用因子分析法，借此去除掉表中较为模糊、或彼此有明显交叉重复的题项。本章拟选用因子分析以检验前述量表的结构效度。

（1）KMO 与 Bartlett 检验。本章选择两个统计量检验变量对因子分析的适合度：一是用于判断变量相关性的 Bartlett 球形检验。当 Bartlett 球形检验值较大，且显著水平小于 0.01 时，表明变量之间具有显著相关性，因子分析的结果较为有效。二是 KMO 统计量检验，用来判断变量之间的偏相关是否达到极小水平。KMO 的取值区间是［0，1］。KMO 数值越趋近 1，表明变量之间的偏相关性越不明显，越适合进行因子分析。实践中，可参照的衡量标准如下：KMO 超过 0.9，极度合适；0.8 < KMO <0.9，较为合适；0.7 < KMO < 0.8，一般合适；0.6 < KMO < 0.7，勉强通过；0.5 < KMO < 0.6，不大合适；KMO 小于 0.5，不合适。

科技大数据平台服务质量量表的因子分析结果如下：KMO 值为 0.9，趋近于 1。Bartlett 球形检验的近似卡方数值为 1819，相应的显著水平为 0，小于 0.01，以上两个统计量的结果均表明量表适合选用因子分析。接下来，本章选择学术界最为常用的主成分法进行后续的因子分析，具体的做法如下：根据特征值是否大于 1，提取出符合要求的公共因子，借助于碎石图分析提取公因子的恰当性。

（2）旋转后的因子矩阵。采用最大方差法，对各因子进行正交旋转，然后按照各个因子的载荷值小于 0.5、且单个因子在多个其他因子的载荷值均超过 0.5 的原则逐个检查并删除题项。本章得到的旋转后因子矩阵见表 12.3。

表 12.3　　科技大数据平台的服务质量量表的信度分析结果

维度	题项编号	成分 1	成分 2	成分 3	成分 4	成分 5
A. 可靠性	A1	0.65				
	A2	0.73				
	A3	0.69				
	A4	0.62				
	A5	0.53				
	A6	0.47				
B. 响应性	B1		0.66			
	B2		0.52			
	B3		0.45			
	B4		0.65			
	B5		0.55			
C. 保证性	C1			0.63		
	C2			0.76		
	C3			0.47		
	C4			0.78		
	C5			0.58		
D. 移情性	D1				0.54	
	D2				0.51	
	D3				0.56	
	D4				0.78	
	D5	0.54			0.56	
E. 有形性	E1					0.66
	E2					0.57
	E3					0.77
	E4					0.73
	E5					0.87
累计解释变异量		17.83%	34.80%	48.49%	58.44%	66.93%

表 12.3 中的结果与碎石图较为一致。通过主成分分析，我们可以从 22 个三级题项中提取出 5 个公因子，对总方差累计解释程度为 66.9，充分说明了本章选用的模型较为合适。仔细分析后发现，可靠性的题项 A6、响应性的题项 B3、保证性的题项 C3，其因子载荷值都未达到 0.5。相比之下，移情性的题项 D5 在因素 1 与因素 3 的载荷均大于 0.5，这说明以上几个题项的载荷值均不明显，应删除题项 A6、B3、C3 与 D5，再形成新量表，重新因子分析，方法与上面相同。重新因子分析的结果如下：新的量表较好地通过了 KMO 和 Bartlett 指标的检验。其中，KMO 值由 0.9 提高至 0.91，更趋近 1，Bartlett 球形检验显著性为 0，充分表明新量表适宜因子分析。进一步，选用主成分分析法对新量表进行效度检验、依据方差最大化进行正交旋转，结果见表 12.4。新量表中各个题项的因子载荷正交旋转后的结果与原先维度一致，各题项的旋转后载荷分布具有明显的规律性，且五大公因子的累计总方差为 69%，这充分显示了五大公因子具有较强的解释程度。由此可见，删除题项 A6、B3、C3、D5 之后得到的新量表，显著提升了对整个量表总方差的解释程度，且剩余题项在各大公因子的载荷也趋向更好，充分说明了题项删除的合理性。

表 12.4　　新量表进行旋转后的因子矩阵表

维度	题项编号	成分 1	成分 2	成分 3	成分 4	成分 5
A. 可靠性	A1	0.74				
	A2	0.85				
	A3	0.71				
	A4	0.66				
	A5	0.67				
B. 响应性	B1		0.70			
	B2		0.57			
	B4		0.73			
	B5		0.63			
C. 保证性	C1			0.72		
	C2			0.64		
	C4			0.68		
	C5			0.73		

续表

维度	题项编号	成分 1	成分 2	成分 3	成分 4	成分 5
D. 移情性	D1				0.74	
	D2				0.62	
	D3				0.62	
	D4				0.79	
E. 有形性	E1					0.73
	E2					0.59
	E3					0.68
	E4					0.73
	E5					0.88
累计解释变异量		19.53%	36.65%	48.21%	59.37%	69.02%

上述两次的信度检验结果显示，新量表中各题项 a 系数取值均较为合理，可信度都较高，量表的整体信度达到了 0.96。不合理题项均进行了删除。最终得到的量表可靠性维度包括 A1、A2、A3、A4、A5，响应性维度包含 B1、B2、B4、B5，保证性维度包含 C1、C2、C4、C5，移情性包含 D1、D2、D3、D4，有形性包含 E1、E2、E3、E4、E5，此结果与最初的科技大数据平台服务质量评价指标体系的指标选取区别不大。根据上面的统计分析结果，最终确定的科技大数据服务平台服务质量评价体系量表见表 12.5 所示。

表 12.5　检验后的科技大数据服务平台服务质量评价初步指标体系

目标层	准则层	指标层
科技大数据平台服务质量整体评价结果	A. 可靠性	A1 平台能够推送科学仪器设备、科技研发资源、实时科技信息等在线开放共享服务
		A2 平台拥有各产业科技专家、科研团队且能够向企业提供服务
		A3 平台拥有各类科技中介组织、能为企业提供科技咨询、科技标准、技术培训、科技检测等服务
		A4 平台能够为各类用户提供科技研发基金、科技风险投资、科技金融、科技保险等相关政策服务
		A5 当各类用户需求得不到满足时，平台能够启动完备的补救措施

续表

目标层	准则层	指标层
科技大数据平台服务质量整体评价结果	B. 响应性	B1 平台能够实时回应各类用户的科技诉求
		B2 平台能够快速受理用户的科技咨询、在线研发互助等诉求
		B4 平台主动告知用户各类服务业务处理的时间、周期与具体安排
		B5 平台能够融合互联网、电话等积极拓展服务企业的渠道与方式
	C. 保证性	C1 平台服务人员能够积极主动、准确地告知用户收费类型、方式与标准
		C2 平台服务人员具备较为扎实的专业知识、业务技能
		C4 平台服务人员能够及时、耐心地处理企业对平台的不满
		C5 平台服务人员值得信赖
	D. 移情性	D1 平台能够做到所有用户同等对待
		D2 平台能够定期地与用户沟通交流，及时获取企业需求信息
		D3 平台能够针对企业实际设计个性化的解决方案
		D4 平台能够积极收集、处理用户反馈信息，并采纳好的建议
	E. 有形性	E1 平台配备较为先进的科技仪器设备、其他配套设施
		E2 平台各项服务的有关资料数据较为详细完整
		E3 平台能够积极借助于科技报刊、网站、举办科技活动、科技竞赛等提高平台知名度
		E4 平台运营环境友好舒适
		E5 平台服务人员言语得体、端庄大方

12.5 模糊综合评价

12.5.1 建立评价指标权重集

模糊综合评价过程中最为关键的环节是指标权重分配。各个层次的指标都有相应的影响系数与重要程度。关于各指标的权重分配，已有研究显示，最常用的方法有三种：客观赋值法、主观赋值法、主客观相结合赋值法。其中，应用效果最好的是客观赋权法，其最突出的特点是依据最为原始的调查数据，获取相关信息，据此计算确定各指标的影响权重，优点是客观性较强、极少受到主观因子的影响，用户与平台都能够较为清楚地看到各个指标对科技大数据服务平台服务质量的影响程度、重要性与影响路径。因此，本章在确定科技服务平台评价指标的权重值时选取客观赋值法，以尽可能地让平台终端用户的服务诉求得到最大满足，降低主观偏好对评价结果的影响，各指标的重要性得分越高，表明该指标对于用户衡量科技大数据服务平台服务质量的影响程度越大。

12.5.2 确定二级指标权重

本章选用对比排序法逐个确定所有二级指标的相对权重，具体做法如下：笔者在设计质量评价调研问卷时，首先详细阐述了可靠性、响应性、保证性、移情性和有形性的内在含义，并请被调查用户对上述五个维度排序；然后依据排序结果，对所有二级指标按照以下原则进行赋值：位居第一位的每次计 5 分、位居第二位的每次计 4 分、位居第三位的每次计 3 分、位居第四位的每次计 2 分、位居第五位的每次计 1 分，最后汇总计算出各个二级指标的总得分。相应地，每个二级指标计分与所有二级指标总分的比值就是该二级指标的权重，赋分结果见表 12.6。

表 12.6　　二级指标的权重集

二级指标	各排位被选择的次数					总得分	权重
	第一位	第二位	第三位	第四位	第五位		
A. 可靠性	166	51	34	36	17	1225	0. 27
B. 响应性	57	78	87	57	25	997	0. 22
C. 保证性	35	99	68	55	47	932	0. 20
D. 移情性	26	46	53	93	86	745	0. 17
E. 有形性	20	30	62	63	129	661	0. 15

表 12.6 显示，服务质量评价量表的二级指标权重集合 $W=(0.27, 0.22, 0.20, 0.17, 0.15)$。相比之下，可靠性对科技大数据平台服务质量评价影响程度最大，其次是响应性，有形性的影响程度最小。

12. 5. 3 确定三级指标权重

接下来，选用乘积标度法确定 22 个三级指标的权重。乘积标度法的应用原理如下：在实际调研获取最原始数据的基础上，依据各指标的相对重要程度，确定其重要性标度。详细的操作流程为：首先，两两比较相同二级指标下的所有三级指标，以界定评价指标之间的重要性差异类型："相同"、"稍微大" 或 "明显大"；然后，从重要性分值最低的三级指标逐步递进相乘。若 2 个三级指标的重要性差异是 "相同" 且标准得分相差不超过 0. 01，指标权重均为 0. 5。若 2 个三级指标的重要性差异是 "稍微大"，将重要性得分偏低的指标权重定为 1，重要性得分高的指标权重则为 $1 \times 1.35 = 1.35$。若 2 个三级指标的重要性差异是 "明显大"，将重要性得分低的指标权重定为 1. 35，重要性得分高的指标权重则为 $1.35 \times 1.35 = 1.83$，其他以此类推。在此过程中，三级指标的重要性评分主要选用李克特五级量表法，将调研得到的有效样本的重要性得分作为原始数据，汇总计算得到 22 个三级指标重要性均值，进一步采用递进乘积标度法确定每个二级指标下的三级指标赋值。结果详见表 12. 7。

表 12. 7　　新量表进行旋转后的因子矩阵表

二级指标	三级指标	重要性平均分	乘积标度大小	权重
A. 可靠性	A1	4. 02	1	0. 12
	A2	4. 1	1. 83	0. 22
	A3	4. 12	1. 83	0. 22
	A4	4. 15	2. 48	0. 29
	A5	4. 06	1. 35	0. 16
B. 响应性	B1	4. 09	1. 83	0. 33
	B2	3. 98	1. 35	0. 24
	B4	3. 97	1. 35	0. 24
	B5	3. 76	1	0. 18
C. 保证性	C1	4. 02	1. 35	0. 24
	C2	3. 99	1	0. 18
	C4	4. 02	1. 35	0. 24
	C5	4. 07	1. 83	0. 33

续表

二级指标	三级指标	重要性平均分	乘积标度大小	权重
D. 移情性	D1	3.99	1.83	0.30
	D2	3.98	1.83	0.30
	D3	3.93	1.35	0.23
	D4	3.89	1	0.17
E. 有形性	E1	3.93	2.48	0.27
	E2	3.92	2.48	0.27
	E3	3.68	1.35	0.15
	E4	3.71	1.83	0.20
	E5	3.58	1	0.12

以表 12.7 为基础，求出科技大数据平台服务质量三级评价指标分别对应的 5 个二级指标权重集，分别是：

$W_A=(0.12, 0.22, 0.22, 0.29, 0.16)$；

$W_b=(0.33, 0.24, 0.24, 0.18)$；

$W_c=(0.24, 0.18, 0.24, 0.33)$；

$W_d=(0.30, 0.30, 0.23, 0.17)$；

$W_e=(0.27, 0.27, 0.15, 0.20, 0.12)$。

进一步，建立评语集合：以问卷为依据构建评语集合，用户对每个三级指标赋分进行满意度测评，评价等级分 5 个层次：非常不满意、不满意、中立、满意、非常满意，分别用数字 1、2、3、4、5 对应，即“非常不满意”赋值 1，“不满意”赋值 2，“非常满意”赋值为 5。最后，总的分数集合 $F=(1, 2, 3, 4, 5)^{T}$。

12.5.4 建立模糊评价矩阵

首先，判断各个三级指标在评语集合中的隶属关系，即指标在评语集中对应等级上的百分比，然后构建从因素集到评语集之间的模糊对应关系与路径，这是建立科技大数据平台服务质量模糊评价矩阵的前提条件。举个例子。调研问卷中，对于题项 A1 “平台是否提供高新科学仪器设备、研发实验资源条件、科技信息共享服务”，认为“非常不满意”的被调查者有2.3%，认为“不满意”的被调查者有14.5%，认为“一般”的被调查者有31.9%，认为满意的被调查者有41.4%，认为非常满意的被调查者有9.9%。基于此，指标A1的满意度赋分计算如下：0.02×1+0.15×2+0.32×3+0.41×4+0.10×5=3.42。依以类推，计算得出22个三级指标的隶属度。如表12.8所示。

表12.8　　评语集隶属度

二级指标	三级指标	评语集（100%）					满意度得分
		非常不满意	不满意	一般	满意	非常满意	
A. 可靠性	A1	0.02	0.15	0.32	0.41	0.10	3.42
	A2	0.01	0.14	0.37	0.37	0.11	3.40
	A3	0.02	0.16	0.34	0.34	0.13	3.39
	A4	0.02	0.15	0.37	0.28	0.17	3.40
	A5	0.03	0.16	0.34	0.34	0.13	3.37
B. 响应性	B1	0.01	0.13	0.32	0.40	0.14	3.53
	B2	0.01	0.13	0.37	0.35	0.15	3.49
	B4	0.02	0.14	0.30	0.41	0.13	3.49
	B5	0.02	0.11	0.40	0.38	0.10	3.42
C. 保证性	C1	0.02	0.17	0.31	0.37	0.13	3.41
	C2	0.01	0.14	0.36	0.35	0.15	3.50
	C4	0.01	0.14	0.32	0.40	0.13	3.50
	C5	0.01	0.12	0.37	0.38	0.13	3.48
D. 移情性	D1	0.03	0.11	0.39	0.37	0.11	3.41
	D2	0.02	0.14	0.35	0.39	0.11	3.44
	D3	0.01	0.16	0.33	0.36	0.13	3.45
	D4	0.02	0.14	0.35	0.37	0.13	3.45
E. 有形性	E1	0.01	0.12	0.35	0.43	0.09	3.46
	E2	0.01	0.11	0.41	0.36	0.12	3.47
	E3	0.01	0.12	0.41	0.37	0.11	3.44
	E4	0.02	0.05	0.38	0.44	0.12	3.59
	E5	0.01	0.04	0.35	0.51	0.10	3.65

依据表12.8，计算得到每个指标的模糊评价向量。指标A1的模糊评价向量为（0.02，0.15，0.32，0.41，0.10）。进一步，将可靠性维度的

5 个指标的模糊评价向量放在同一集合中，构建出可靠性维度的模糊矩阵 $R_A - R_D$：

$$R_A = \begin{pmatrix} 0.02 & 0.15 & 0.32 & 0.41 & 0.10 \\ 0.01 & 0.14 & 0.37 & 0.37 & 0.11 \\ 0.02 & 0.16 & 0.34 & 0.34 & 0.13 \\ 0.02 & 0.15 & 0.37 & 0.28 & 0.17 \\ 0.03 & 0.16 & 0.34 & 0.34 & 0.13 \end{pmatrix}$$

$$R_B = \begin{pmatrix} 0.01 & 0.13 & 0.32 & 0.40 & 0.14 \\ 0.01 & 0.13 & 0.37 & 0.35 & 0.15 \\ 0.02 & 0.14 & 0.30 & 0.41 & 0.13 \\ 0.02 & 0.11 & 0.40 & 0.38 & 0.10 \end{pmatrix}$$

$$R_C = \begin{pmatrix} 0.02 & 0.17 & 0.31 & 0.37 & 0.13 \\ 0.01 & 0.14 & 0.36 & 0.35 & 0.15 \\ 0.01 & 0.14 & 0.32 & 0.40 & 0.13 \\ 0.01 & 0.12 & 0.37 & 0.38 & 0.13 \end{pmatrix}$$

$$R_D = \begin{bmatrix} 0.03 & 0.11 & 0.39 & 0.37 & 0.11 \\ 0.02 & 0.14 & 0.35 & 0.39 & 0.11 \\ 0.01 & 0.16 & 0.33 & 0.36 & 0.13 \\ 0.02 & 0.14 & 0.35 & 0.37 & 0.13 \end{bmatrix}$$

$$R_E = \begin{pmatrix} 0.01 & 0.12 & 0.35 & 0.43 & 0.09 \\ 0.01 & 0.11 & 0.41 & 0.36 & 0.12 \\ 0.01 & 0.12 & 0.41 & 0.37 & 0.11 \\ 0.02 & 0.05 & 0.38 & 0.44 & 0.12 \\ 0.01 & 0.04 & 0.35 & 0.51 & 0.10 \end{pmatrix}$$

基于各个维度的科技大数据平台的整体服务质量评价结果可以借助于矩阵乘积运算法则求出，具体做法是：首先，对三级指标的模糊权重集合 W_i 模糊关系矩阵 R_i 两者相乘，由此得到二级评价指标模糊向量集 P_i，$P_i = W_i \times R_i$；再次，将 P_i 和分数集 F^T 相乘求出 $Y_i = P_i \times F^T$；最后，将二级指标权重集 W 与其对应的评价结果 Y_i 相乘，求解出科技大数据服务平台服务质量的评价分值。

12.5.5 五维度的评价结果

依据公式 $P_i = W_i \times R_i$（这里的 i 分别赋值 A、B、C、D、E），可以求出各个维度的评价结果。以可靠性维度为例。令被调查用户对可靠性维度的综合评价向量为 P_A，借助于矩阵的合成运算、模糊变换后即可求出：

$P_A = W_A \times R_A$，数据带入即为：

$$(0.118, 0.216, 0.216, 0.292, 0.159) \times \begin{pmatrix} 0.023 & 0.145 & 0.319 & 0.414 & 0.099 \\ 0.010 & 0.138 & 0.365 & 0.372 & 0.105 \\ 0.020 & 0.164 & 0.339 & 0.342 & 0.132 \\ 0.020 & 0.148 & 0.365 & 0.283 & 0.171 \\ 0.033 & 0.158 & 0.342 & 0.339 & 0.128 \end{pmatrix} = (0.021, 0.152, 0.353, 0.340, 0.133)$$

根据可靠性维度的计算结果，可以看出，2.1%的被调查用户评价为“非常不满意”，15.2%的被调查用户评价为“不满意”，35.3%的被调查用户评价为“中立”，34%的被调查用户评价为“满意”，13.3%的被调查用户评价为“非常满意”。以此类推，可以求出用户对科技大数据服务平台其他各个维度的综合评价向量：

$$\begin{aligned} P_B &= W_B \times R_B \\ &= (0.331, 0.244, 0.244, 0.180) \times \begin{pmatrix} 0.010 & 0.128 & 0.322 & 0.398 & 0.141 \\ 0.013 & 0.125 & 0.365 & 0.352 & 0.145 \\ 0.020 & 0.141 & 0.303 & 0.405 & 0.132 \\ 0.020 & 0.112 & 0.398 & 0.375 & 0.095 \end{pmatrix} \\ &= (0.015, 0.127, 0.341, 0.384, 0.131) \end{aligned}$$

$$\begin{aligned} P_C &= W_C \times R_C \\ &= (0.244, 0.180, 0.244, 0.331) \end{aligned}$$

$$\times\begin{pmatrix} 0.016 & 0.174 & 0.313 & 0.372 & 0.125 \\ 0.010 & 0.135 & 0.355 & 0.349 & 0.151 \\ 0.013 & 0.138 & 0.316 & 0.401 & 0.132 \\ 0.013 & 0.115 & 0.372 & 0.375 & 0.125 \end{pmatrix}$$

$= (0.013,\ 0.138,\ 0.341,\ 0.376,\ 0.131)$

同理，求出：

$P_D = (0.019,\ 0.134,\ 0.355,\ 0.116)$

$P_E = (0.012,\ 0.092,\ 0.379,\ 0.411,\ 0.105)$

利用前面给出的评语集和与之对应的分数集，将各维度的综合评价向量 P_i 与分数集 F^T 相乘后得到每个维度对应二级指标的模糊评价得分，即 $Q_i = P_i \times F^T$，相关运算为：

$Q_A = P_A \times F^T = (0.021, 0.152, 0.353, 0.340, 0.133) \times (1, 2, 3, 4, 5)^T$

$= 3.409$

采用同样运算方法求出：

$Q_B = 3.468$

$Q_C = 3.470$

$Q_D = 3.424$

$Q_E = 3.502$

参见上述运算结果，可靠性、响应性、保证性、移情性、有形性的模糊评价得分分别是3.41、3.47、3.47、3.42 、3.50。相应地，二级指标的模糊评价总分集合为：$Q = (3.409,\ 3.468,\ 3.470,\ 3.424,\ 3.502)^T$。

12.5.6 整体服务质量的评价结果

依据前面计算得到的二级指标的权重集合 W 以及对应的模糊评价得分集合，相乘后得到科技创新平台服务质量的整体评价得分 C：

$C = W \times Q = (0.269, 0.219, 0.204, 0.163, 0.145) \times (3.409, 3.468, 3.470, 3.424, 3.502)^T = 3.450$。

至此，通过运算得到所有被调查者对科技创新平台服务质量三级指标、二级指标以及整体服务质量的评价得分，如表12.9所示。

表 12.9　　科技大数据服务平台服务质量评价得分表

维度	三级指标	三级指标平均得分	二级指标得分	科技大数据服务平台服务质量整体得分
A. 可靠性	A1	3.42	3.41	3.45
	A2	3.40		
	A3	3.39		
	A4	3.40		
	A5	3.37		
B. 响应性	B1	3.53	3.47	
	B2	3.49		
	B4	3.49		
	B5	3.42		
C. 保证性	C1	3.41	3.47	
	C2	3.50		
	C4	3.50		
	C5	3.48		
D. 移情性	D1	3.41	3.42	
	D2	3.44		
	D3	3.45		
	D4	3.45		
E. 有形性	E1	3.46	3.50	
	E2	3.47		
	E3	3.44		
	E4	3.59		
	E5	3.65		

12.5.7　结果分析

根据前述的模糊评价结果，我们发现，被调查用户对科技大数据服务平台的服务质量最终评价分值为3.45，再结合有关评语集与分数集，可推断科技大数据平台的服务质量在用户心中的满意程度居于“一般”和“满意”之间，与“满意”还有明显的差距。这说明科技大数据服务平台目前尚不能较好地满足各类用户的科技需求，还有待进一步提升。同样地，表 12.9 中还显示被调查用户对科技大数据服务平台的服务质量的五大维度均没有达到“满意”水平，它们各自的得分都小于 5 分。进一步，对五大维度的满意度进行排序，依次为：可靠性 < 移情性 < 响应性 < 保证性 < 有形性，得分最低的是可靠性，得分最高的是有形性，充分反映了科技大数据服务平台还不能较好的提供科技资源开放共享、科技协作开发、科技转化中介等相关功能，仅在高新科研仪器设备、服务项目开发、平台形象塑造、平台科技服务环境、平台工作人员仪表等方面完成得相对较好。鉴于目前科技大数据服务平台的整体服务质量模糊评价得分以及服务质量的五个维度模糊得分均较低，后期，科技大数据服务平台需要努力提升服务质量以更好地满足企业和个人用户对科技创新多样化服务的需求。

此外，利用模糊分析法从五个维度评价科技大数据服务平台的服务质量评价有一定的内在局限性。为提高评价效果，还有必要借助于三级指标针对平台的特定服务项目、操作事项进行优化。接下来，笔者借鉴“重要性—绩效（Importance-performance Analysis，简称 PA）”分析法分析科技大数据平台用户服务中存在的实际问题和改善对策。

科技大数据服务平台服务质量的“重要性—绩效”模型的构建具有四个方面的前提基础：①平台用户对服务质量的绩效感知受多个因素制约；②每个平台用户都能清楚了解并细致地区别平台服务质量评价指标之间的相对重要性；③平台用户都能清楚地了解各个科技服务平台所采用的服务质量评价指标满意程度；④科技服务平台服务质量改善制约因子众多，有必要最大化利用有限科技资源以达到改善服务质量的目的。

进一步，依据前面计算出的三级指标重要性均值、三级指标相对于二级指标的赋分权重以及二级指标相对于科技大数据服务平台服务质量的权重，将三者相乘得到 22 个三级指标相对于平台整体服务质量的重要程度。仍采用前面的数据，计算汇总后得到指标 A1 的重要性均值是 4.02，指标 A1 相对于可靠性维度的权重为 0.12，可靠性维度相对于科技服务平台整体服务质量的权重 0.27，因此，指标 A1 相对于平台的整体服务质量重要性为：$4.02 \times 0.12 \times 0.27 = 0.13$。其他 21 个三级指标的服务绩效赋分以及对科技平台服务质量的相对重要性均可以参照执行。结果详见表 12.10。

表 12. 10　　　　指标绩效得分与重要性

指标编号	绩效得分	相对重要性
A1	3. 42	0. 13
A2	3. 40	0. 24
A3	3. 39	0. 24
A4	3. 40	0. 33
A5	3. 37	0. 17
B1	3. 53	0. 30
B2	3. 49	0. 21
B4	3. 49	0. 21
B5	3. 42	0. 15
C1	3. 41	0. 20
C2	3. 50	0. 15
C4	3. 50	0. 20
C5	3. 48	0. 28
D1	3. 40	0. 20
D2	3. 44	0. 20
D3	3. 45	0. 14
D4	3. 45	0. 11
E1	3. 46	0. 15
E2	3. 47	0. 15
E3	3. 44	0. 08
E4	3. 59	0. 11
E5	3. 65	0. 06
均值	3. 46	0. 18

根据表 12. 10 的结果，本章将以上各指标的服务绩效得分作为横坐标，取值区间（3. 37，3. 65），将各指标相对于科技大数据服务平台的服务质量重要性程度作为纵坐标，取值区间为（0. 01，0. 33），再根据 22 个三级指标的均值（3. 46，0. 18）为中心区分出四大象限，各个象限的指标分布情况如下：

（1）落在第一象限优势区的指标有：响应性维度中的 3 个指标，即指标 B1 “平台能够实时回应各类用户的科技诉求”、指标 B2 “平台能够快速受理用户的科技咨询、在线研发互助等诉求”和指标 B4“平台主动告知用户各类服务业务处理的时间、周期与具体安排”；保证性维度的 2 个指标，即指标 C1“平台服务人员能够积极主动、准确地告知用户收费类型、方式与标准”和指标 C5“平台服务人员值得信赖”。这 5 个指标对企业的重要性与满意程度均较高，属于优势指标，对此科技平台应努力维持这些指标体现的服务优势。

（2）落在第二象限改进区的指标有：可靠性维度中的 3 个指标，即指标 A2“平台拥有各产业科技专家、科研团队且能够向企业提供服务”、指标 A3“平台拥有各类科技中介组织、能为企业提供科技咨询、科技标准、技术培训、科技检测等服务”和指标 A4“平台能够为各类用户提供科技研发基金、科技风险投资、科技金融、科技保险等相关政策服务”；保证性维度中的指标 C4“ 平台服务人员能够及时、耐心地处理企业对平台的不满”以及移情性中的 2 个指标，即指标 D1“平台能够做到所有用户同等对待”和指标 D2“平台能够定期地与用户沟通交流，及时获取企业需求信息”。这表明，以上 6 大指标对平台服务质量具有较高的重要性，但平台用户对科技平台的表现并不满意。后期，平台需要努力使这些指标向第一象限优势区转移。

（3）落在第三象限机会区的指标有：可靠性维度中的 2 个指标，即指标 A1“平台能够推送科学仪器设备、科技研发资源、实时科技信息等在线开放共享服务”和指标 A5“当各类用户需求得不到满足时，平台能够启动完备的补救措施”；响应性维度中的指标 B5“平台能够融合互联网、电话等积极拓展服务企业的渠道与方式”；移情性维度中的 2 个指标，即指标 D3“平台能够针对企业实际设计个性化的解决方案”和指标 D4“平台能够积极收集、处理用户反馈信息，并采纳好的建议”以及有形性指标中的指标 E3“平台能够积极借助于科技报刊、网站、举办科技活动、科技竞赛等提高平台知名度”。这表明，以上这 6 大指标对平台而言重要性不突出且满意度也较低。在科技资源相对有限的前提下，平台可暂时维持现有服务水平，但仍存在很多提升服务质量的潜在机会，还要持续给予关注，尤其是像 A5 这类位置趋近第二象限的指标，服务绩效虽很低但重要性较高。

（4）落在第四象限维持区的指标有：保证性维度中的指标 C2“平台服务人员具备较为扎实的专业知识、业务技能”；有形性维度中的 4 个指标，即指标 E1“平台配备较为先进的科技仪器设备、其他配套设施”、指标 E2“平台各项服务的有关资料数据较为详细完整”、指标 E4“平台运营环境友好舒适”和指标 E5“平台服务人员言语得体、端庄大方”。位居此象限内的指标对平台而言属于次要因素，特点是虽然重要性较低，但满意度测评确很高，实属锦上添花。若平台科技资源非常匮乏，可以选择维持现状。另外，平台还需要特别关注服务绩效较低但重要性较高、位置趋近第三象限机会区的指标（诸如 E1、E2），此类指标也有可能成为提升科技服务平台服务满意度的潜在机会。

综上所述，科技大数据平台应根据 22 个三级指标在“重要性—绩效”分析图中的象限归属进行归类，采取相应的改进措施。特别地，要尤其关注对于位居改进区或接近改进区的指标，采取切实的质量提升措施，增强平台用户满意程度。

12.6 小结

本章选用模糊评价法，从可靠性、响应性、保证性、移情性、有形性五个方面选用 SERVQUAL 模型设计了科技大数据服务平台的服务质量评价指标，并以青岛科技大数据平台为例进行了详细分析。分析发现，青岛科技大数据平台服务质量的整体评价得分为 3.450，说明青岛科技大数据平台在服务质量方面处于“一般”和“满意”之间，离“满意”状态还有一定差距，企业的需求仍然得不到有效的满足，科技服务平台服务质量还需做出进一步的改善与提高。

第 13 章

科技大数据服务平台运营保障机制设计

科技大数据服务平台的建设需要不断健全其运行过程中的组织管理体系。建立和完善职能统一、运转高效、协调顺畅的平台管理和服务体系，通过运行效能的提升和改进发挥大数据服务平台对各省市科技资源有效运用与科技持续进步的促进作用，进而推动经济又快又好发展。然而，大数据服务平台的建设过程是一项投入规模大、时间跨度长、组织结构复杂的系统性工程，这使得探讨大数据服务平台的建设保障机制尤为必要。前已述及，根据不同类型的科技大数据服务平台的建设实践，平台的建设方式主要有：政府直接投入、由研究机构和大企业共同建设、政府与企业联合共建等。这些模式给后期科技大数据服务平台健康持续运营提供了可操作的经验借鉴。建设科技大数据服务平台应该坚持既体现国家利益又符合市场规律，既严密计划又突出重点，利用现代最新 IT 技术构建平台基础设施以及强化服务功能、实现资源共享等基本准则。对于科技大数据服务平台的保障体系，后期应主要从以下三个方面来展开设计：平台建设的制度保障、运营保障和组织保障。

13.1　制度保障

为确保大数据服务平台的效力更加有效发挥，促进科技创新资源的共享与共用，政府相关部门应进行积极的探索并完善相应的法律法规，为科技资源的深度共用与进一步开放共享提供制度保障和政策支持。以青岛市为例，基于专门市场调研，青岛市的试点工作还可以以大型的科学仪器为突破口，进行更深一步的调研工作。目前，青岛市关于促进科技资源共享共用的法律法规以及政策支持已经相对完善，青岛市人大通过了全国第一个促进科技资源共享共用的地方性法规——《青岛市促进大型科学仪器设施共享规定》，建立了信息公开制度、新购评议制度和共享服务奖励等三项制度，并且配备了相应的实施办法，以确保制度的科学有效实施。这三项制度相辅相成，其中信息公开制度是推动科技资源共享的基础，新购评议制度是推动仪器资源共享的有效手段，共享服务奖励制度则在推动科技资源共享的过程中扮演引导者的角色，以上三个方面可以对科技资源的增量和存量进行行之有效的调节。

制度建设的核心是“共建共享”，为各种科技平台高效率运行、有效开展提供制度保障。在制度建设中，应从根本上树立全局观，顾全大局，把握制度建设的重点工作内容。相关部门应出台相应的法律规范，目的在于明确平台资金的来源与使用规范、管理机构的职能人员的权责划分，科技资源的共享办法与使用框架，以及违反法律时应承担的具体责任以加强对平台的运营管理。法律法规的制定应坚持并充分体现“共享”的平台精神。与此同时，除了上述原则性法律法规之外，还应出台相应的辅助性法规，例如，在对科技资源进行共享的同时，还应加强对资源拥有方的知识产权保护，以及可能涉及的科技中介机构的管理问题，做好平台的管理规划，妥善处理科技资源的所有者、使用者以及科技中介服务三者之间的权责关系，进一步提高科技创新资源的利用效率。

在科技大数据服务平台未来的发展过程中，加快各类科技资源的深度共享是一个应引起社会各界科技工作者长远持续关注的重要话题。应指出的是，科技资源共享必然会涉及各类单位与主体的私人利益，建议政府科技管理部门尽快出台科技共享相关法律法规。科技资源共享法律法规的制定是一项复杂、庞大的系统工程，主要体现在：①需明确科技资源共享主体的法律地位，指明科技管理部门全权负责科技资源共享平台管理权责；②需厘清科技资源供给方的所有权关系。科技资源类别多样，属性较为复杂，有些科技资源属于私人财产，也有一些科技资源（尤其是政府投入开发）属于服务大众的公共产品或半公共产品，这使得科技资源产权关系难以清晰界定。基于此，后期建议采取以下措施：进一步完善科技资源拥有主体的科技信息披露体系，推动科技信息的定期公开；搭建统一的科技资源数据库、建设高效统一的科技资源信息发布与展示平台、实行科技大数据动态报告制度，且依托科技大数据服务平台及时推送。

13.2 运营保障

13.2.1 资金投入保障

综观世界主要国家的惯用做法，国家在科技服务平台建设方面都有较大的财政资金投入，以支持和鼓励科技研发与转化。尤其在当前市场机制下，科技服务平台投入不足，政府更应该积极发挥财政资金的示范作用，形成财政资金为主、多方共同投入为辅的平台资金筹措模式。本着“共享”的平台投资原则，财政资金在投入时要充分考虑各类科技资源的特点和内在规律，在充分整合现有大型仪器、科学数据、科技文献、研究基地和实验室资源的基础上，注重对重点领域的资金投入，尤其是投向跨区域、大型、产业共享的协同平台建设项目。在资金筹措方式上，建议完善科技纵向项目资助机制，宽申请严结项；扩增科技平台企业发行与配股额度；设计多层次、全覆盖的科技投资保险，吸引社会资本以横向课题、投资、合作形式注资科技服务平台；以永续年金、可转债、政策债、优先股、科技金融企业发展科技金融；培育第三方科技金融网络中介平台。

13.2.2 人才投入保障

平台建设和运行的专门人才是平台持续发展的重要支撑与保证。相关科研院所可以通过设置平台建设和管理相关专业来达到培养科技服务平台管理专门人才的目的。培养具有较强实践能力的专门平台操作工作人员；培养通晓信息搜集、处理知识的科技文献共享专家；培养实时监测和评估平台运行效率的管理专家；要建立合理、高效的人才绩效考核和激励机制，推行空间—时间弹性聘任、互联网+聘任、创意与方案薪酬、服务薪酬，推行绿色菜篮子与养老休闲服务卡以吸引高水平平台人才，鼓励平台建设和管理人才充分发挥自身主观能动性，推动平台的可持续发展；搭建第三方科技人才大数据网络中介平台，给高质量平台人才营造充分竞争的市场环境，促进人才的合理流动。同时，在全社会注意宣传科技资源共享的理念，抓住有利时机，向社会展示科技大数据服务平台在加快科技创新、推动技术型经济发展方面的重要作用，以形成科技资源共享的良好社会文化。

13.2.3 运行机制保障

基于用户导向建立完善公共性的科技基础条件大数据服务平台，强化服务意识、开放提供技术资源，提升大数据信息服务能力，为全民科技普及提供后盾。政府牵头、吸纳社会资本建立核心技术专项资助基金管理平台，由技术领域运营人才负责运营，通过项目、招标资助各类创新平台运作，在服务入库专家、核心技术普及咨询、推广应用、国际合作发挥作用，将核心技术研发瓶颈面向全球征集创意。各产业龙头企业牵头联合国内一流高校建设一批关键技术创新基地；国家级科研院所集聚国内一流人才、国际院所、知名企业建设一批国家级技术创新平台；在发达国家建立一批技术创新平台，吸纳国外科技人才、国内留学人才加盟；集聚周边国家科技力量建设“一带一路”核心技术创新平台。围绕技术培训、技术咨询、技术转化、技术评估拍卖、专利池运作建设一批市场化、特色鲜明的科技大数据服务中介平台；建立核心技术创客体验平台；促进共建产学研、高科企业、高技能创客联盟研发网络空间；建立技术孵化器服务平台；利用政府购买服务或第三方运营，构建技术创新反馈协调服务平台，获取大众核心技术创意，第一时间推送反馈到国家各级创新联盟。

13.2.4 运行环境保障

通过电视、报纸、互联网、移动互联、流媒体等途径，宣传培育知名科技服务品牌，提高科技服务平台在业内以及其他产业的知名度；集中力量建设一批有特色的科技服务平台服务示范基地，诸如科技研发服务示范基地、科技转化服务示范基地等，重点提升示范基地平台的科技服务能力，将其打造成科技服务品牌标志，并通过共享服务成为其他各类科技及其他服务机构的榜样。

13. 3　组织保障

鉴于平台服务初期偏重于公益性，这使得组织保障机制建设尤为重要，这就需要政府部门构建有效的组织保障机制，为平台未来的建设方向做好基础支撑工作。以青岛为例，目前青岛市已经形成了一套适应于平台建设与运行管理的多层次、分工有序的组织领导体系。主要表现为：青岛市人民政府是科技大数据平台的最高领导机构；市科技局是平台建设的牵头单位，由市发改委、教委、财政局等主管部门和单位共同组成科技服务平台协调小组，在市政府领导下，全权负责平台建设和运行指导及跨部门协调工作；市科技局下设研发与建设管理处，负责制定科技服务平台的总体发展规划和具体运营事项，有序推进平台发展。

细化到具体策略，组织保障机制建设需要以科技行政管理部门对本区域内的科技创新调研与科技发展远景规划为战略出发点，以国家“十三五”科技发展规划和科技创新政策法律法规为依据，以科技基础条件、文献资源与其他科技中介机构为宣传推广媒介，促进科技资源供给方与需求方之间的成功对接与合作。在这样的保障框架下，组织保障机制的设计需要注重以下三个层面：宏观层面、中观层面与微观层面。

宏观层面的组织保障。目前国内不同地区做法较为一致，都是以各省市的科技厅或科技局为主要管理机构，下辖成立“科技平台组织委员会”、“科技平台建设协调小组”等相关管理机构，全权负责科技平台的发展规划、阶段性建设目标相关资源与设施的配套补给、平台运营模式设计、平台绩效评价等。宏观层面的组织保障机构，主要负责平台的总体建设与运作规划，它为科技服务平台长远健康发展提供坚实的外部支持。

中观层面的组织保障。主要体现在：建设主体在科技平台管理机构的指导下，成立科技平台建设与运作管理办公室。例如，上海市在市科技局的指导下设置了科技研发平台建设管理办公室，还专设了研发基地建设与管理处。该部门以科技政策与法规为依据，对科技平台运作中的一切事项提供指导，主要从事的工作有：积极开展科技平台健康发展远期规划的研究及纲要制定、定期进行科技平台发展重大事项经济分析、协调科技平台与上级科技管理部门的利益关系、审核科技平台建设进度与年度运营工作计划、评价科技资源共享有关政策执行情况、进行科技平台建设项目投资效果评价、积极开展不同区域科技交流与合作、积极开展绩效管理效果评价，不断改善科技平台建设质量与运作效果（见图 13.1）。

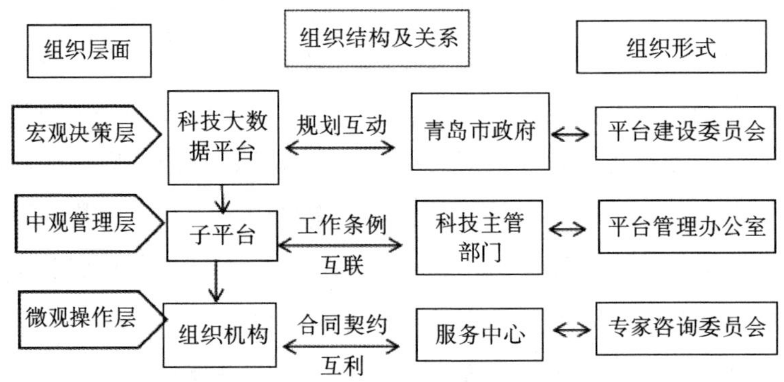

图 13.1　科技大数据平台的组织保障架构

微观层面的组织保障。主要体现在：①围绕科技服务平台的建设与发展规划、远期发展目标，以各类终端用户对科技服务平台的信息与服务需求为基础，建设一个集多个区域、多个主体、多类资源为集聚体的服务网络体系。该体系主要由各类高校、科研机构、科技企业、创业企业、科技孵化器、科技中介机构等共同支撑而成。②搭建科技创新平台服务管理中心，例如合肥市科技创新中心、上海市研发服务平台管理中心等，成立科技咨询保障小组——平台建设专家委员会，最大程度地促进各类微观主体科技资源的整合利用，为各类创新主体提供持续、高质量的科技资源服务。

13.4　小结

科技大数据服务平台的建设是一项资金投入规模大、时间跨度长、组织结构新颖独特、利益关系错综复杂的系统性工程。这使得探讨大数据服务平台的建设保障机制尤为必要。本章从以下三个方面探讨了科技大数据服务平台的保障机制：平台建设的制度保障、运营保障和组织保障。其中重点介绍了运营保障和组织保障。运营保障包括资金保障、运营机制保障、加大宣传和共享环境营造等。组织保障重在从宏观、中观和微观层面采取相关措施。

第14章

主要结论、政策建议、不足之处与后续研究方向

14.1 主要结论

创新环境下，伴随平台经济的到来，有关各类科技服务平台的建设、运营、管理等主题的文献层出不穷，梳理后发现它们多集中于单一类型科技服务平台的内容、功能、建设与应用性探索，缺少大数据环境下科技服务平台系统构建与运营方面的深入综合研究。针对此方面不足，笔者充分考虑了大数据环境给科技服务平台带来的各种变化与影响，以科技大数据服务平台为研究对象，采取问卷调查、深度访谈、定性与定量分析相结合的研究方法，从分析该平台的建设现状、不足与原因入手，结合终端用户对科技大数据信息需求情况的调查结果，以满足用户多样化科技信息需求为目标，设计后期科技大数据平台的优化方向；进一步，以此为导向，笔者设计了科技大数据服务平台的基本技术架构、功能架构，探讨了平台的运营机制；最后提出了有利于平台健康发展的一些对策建议。

研究取得的主要结论如下：

(1) 尽管青岛市科技大数据服务平台建成投入运营后取得了一定的绩效，也获得了部分认可度，但仍存在不少问题有待解决，例如，尚未完全融合“大数据”，平台各功能模块内容较为单一、信息与服务滞后，缺少

各个行业科技产品及发展态势、各企业科技实力等信息，平台布局、用户界面分类不明确，标准不清晰，平台重政策、轻市场、过于倚重政府主导等。出现以上问题的原因主要有：平台的建设运营资金以及有关的专门人才缺乏，缺乏高水平的参照系，普通用户对大数据的认识及使用频度还不高等。

（2）不论是粗略了解终端用户对科技大数据服务平台的需求，还是深度挖掘终端用户对科技大数据服务平台的一些想法，调研的结果均能够反映出用户对科技信息需求的一些共性特点：科技信息需求的种类多样化、时间动态化、服务新型化、信息级别高层化、信息用途广泛化，更注重科技信息的质量以及对自身生活的便利程度，尽管对目前科技大数据服务平台有诸多不满，但对后期平台发展充满期待。

（3）科技大数据服务平台应从以下几个方面入手设计优化方案：每个模块信息提供要尽可能地做到以捕捉用户信息为中心实现大数据环境下的精准式服务，多层级开发科技服务模块；搭建能够瞬时响应客户需求的云服务平台，各个子平台要尽可能地利用其他模块已经有的科技资源避免重复性模块建设，建立专门处理大数据的科技文献资源云系统；积极整合开发具有自主知识产权的科技文献资源云系统，整合建立统一的科技资源云管理平台；拓展数据功能，增加数据量，丰富资源格式，提高数据更新与维护的频度；重点突出海洋特色，增加服务类别，提高互动性；重点在个性化定制与互动服务方式改观上，尝试提供可视化服务，提供一些用户参与、分享与互动功能，尽可能地多征集广大用户参与设计模块内容，探索基于众创空间的多样化的新型服务方式。

（4）科技大数据服务平台在云计算环境下，通过互联网为用户提供虚拟化、数字化、专业化、个性化的科技服务。该平台的建设涉及海量数据的存储、检索、分析、计算以及异构数据库信息共享等若干项。根据云计算提供的服务功能以及平台系统工作流程，科技大数据服务平台的基本技术结构可划分为基础支撑层、数据服务层、平台管理层和应用层。

（5）本着开放共享的设计原则，依据服务内容、服务层面、服务主体等方面的区别，后期的科技大数据服务平台应至少由以下四个子平台相互依托、有机构成：科技基础条件大数据服务平台、科技研发大数据服务平台、科技转化与交易大数据服务平台、产业科技大数据服务平台。

（6）健康、活力与可持续的科技平台系统运作模式还应依据内嵌子平台的服务形式、类别（公共产品、准公共产品、私人产品）与市场情况选取灵活的运作模式。依据产权归属及运营主体性质不同，平台系统中各子平台的运作模式可区分为政府主导的非营利模式、政府引导下的独立第三方主导模式、企业主导的营利模式与多主体的复合型运作模式。以上结论将有助于改善青岛市平台功能定位、拓展平台科技资源服务内容、提升信息共享能力，更好地服务于各行业企业的技术创新活动。

（7）科技大数据服务平台的服务质量可从可靠性、响应性、保证性、移情性、有形性五个方面进行评价。以青岛为例，青岛的科技大数据平台目前处于“一般”和“满意”之间，还未达到“满意”状态，科技大数据平台还不能有效满足企业的需求，还需进一步提升科技服务平台服务质量。

（8）科技大数据服务平台的共享机制可以着手从平台的投入模式、平台的科技资源加盟机制、人才队伍建设机制和激励机制去构建。

（9）科技大数据服务平台的保障体系由平台建设的制度保障、运营保障和组织保障三部分组成，其中重点是运营保障和组织保障。

14.2 政策建议

科技创新大环境下，新生代信息技术、互联网+、物联网、云计算、人工智能等技术的深度融合催生了科技大数据服务平台的繁荣发展。为了更好地迎合大数据，促进大数据与科技服务平台的深度融合，提高科技服务平台的质量，增强平台的核心竞争力，实现平台可持续发展，结合笔者的前述研究，提出后期平台发展的相关政策建议：

14.2.1 加深用户对大数据、平台的认识程度

科技大数据服务平台的建设与运营状况与用户对大数据的认识程度直

接相关。通过前面的问卷调查发现，目前用户对大数据的认识程度不一，不少用户了解甚少，对于大数据给经济生活带来的影响并不十分清楚，这种情况下，缺乏浏览科技大数据服务平台的动力。即使浏览，也不能够很好地解读平台的科技信息。为促进平台发展，需加深用户对“大数据”、“平台”的认识程度，包括：“大数据是什么”、“大数据如何改变人们的生活方式”、“大数据创造了哪些新产业新业态”、“大数据如何计算”、“如何利用大数据创建智慧城市”、“如何利用大数据改善民生”、“如何利用大数据进行精准营销”、“如何利用数据推动互联网＋建设”、“各行业部门如何利用大数据进行经济决策”、“新常态下的平台经济内涵与特征”、“科技服务平台的工作内容、目标地位及作用”、“科技服务平台对用户的影响”、“大数据＋科技服务平台”的特征、新变化以及带来的新便利、科技大数据服务平台的发展前景等。建议尝试采取以下措施进行动员宣传：

（1）借助于电视、广播、报纸等媒体，以新闻播报、科技之窗、记者调研、专家访谈等形式，以音频、文字、视频、图像相结合，向用户展示大数据、科技服务平台的巨大潜能与深远影响。

（2）通过在人流量密集的地方如公车站、景点、公园、商业中心等发放公益广告、大标语、贴横幅、宣传材料、一对一采访等形式宣传与大数据、平台有关的技术知识以及与人们的切身关系。

（3）通过网络平台如新闻网、信息港、政务网等、手机 APP（设计一个专门介绍大数据或平台知识的 APP，提供便捷下载途径）、微信公众号（如大数据交流、科技服务平台交流）、QQ（设置专门的大数据、科技服务平台交流群）等沟通平台进行宣传。

14.2.2 扩大科技大数据服务平台的影响力

目前，用户对科技大数据服务平台的认识还停留在官方科技信息发布、办事流程查询、政策文件下载上，实际上，科技大数据服务平台的功能更多地体现在：根据用户的个性需求，为用户动态推送所需要的科技信息与服务，包括专业性的、民生的、公共的、私人的、免费的、收费的、国内的、国外的，是用户获得一切科技信息的最佳媒介载体，与每个人的生活息息相关。科技与每个人紧密相连，科技平台就是人迈向科技生活的垂直路径。但目前用户对科技大数据服务平台的认识并不深，浏览频度及信息阅读量也不高。鉴于此状况，建议政府及其他相关部门采取有效措施扩大科技大数据服务平台的影响力。可以尝试采取以下措施：

（1）在各大高校、职业学校免费搞科技大数据服务平台应用知识讲座，针对用户在网站浏览中碰到的问题，积极给予解决，对于用户提出的平台存在的问题，及时改进。

（2）扩大网站宣传力度，比如在公交车、出租车、报纸、电视、广播、各区域的研发技术基地、高新园区、创业基地等给出科技大数据服务平台网站地址，并设计核心的服务语（诸如科技大数据服务平台——您的贴身技术顾问或研发小帮手等）。

（3）通过电视专设的科技栏目，请专家在特定时间讲解科技大数据服务平台以及建设此网站对于每个市民、整个技术创新水平提升的作用。

（4）提高在百度搜索引擎中的排名，当用户搜索科技、大数据、平台、科技服务平台等词汇时，要保证科技大数据服务平台先被搜索到。通常，用户会选择进入先搜索到的科技网站查询有关信息。

14.2.3　积极吸收多方主体参与平台建设

高质量的科技大数据服务平台的建设是一项比较复杂的工程，单靠政府、某个企业、某个研发机构等很难独立完成，必须要汇聚各方主体的技术、材料、仪器设备、场地、管理模式、资金、监管、科技人才、市场资源、文献资源等，才有可能完成此项复杂工程。具体地讲，平台的资金靠企业投资、银行贷款、政府预算、其他组织捐款、个人投资或贷款；平台的建设技术主要靠专业的信息技术公司或技术机构（技术水平很大程度决定了平台的信息质量）、平台所提供的科技信息主要利用云计算工具整合来自高校、科研机构、个人、高新企业、其他企业、社会团体、非营利组织等途径的科技文献、科技产品、科技服务等信息；平台建设的科技人才主要来自专业信息技术公司、科研机构或高校。另外，平台建设还需要一批经济管理、财务会计、营销方面的人才，可以从企业高管、高校中挖掘一些专家参与。可见，平台的建设资源由许多主体共同提供，在建设过程中如何处理建设各方的关系，主要是资金、人员、技术、其他资源之间的交易关系，直接关系到平台建设的成败。对此问题，笔者建议按照谁出资谁拥有一定比例平台产权份额的原则来协调主体之间的利益关系，这里的出资不仅是出资金，还包括出技术、出人才。还有部分主体不愿成为投资者，就形成借贷、抵押、咨询、许可等关系，用货币进行交易。这样一来，建成后的科技大数据服务平台的所有权属于用货币、技术、人力、其他所需要的资源出资的主体，主要由政府、高新企业、技术研发机构等组成。

14.2.4 加快平台运营机制创新，根据目标定位选取恰当的平台运作方式

借鉴德、英、美等国科技创新服务平台运营管理的实践经验，我国应进一步完善科技创新平台的基础服务体系配套建设，建议遵循“高校、科研院所、各产业企业开放合作、联合共建、资源共享、产学研协同推进”的原则，采取多元化的投资方式，即各级政府科技资金投入为引导、社会利益相关者协同投入为辅，推动科技平台向产业化、市场化、实体化、规模化长远健康可持续发展。具体到运营实践，建议构建“市场化合同管理细则、以服务绩效为考核标准”的整体框架，制定完善的平台管理办法和绩效考核细则，并不定期地动态优化调整考核指标，形成平台的动态绩效管理机制。另外，根据平台不同的服务定位与发展方向，科学选取政府主导、第三方主导、企业主导、混合主导等多种运营方式，构建满足市场多样化需求的一揽子平台，积极推进各类平台之间的分工协作，更好地服务于终端用户的科技需求。

由于终端用户的职业性质、个人偏好、受教育水平、年龄阶段等差异较大，其对科技大数据的信息需求也各不相同。基于此，在终极目标一致（都是为了满足用户需求）的前提下，科技大数据服务平台系统与内嵌子平台的运作具体目标、特征与内容有些差异，突出体现在：科技大数据基

础条件平台为用户提供一些免费的公共性科技信息需求，提供的主要是科技公共产品，从经济学的角度看，为了避免市场失灵，应由政府提供；科技研发大数据服务平台、产业科技大数据服务平台所提供的科技信息都是为了更好地支撑基础性科技创新、产业发展，大部分信息内容不宜过分地追求利润，但为了确保平台的可持续、良性循环发展，对于某些需要投入资源才能获取的科技信息，平台需要向用户收取一些资金，以抵补平台投入，以收养支，但仍不以利润创造为目的，这类子平台适宜交由某些社会公益性组织、行业技术协会或机构或其他具备一定资质的独立第三方运营。科技转化与交易大数据服务平台是为技术拥有者与技术需求者所搭建的技术转化与交易的桥梁，实属以网络为媒介的技术转化与交易市场，为了提升平台的工作效率、调动平台服务者的工作热情，提高服务质量，应由企业通过竞争获取该平台的运营权利。可见，科技大数据服务平台系统运营模式的选择应根据需要灵活把握，根据提供信息服务的性质、是否需实现盈利、盈利程度等，在权责分明的基础上甄别、判断、选择由政府、独立第三方、企业共同运作。基于建设现状与长远发展的内在需求，科技大数据服务平台后期运作需要精准定位每一类科技信息与服务的类型，判断哪些免费提供、哪些仅收取投入成本，哪些是可以适当追求利润，然后再分别交由政府、独立协会、企业来运作。持续健康发展的科技大数据服务平台应分三步走：以科技基础条件大数据服务平台为基础保证，在逐步完善其功能的基础上，加大力度重点培育企业主导型子平台，疏通科技转化与交易中的堵塞环节，并逐步、分批探索独立第三方平台运营的应用实践。以青岛为例，目前青岛市的科技大数据服务平台的运作才刚刚起步，还停留在第一阶段。结合青岛市的技术创新现状、技术服务企业、行业技术协会或其他公益性协会的发展情况，后期应重点先向第二步骤迈进——对于部分信息与服务选择由企业运作。在前两阶段都较完善的基础上，再进一步推进第三步骤：由独立技术协会或其他组织运作。对于某些发展比较健全的产业、行业中介协会组织，其研发或产业科技服务模块可以交由行业协会负责运作。

14.2.5 大力推进技术交易平台建设，提升技术交易平台质量

建议后期从以下方面大力推进技术交易平台建设：

一是积极搭建区域性技术交易数据库，促进技术供需主体的精准实时在线对接。进一步，整合集聚科技数据资源，搭建全国性的技术交易大数据系统，并力争与国际先进国家、国内经济先进省份的技术专利检索、技术成果库等实现实时对接与快速访问。技术交易平台应能够做到：技术需求主体根据自身实际提出技术的需求内容，平台相关从业人员立即搜集数据库中是否存在满足需要的技术成果、此类成果由哪家科研院所或其他主体拥有、技术发明者详细介绍，以努力推进技术需求方与技术供给方多快好省地达成交易。若经过详细搜寻后，平台工作人员发现目前技术成果库中尚未存储满足需要的成果，平台下一步要做的工作是寻求科研实力较强的机构或个人组成在线科技攻关联盟，技术需求主体可以委托科技联盟解决技术难题。

二是努力开发科技交易价格测算与估算系统，提高技术成果定价的科学性与准确度。实际估算时要考虑到：①技术交易平台优先选择以现有技术成果交易价格数据库中存储的历史价格为依据，整合分析历史数据走势，以在线分析结果作为技术成果价格估值的参照依据；②基于技术成果的异质性、唯一性与新颖性，即使面对同一项技术成果，不同成果需求方对价格的接受程度、估值结果也会有很大差异。因此，技术成果的历史交易价格仅能作为一个参考标准，并不能决定技术成果的最终价格。平台应当整合科技攻关专家，协同开发技术交易价格的智能估算系统。该估价系统的设计关键是以全国技术交易大数据系统为原始数据基础，对于每项技术的交易过程，交易方都需要通过平台选择相关技术方面的专家学者合作，由多位技术专家给出技术相对合理的估价区间，平台再进行测算技术的最终估价。平台测算的技术参考价，应公开、透明、共享，价格信息实时向技术成果的供需双方推送，以供交易双方作为谈判、竞价时的重要参考。

三是汇总整合构建技术成果交易业务大数据系统，多方面挖掘技术交

易过程中存在的潜在增值空间。技术成果的交易过程信息是非常宝贵、难以获取的科技信息，对于科技研发、转化、技术应用与服务等多个主体都非常有用，既有助于企业、高校、科研院所实时了解技术成果的最新去向、应用情况以及产业化对接情况，也是政府有关部门制定科技成果转移、转化等相关政策或产业发展科技扶持政策的重要参考依据。因此，建议技术交易平台内嵌技术交易过程大数据子模块，这样一来，平台工作人员就可以利用后台拥有的科技成果交易数据，精准地开展技术估价、技术新旧程度评估、新技术的商业开发与规划、技术应用决策咨询、高新前沿技术分析预测、技术增值能力估算等。

四是建议技术交易平台后期可以尝试采取科研众包的运作模式。科研众包模式的应用原理是微观企业（科技任务需求方）借助于科技服务平台的科研众包模块发布新技术的需求方向，全国、甚至全球各个国家的相关领域专家学者（亦被称为科研众包供给者）通过平台众包模块在线提出可能的技术解决方案。一个完善的科研众包模块需要具备集技术成果需求在线发布、技术难题设计方案在线发布、技术成果方案可行性分析、技术成果方案虚拟仿真、技术交易在线支付等。

五是大力促进一种新型的科技企业孵化器即“技术交易平台 + 创投 + 孵化器”的集聚体。积极推进各类科技企业孵化器运营商与创投机构、创客、中小微企业纵深融合，尽可能延伸至技术成果交易、应用环节，培养一批“技术交易平台 + 创投 + 孵化器”的新型综合性、多功能科技孵化器。其中，技术交易平台功能多样化，不仅涉及技术成果需求方在线发布、技术难题招标、技术成果在线估价、技术风险分析与整合，还包括风险投资基金的构建与相关配套服务。该基金由技术交易平台建设主体全权负责运营，它的主要任务就是追踪每项技术成果的潜在风险、最大程度地提升技术成果转化与应用效果。

14.2.6 科技服务平台要树立新型的服务理念

可持续发展的科技服务平台必须以用户为中心，以满足各类用户的即时科技信息与服务需求为己任，树立以用户需求为导向的服务理念。平台运营过程中，基于不同背景、特征与偏好，有的用户希望了解国内外最新科技动态，有的希望平台成为自己的专业词典，有的希望平台成为技术市场，有的希望平台成为展示青岛科技实力的窗口。无论基于何种目的，科技信息的一个重要特点是时效性，即平台信息需要动态即时提供，这就需要平台的服务要及时，建议后期平台要由被动式滞后服务向动态实时在线服务转移，由科技平台的管理者转变为科技平台的服务者，坚持“用户是上帝”的服务理念，多提供一些融入用户需求或可以共同参与的服务，如个性化科技定制、科技新产品互动体验、在线科技咨询、在线技术维修等，利用云计算技术挖掘浏览用户的需求大数据，精准推送科技服务。此外，平台服务还要跟上用户需求的变化。大数据环境下，用户获取信息、享受服务的渠道日新月异，相应地，用户所享受的服务层次等级也在不断更新提高。科技服务平台要顺应这种变化，及时捕捉到用户对服务的细微变化，及时调整服务方式，动态满足用户的服务需求。

14.2.7 提高科技服务平台的权威性与可信度

网络大数据环境下，用户只要上网，随意点击某个网站，都会跳出一堆信息，有不明之处只需百度搜索即可。对于同一个信息，可以同时在多家网站浏览到，与过去相比，用户获取信息的途径较广泛，可选获取方式也较多，获取的信息量呈爆炸式增长。科技信息亦是如此，尽管科技大数据服务平台建设刚起步，但用户能够获取科技信息的网站以及获取方式有很多。就青岛本地而言，青岛新闻网、青岛信息港、青岛科技局网站、青岛知识产权局网站、蓝海技术交易网、各大高校网站、高新企业网站、青岛晚报、半岛都市报等都免费提供科技信息，用户可以通过电脑、平板、手机上网浏览，主要是一些科技信息动态介绍，有些信息是相同、相似或相关的，但有些信息不同网页发布的内容是不一致的，甚至相悖。笔者试着查找了几种药品技术是否有副作用，百度百科、搜狐、好医生在线以及三九健康网给出的结果并不一样，到底应该相信哪一个呢？只能靠用户的主观判断。科技大数据服务平台建成后，同样面临此方面问题。目前，用户虽能够通过各种渠道了解有关科技信息，但是缺乏一个权威的数据发布平台。对于与科技有关的信息，用户只能凭借经验、电视、报纸等判定正确与否，必要时查一下百度，这远远不够，百度有些说法科学性还有待检验。甚至有些平台还会发布一些虚假不准确科技信息或夸大其功效，以此吸引用户眼球，这远不能代替权威科技鉴定。因此，作为一个致力于为用户提供优质多样化科技信息的高层次平台，科技大数据服务平台除了注重服务方式的改变，更为重要的是突出科技信息的权威可靠性，必须要确保网站所有模块的科技信息最具权威性，最值得用户信任，这是吸引用户浏览的一个基本标准。科技不同于其他社会性信息，这是一个专业性强、比较严肃的专有名词，是科学+技术的合体，用户若获得了不可靠、不真实的科技信息，有可能会给其带来较为严重的后果。

14.2.8 政府从财政、金融、税收等方面给予不同程度的政策支持

科技大数据服务平台的健康发展离不开政府的政策支持。伴随着平台经济成效日益显现，政府对各行业服务平台建设越发重视，尤其是科技服务平台。以青岛为例，政府近年也出台了促进科技创新平台健康发展的一系列文件，但多是指导性的，尽管对该市的科技研发创新创业起到一定的推动作用，但对于科技服务平台的某些重要模块，尚缺乏详细可行的支持方案，且支持的力度也需要依据重要程度进行调整。具体做法如下：

（1）为促进科技创新的核心部分——科技研发子平台的建设，建议政府对于研发成功的科技成果，按照技术新颖度进行分级，给予不同程度的资金奖励，这有别于目前的科技报奖（科技报奖覆盖的范围太小），且确保每个研发成果都能够获得奖励金。奖励只提供给参与研发的主要人员（如前三位），享受免税待遇。对于某些行业的共性技术研发，在达到某种开发标准后给予一定的财政补贴，若研发出现资金困境，政策性银行给予一定期限的免息贷款或低息贷款，或政府牵头吸引社会大众参与成立公共研发基金，专门支持具有应用前景的新技术研发。对研发模块的支持，研发子平台应有专人负责在线咨询服务，以便用户及时了解到所能享受的研发政策服务。

（2）为促进科技创新的关键部分——科技转化与交易平台的建设，建

议政府暂免征收技术转化环节、技术许可、技术销售、技术咨询环节的各类税费，特别地，对于通过科技服务平台交易，后期转化成功的技术项目，财政给予一定的初期投产补贴，政策银行提供短期的低利率贷款。

（3）对于无偿支持科技大数据服务平台建设的利益相关者，如投资者、技术、人力及其他资源无偿提供者等，免于征收个人正常所获收益的个人所得税，或给予一定的财政奖励，或允许其在科技服务平台享受免费定制文献或享受其他特别服务的权利；对于科技大数据服务平台后期运作的收益，依据服务内容，主要是科技信息订阅、共享研发、技术转化、技术销售、技术许可等模块，分别适用免税或减半征收的税收政策。

（4）围绕技术创新链建立健全财政、金融、税收、证券政策。继续完善核心技术权利人保护、转让、许可、租赁、侵权政策；建立核心专利池管理合同、交易法规政策；建立完善社会资本、风险资本、龙头企业与政府协同开发核心技术的金融、经济监管法规、财政补贴、税收优惠政策；建立外商科创平台、企业协同开发核心科技财税金优惠政策；完善核心科技人员、团队财政补贴政策、创业优惠政策、人员流动政策。

（5）建立完善“核心科技股”证券监管政策，加大对中小投资者保护；建立健全银行、保险公司对核心科技的参与政策体系；完善互联网+核心科技、大数据平台核心科技、智能化核心科技的财税金支持政策；建立完善核心科技人才对外交流合作支持政策，推行国外创新基地、院所实习生保障计划；继续完善国内外企业技术投资并购政策；完善创新联盟运营支持政策；出台教育+科技、文化+科技、传媒+科技、外交+科技财税金支持政策；改革关键科技领域研究生经费资助政策，建立创新基地、企业、高校机构联合、定向培养的政策支持体系。

（6）提高对科技补贴力度，扩大对核心科技项目研发资金资助范围与额度、实行补贴资金平台透明化管理；加大对公共科技大数据服务平台的资金支持与监控；出台科技创业扶持计划，兴建核心科技企业专用孵化器；出台系列税收激励政策文件，提高核心技术研发主体研发费用加计扣除比例、针对不同层次科技人才给予个人所得税减免、试行生态治理费改税；减免科技转化收益税；一定年限减免第三方科技服务主体、生产服务业、高科技企业税收；提高知识产权侵权成本。

（7）围绕智慧科技、科技大数据、共享科技信息泄露、资金安全、技术窃取等出台治理法规；完善土地、知识产权、房产、高级技术人才证书抵押细则；出台与国际接轨的科技标准化体系与监控治理法规；构建多层次、全覆盖的现代科技金融政策体系，出台金融与新型主体合作、合资、权证抵押细则；探索科技债券、科技保险实施细则，知识产权抵押借款、投资规范文件；探索城乡社会资本、风险资本进入核心科技领域规范文件。

14.2.9 政府应积极引导促进科技成果转化

当前创新大环境下，政府在主导和推动科技资源市场化的过程中，需要做好以下主要工作：

第一，加强技术市场建设，疏通技术转化为资本的外部障碍。科技大数据服务平台的持续发展，离不开健全完善的技术市场的支持，只有技术交易量提高了，对科技信息的需求量与层次才会日益提高。我国目前的科技资源市场的主要问题是市场配置的程度低，科技产品市场目前只是处于起步阶段，科技产品与其他资源的交换基本处于非规范化的交易阶段；科技资源市场调控的市场机制还没有建立起来，科技资源与其他资源还未形成正常的、平衡的、公平的交易关系。政府应针对科技资源配置现状，大力发展和培育科技市场。建议通过税收、法律、财政补贴手段促进技术市场有序发展：提高技术研发企业或个人所得税抵扣额度、政府出面担保等方式大力引导民间资金积极流入技术研发、技术众筹、技术投资基金等，以缓解技术研发或转化过程中的资金瓶颈，亦可通过制定分技术等级税收减免、财政补贴政策来引导企业更注重专利质量，加大原创发明专利积累。法律层面上，与技术研发、转化、交易有关的法律法规制定过程要真正遵循公开透明的原则，法律法规的制定者中高新企业研发、高级管理人才或其他组织的高级科研人员必须占有较高数量比例，给予其充分话语权，内容上重点解决技术产权如何明晰合理划分、如何降低技术交易中的成本与风险。例如，借鉴西方经验，对于依托工作单位开发的技术，应允许发明人享有大部分产权，从根本上降低企业的物质资本地位，这样才能最大程度调动研发人员的潜力与工作动力。此外，并购、整合与重组中小技术中介企业，促进技术服务公司的规模化发展，培育具有一定竞争力、与国际相接轨的大型专业技术运作公司，担当起整合业内技术资源，培育高技术专利池的重任，为不同企业搭建技术交流、合作、交易与咨询平台，促进各种新兴技术运营方式的大力开展，如技术交叉许可、技术抵押、技术信托、技术证券化等方式，多方面提升技术资本运作效率。

第二，实行核心技术知识产权侵权天价罚单，提高侵权成本，强化对成果所有权保护力度；培育大型核心技术研发转化基地，以合作、合资、会员制、众筹、政府贴息贷引导关键技术产业龙头企业、风险公司、金融机构联合构建大型研发转化基地，以永续年金、可转债、旅游专项服务卡、联盟主体担保、关键技术概念股等形式吸引闲置社会资本注资。

第三，引进国外科技公司入驻，或与风险资本、产业龙头企业联合成立大型科技设备租赁公司，投资引进国际先进科研设备，提高科研投入设施水平；以保留编制、基薪等形式，促进高校实验室创业；建立市场化导向的第三方科技服务平台培育机制，发展多种科技服务，引导核心技术领域毕业研究生从事技术托管、技术众筹、P2P 借贷、科技普及、科技人力资源猎头、智慧科技服务平台等第三方科技服务。

第四，依托物联网、区块链、传感器等技术打造集关键技术创新基地、转化基地、服务机构于一体的核心科技创新价值系统，建立起核心技术研发、转化、应用的全程追踪体系。构建关键核心技术分享机制。基于互联网、大数据逐步推行创新分享计划，搭建关键技术分享网络、移动 APP 学习系统，有序推行核心技术、人才、设备、服务分享计划，打造全民参与、集举国之力的生态系统。

第五，建立国内统一的平台技术标准；建立严格、公平、透明的平台审批标准流程；建立完善的创新平台管理相关法规体系；统筹协调、突出特色，避免各省市跟风重复建设；以各关键科技平台为重心周边辐射、优化配套设施、供给服务，发挥平台集聚带动效应。

第六，建立统一的平台配套标准、服务标准；基于用户导向建立统一的平台绩效评价、考核机制，风险监控机制；根据平台战略重要性、公共性、建设运营内容，分类实施政府主导、政府引导下的第三方经营、企业经营、混合主体经营模式，分批、逐步地把平台推向市场；探索创新平台的现代法人管理制度，促进平台充分竞争、健康生态、科学高效运营、可持续发展，培育具有国际竞争力的创新平台机构。

14.2.10　提高平台对高科技人才信息的供应数量与质量

科技大数据服务平台能否健康有序发展，很大程度上还取决于平台所能够提供的高科技人才信息的数量与质量，这又取决于：平台自身的吸引度和当地高科技人才供应的数量与质量。近几年，青岛市政府加大了对高科技人才的吸引力度，高科技人才数量增长很快，吸引了一大批来自国外著名高校、国内重点高校的专家博士，但离创新城市建设所需的数量相比，还有一定差距，且引进人才的质量也参差不齐。建议后期适当加强企业、研究机构国内外高级人才的吸引力度，重点引进各行业的研究开发人员、高级技术服务人员、企业任职的技术咨询专家，通过加强人力资源市场监管、提高人员薪酬等措施，促进高科技人才的高效流动，带动青岛市整体技术与人力资源水平的提升。此外，平台通过完善功能、丰富信息含量、优化模块、改善服务等措施，吸引高科技人才“入驻”平台系统，增强科技平台的科技人才数量与实力，以此提升用户对科技平台的关注度与浏览量，也会提高平台在技术在线咨询、技术专家库、公共研发、技术转化等模块的技术服务质量。

14.2.11　引导科技中介公司健康良性发展

科技大数据服务平台的质量，与平台入驻的科技公司的发展状况与服务质量息息相关。只有科技中介公司的服务质量与水平上升了，科技平台才能够很好地发展。科技中介公司指提供技术抵押、技术咨询、技术转化、技术许可等服务的公司。目前各省市技术中介公司虽然数量不少，近几年呈上升趋势，但是整体质量并不高，技术公司的员工不少都未接受过良好的经济管理、专业技术等方面的学习。这与欧美国家相比差距较大，而且信誉等级不一。后期，为了促进科技平台发展，需要辅以加强技术中介公司的服务质量，诸如提高技术中介公司的准入门槛，吸收的技术专家必须达到一定数量，或“入驻”技术专利达到一定数量，政府可通过备案、定期巡检、入驻专利新颖度评估、技术等级评价等提高技术公司的可信度，只有各方面都达到要求的技术中介才能够入驻科技大数据平台。科技平台亦可根据技术公司的交易量、用户的评价等方面评价服务质量，即时给出服务等级与排名，网页动态更新。这样一来，用户通过查看技术中介的排名，即可判断其服务质量水平，既改善了技术公司的水平，又提高了平台的吸引度。

14.2.12 建立专业的科技服务平台支撑人才队伍

科技人才是先进生产力的开拓者，是科学技术的核心载体，国际间的科技竞争实质是人才的竞争。以专业技术人才、管理人才为主的人才队伍支撑体系是科技大数据平台能够正常运作的必要条件，必须高度重视这部分人才在科技平台建设中的突出作用。要建立专业的平台支撑队伍，建议采取以下措施：建立国内重点高校院所、创新基地、国外重点高校院所、基地联合定向培养相结合的核心技术人才培养体系，分期、分批定向选拔、国外输送培养一批关键技术人才动态充实创新基地科技力量；培养一批交换生；引进一批中青年科技骨干；建立对中青年科技人才、毕业生的持续教育、培训体系；建立核心科技人才与幼、小、初、高等教育层面、产业龙头企业的互动交流学习制度；建立完善的互联网 + 核心科技学习普及、创客参与、大数据反馈系统；建立各领域由国外专家、国内专家、实体经济科技运作人才组成的年轻化、活力足的核心技术人员智库；国内外合作定向分批培养高水平的关键技术现代服务型人才。立足全球建立一批开放、包容的国际化关键技术创新基地；完善核心技术人才聘任、评价、考核、监管、保障体制：建立灵活的核心技术人员工作制度，杜绝形式主义，工作时间、空间、服务形式多样化，鼓励网络办公、虚拟研发合作；建立多样化的科技人才聘任体制——科技推广服务公务员、联络员、终身教授、科技特派员、科技助教、科技导师；建立高质量创新成果主导、公开、透明的职称评聘制度；提高高层科技专家地位、薪酬，尤其是绩效薪酬比重，降低管理岗权利束缚，拉开科技人员之间、与管理者收入差距，赋予科研人员较高的地位、待遇，改革科技人员保障制度，推行核心技术人才安居工程、健康工程、安全保障工程，切实解决后顾之忧，营造研发生态环境，让科技研发真正成为大众羡慕、崇尚、向往的职业，成为优秀人才的集聚地。

14.2.13 大力营造有利于科技大数据服务平台建设的社会氛围

科技大数据服务平台建设涉及政府下属科技、财政、知识产权等部门、企业单位、高校院所科研人员的利益诉求，政策性比较强。要使其多快好省持续发展，政府必须要配套推行一系列科技服务平台相关的政策、法律、法规、制度、技术标准化等，厘清不同部门之间在科研创新中的复杂经济利益关系，借助于互联媒体扩大开放宣传力度，最大程度地调动全社会的高度关注，培育出开放、共享、透明、和谐、生态的平台发展氛围。建议后期从以下方面重点培育：

第一，制定完善科技平台健康发展的一揽子科技相关政策，如清晰界定不同主体科技资源的产权归属，哪些应由研发人员拥有，哪些是个人与国家共同享有，哪些是国家持有。对于公有部分，细致地划分科技资源依托单位的责任、权利以及相关经济利益构成，只有这样，才能够促进科研院所、高校与企业之间更好地进行科研协同开发，为科技服务平台发展创造良好的合作环境，吸引更多的社会成员尤其是创客群成为科技平台的忠实客户。

第二，形成科技至上、全民参与、全民关注、全民服务的科技创新文化。包括：实施全民科技素质提升工程；积极启动互联网+科技大数据精准普及工程；推动核心科技普及市场化；核心科技创新中心、院所机构对社会开放，吸纳大众创意；推进科技创新平台+国民教育体系深度融合，依托平台培育幼、小、初、高等层次科技创新教育基地；构建互联网+核心科技创意、人力、资金集聚中介服务平台，疏解核心科技供需关系脱节；培育以人为本、开放透明、绿色、包容、甘于奋斗的核心技术创新生态系统。

第三，改革科技管理体制，关键技术研发分解项目招标，引入市场竞争机制，动态监控管理；培育一批高水平、市场化的科技研发、转化与应用服务机构；推进核心技术、高层人力网络市场建设；强化核心技术配套建设；建设互联网+创众创众包众扶众筹中介平台；建设规范统一、与国际接轨的技术标准；协同推进关键技术与金融、教育、产业、服务深度融合。

第四，培育面向市场的新型研发机构，构建更加高效的科研组织体系；实施促进科技成果转移转化行动，完善科技成果转移转化机制，大力推进国内外融合科技创新。

第五，建立健全现代大学制度和科研院所制度，切实提升教师地位，强化高校后勤服务功能，释放教师科研活力与精力，以学生创新能力为产出目标，提升大学科研服务质量。

14.3 不足之处与后续研究方向

14.3.1 研究不足

研究过程中，尽管笔者查阅了国内外大量的相关文献，对科技大数据平台网站进行了细致的分析，也作了充分的市场调研，但受某些客观条件的限制，研究工作仍存在一些不足之处：

（1）自 2015 年以来，各省市科技大数据平台纷纷投产应用，笔者自 2016 年下半年才开始从事研究工作，缺少对平台建设事项的详细沟通，对于科技大数据平台的建设现状，主要依据各省（主要是青岛）官网所展示的平台建设情况以及官网、其他新闻网站对该平台的介绍评价来分析建设运作现状的，带有一定的时间滞后性。

（2）笔者系经济学、管理学专业出身，缺乏互联网、大数据与云计算技术专业背景，虽然研究过程中多次向互联技术专家咨询过一些大数据科技服务平台建设问题，但在技术领域仍存几分不足之处。

（3）科技大数据服务平台作为一个新兴的研究领域，需要查阅理论与实践的大量资料数据，其建设与运作问题，既涉及专业性较强的互联领域技术知识，又需要具备综合的经济管理知识，还需要了解平台经济学的相关知识，笔者研究至今仅用了将近一年的时间，时间较为紧迫，对于平台的某些建设运营问题，诸如云计算技术的在科技平台中的普适性、知识产权问题、技术泄密问题，平台后期运作管理问题，探讨的还不够深入，留待后续研究。

14.3.2 后续研究方向

作为互联网、大数据、平台经济相结合的新一代创新产物，青岛市科技大数据服务平台投入运营不足五年，虽后期有很大的发展潜力与空间，但目前其网站建设、运营管理都还处于起步阶段，诸多细节需要进一步研究完善，主要体现在：

（1）科技大数据服务平台各建设主体的利益协调问题，建设主体涉及多个，权责分工如何合理安排、平台产权如何清晰界定、建设主体的非货币出资如何评估。

（2）云计算技术与科技服务平台的融合性问题，两者相融合会产生一系列的知识产权，如何保护这些平台知识产权需从法律层面得到解决。

（3）平台的会计问题，具体涉及平台的资源与产权确认、平台收益与成本的处理、平台资金筹集处理，平台的纳税处理，平台财务报告的编制等。

（4）平台的财务问题，涉及平台的资本筹集、投资、资产管理、收益分配、成本控制、财务战略规划等。

（5）平台的运营模式的选择与实践问题。笔者已经探讨了平台可选的几种运营模式，后期组建的科技大数据服务平台如何根据功能模块、服务内容选取恰当的运营模式，以及不同模式的运作效果如何，留待以后探讨。

（6）平台的绩效评估问题，包括系统平台以及各个子平台绩效考核的目标设置、绩效考核的对象、考核内容，考核指标的设计、考核标准的确定、考核过程控制、考核结果评价等。

（7）平台的风险监控问题。作为一个高科技的产物，平台运作中的风险较之传统平台要高，包括云计算技术本身的风险、资金支付风险、数据泄露风险、平台受外界侵入风险、财务风险、经营风险、法律风险等。

（8）平台的奖惩制度设计，即平台的激励问题，如何调动平台运作管理者的积极性，努力实现平台的运作目标。总而言之，科技大数据服务平台的建设与运营是一项复杂的工程，基于平台可持续发展的需要，以上问题后期需逐步解决。

参考文献

[1] 中共中央关于全面深化改革若干重大问题的决定 [EB/OL]. [2013 - 11 - 15]. http://news.Xinhuanet.com/politics/2013 - 11/15/ c118164235.htm.

[2] 肖艳. 大数据时代地方高校实现协同创新信息管理平台构建及路径 [J]. 情报科学, 2015 (11): 19—23.

[3] 李莉, 顾春霞, 杨雅楠. 大数据背景下科技型中小企业信用信息平台建设——基于消除"隐性壁垒"问题的探讨 [J]. 中国流通经济, 2014 (1): 41—45.

[4] CIO 时代网. 云计算资源池的规划 [EB /OL]. [2013 - 09 - 05]. http://www.ciotimes. com/cloud/cfw/84018. html.

[5] 雷葆华等. 云计算解码技术架构和产业运营 [M]. 北京: 电子工业出版社, 2011.

[6] Dinkar Sitaram, Geetha Manjunath. Moving to the Cloud – Developing Apps in the New World of Cloud Computing [M]. Elsevier, Inc. 2012: 205—251.

[7] 张建勋, 古志民, 郑超. 云计算研究进展综述 [J]. 计算机应用研究, 2010 (27): 429—433.

[8] 戴元顺. 云计算技术简述 [J]. 信息通信技术, 2010 (2): 29—35.

[9] 王丛. 虚拟化价值和挑战 [EB/OL]. [2013 - 05 - 13]. http://

www. vsharing. com/k/storage/2013 –5/684349. html.

[10] 云创存储. 基于 cProc 的智慧交通云平台 [EB /OL]. [2013 –01 –21]. http://www. Cstor. cn/textdetail_1941. html.

[11] 罗珊. 国外科技基础条件平台建设经验启示与借鉴 [J]. 科技管理研究，2009 (08)：75—77.

[12] 卢明纯，蒋美仕，张长青. 国内外科技基础条件平台建设研究现状及展望 [J]. 江西社会科学，2010 (8)：236—240.

[13] 薛捷，张振刚. 国外产业共性技术创新平台建设的经验分析及其对我国的启示 [J]. 科学学与科学技术管理，2006 (12)：87—92.

[14] 陈晓华，王德润. 德国科技创新平台建设特点与启示 [J]. 安徽科技，2014 (04)：54—56.

[15] 郝立勤，赖于民. 公共科技基础条件平台建设与政策探讨 [J]. 科学学研究，2006 (8)：103—107.

[16] 桂萍. 国内外科技公共服务平台研究综述 [J]. 科技管理研究，2008 (07)：103—104.

[17] 叶兰等. 国外科技文献信息服务平台建设模式及经验借鉴研究 [J]. 图书馆论坛，2010，30 (05)：109—112.

[18] 刘继云. 科技基础条件平台的运行机制初探 [J]. 中国科技论坛，2005 (05)：56—58.

[19] 李啸. 浙江科技创新平台建设的经验与启示 [J]. 中国科技论坛，2008 (03)：39—42.

[20] 薛捷. 广东专业镇科技创新平台的建设与发展研究 [J]. 科学学与科学技术管理，2008 (09)：87—91.

[21] 许强，杨艳. 公共科技创新平台运行机理研究 [J]. 科学学与科学技术管理，2010 (12)：32—35.

[22] 孙庆. 区域科技创新平台网络化演进过程及机制研究 [J]. 中国科技论坛，2012 (01)：96—100.

[23] 干丽滨，我国科技基础条件共享平台建设的现状、问题及对策——以黑龙江省为例 [J]. 学术交流，2009 (06)：141—143.

[24] 王瑞敏，章文君，高洁．公共科技服务平台构建和有效运行研究 [J]．科研管理，2010（11）：113—117.

[25] 李文元，张鑫，张茜，邓胜梁．基于资源观的科技公共服务平台运作模式比较与选择研究 [J]．科技管理研究，2015（24）：60—62.

[26] 陈翔．丽水市水果产业科技信息平台建设的探讨 [J]．浙江农业科学，2017（2）：358—362.

[27] 郝瀚．基于全球比较的中国汽车产业科技协同创新平台改革建议研究 [J]．科技管理研究，2016（12）：83—88.

[28] 杨小兰，孙兴，刘斌．贵州省新兴产业科技文献信息资源共建共享平台研究 [J]．内蒙古科技与经济，2016（08）：24—29.

[29] 杜志尧．基于大数据的东莞科技金融与产业对接平台建设研究 [J]．广东科技，2015（24）：75—79.

[30] 李晓，张庆华．文化科技融合视角下动漫产业创新平台研究 [J]．商场现代化，2015（26）：242—245.

[31] 李葳，王宏起．区域科技创新平台体系建设与运行策略 [J]．科技进步与对策，2012（03）：10—13.

[32] 郑旭，尉桂华，葛继平．政产学研协同创新软件服务外包产业公共服务平台路径研究 [J]．科技管理研究，2012（19）：122—125.

[33] 王路昊，王程韡．孵化器的概念及其角色演变——基于《人民日报》数据库的扎根理论分析 [J]．科学学研究，2014（04）：493—497.

[34] Hackett S. M.，Dilts D. M. A systematic review of business incubation research [J]．The Journal of Technology Transfer，2004，29（1）：55—82.

[35] Sean M. Hackett，David M. Dilts. A Systematic Review of Business Incubation Research [J]．The Journal of Technology Transfer，2004，29（1）：55—82.

[36] 孙凤海（2001）浅论企业孵化器及其运行机制 [J]．沈阳建筑工程学报（社会科学版），2001（05）：12—17.

[37] 李伟杰等．地方政府促进科技企业孵化器发展路径研究 [J]．

经济问题，2014（10）：62—66.

[38] Smilor R. W. Commercializing Technology Through New Business Incubators [J]. Research Management, 1987, 30 (5): 36—41.

[39] Allen D. N., R. Mccluskey. Structure, Policy, Services, and Performance in the Business Incubator Industry [J]. Entrepreneurship Theory & Practice, 1990 (2): 61—77.

[40] 罗斯顿·拉卡卡．经济发展中的企业孵化器［M］．天津：天津科技翻译出版公司，1997.

[41] 刘刚．我国孵化器的功能演化和快速成长的机制研究［J］．科学学与科学技术管理，2014（5）：147—152.

[42] 张冬第，范伟军，吴寿仁．中国科技企业孵化器问题研究报告［R］，2005.

[43] 黄涛，李光．关于加快我国科技企业孵化器建设和发展的若干思考［J］．中国科技论坛，2004（9）：64—67.

[44] 朱启寰．通过企业孵化器服务模式的升级增强对区域经济的辐射［J］．技术与创新管理，2006（2）：8—10.

[45] Rogers M., Cote M. Growing the Next Silicon Valley Massachusetts Toronto [R]. D. C. Heath and Company Lexington, 1987.

[46] Campbell C., R. C. Kendrick, D. S. Samuelson. Stalking the Latent Entrepreneur: Business Ncubators and Economic Development [J]. Economic Development Review, 1985, 3 (2): 43—49.

[47] 赵黎明，刘猛，郝琳娜．基于众包模式的虚拟科技孵化器创新研究［J］．中国科技论坛，2014（08）：30—35.

[48] 冯晓青．我国企业知识产权产业化转化平台和交易平台建设研究［J］．河北法学，2013，31（06）：20—23.

[49] 边全乐，周宪龙．全国农业科技成果转化交易服务平台建设刍议［J］．农学学报，2013，3（07）：67—73.

[50] 肖国华，唐蘅，王江琦．云计算环境下专利技术转移平台研建设计［J］．情报杂志，2014（10）：153—158.

[51] 李晓光，杨金龙．基于科技成果转化的海洋产权运作平台构建研究［J］．东岳论丛，2013（08）：162—166.

[52] 陈积芳．大数据与科技创新［J］．青岛商学院学报，2014（06）：32—35.

[53] 罗亮，徐迪威．试论大数据时代的科技平台构建［J］．中国新技术新产品，2013（09）下：23—26.

[54] 李欢．大数据背景下科技管理创新平台构建研究［J］．科学管理研究，2014（3）：44—48.

[55] 王宏起，程淑娥，李玥．大数据环境下区域科技资源共享平台云服务模式研究［J］．情报理论与实践，2017（03）：42—45.

[56] 宋赞．大数据背景下科技管理创新平台构建研究［J］．科技传播，2016（15）：23—26.

[57] 罗亮，徐迪威．试论大数据时代的科技平台构建［J］．中国新技术新产品，2013（09）下：23—26.

[58] Michael Armbrust, Armando Fox Rean Griffith, et al. Above the Clouds: A Berkeley View of Cloud Computing [EB/OL]. [2013 - 03 - 04]. http: //www. cs. columbia. edu/ ~ roxana/teaching/COMS - E6998 - 7 - Fall - 2011/papers/armbrust - tr09.

[59] 蔡宁，王节祥，杨大鹏．产业融合背景下平台包络战略选择与竞争优势构建——基于浙报传媒的案例研究［J］．中国工业经济，2015（05）：08—14.

[60] 钟无涯．科技创新平台主体异质性与运营差异比较［J］．科技管理研究，2015（14）：83—88.

[61] 朱悦，金爱民，王迎春．“创新券”在科技平台服务中的应用［J］．中国科技论坛，2013（07）：153—156.

[62] 王生金．平台模式的本质及其特殊性［J］．商业研究，2014（1）：81—82.

[63] 徐晋．平台经济学［M］．上海：上海交通大学出版社，2007：1—3.

[64] Timmers, Paul. Business Models for Electronic Markets [J]. Electronic Markets Journal, 1998. 8 (2): 3—81.

[65] 魏炜，朱武祥. 发现商业模式 [M]. 北京：机械工业出版社，2009.

[66] 陈威如，余卓轩. 平台战略 [M]. 北京：中信出版社，2013.

[67] 吴守辉. 我国科技基础条件平台的系统构建和若干对策 [J]. 中国科技论坛，2009 (10): 3—8.

[68] 王雪原，王宏起，孙晓宇. 多主体视角下创新平台绩效评价指标体系设计 [J]. 科学学与科学技术管理，2011，32 (7): 38—43.

[69] 王宏起，赵敏，王雪原等. 科技资源共享服务平台集成管理研究 [M]. 北京：科学出版社，2013: 14.

[70] 龚三乐. 区域科技需求内涵及相关理论范畴辨析 [J]. 科学管理研究，2010，28 (6): 113—115.

[71] 王宏起，李力，李玥. 区域科技资源共享平台集成服务流程与管理研究 [J]. 情报理论与实践，2014，37 (8): 69—73.

[72] 王珊珊，许艳真，李力. 新兴产业技术标准化：过程、网络属性及演化规律 [J]. 科学学研究，2014，32 (8): 1181—1188.

[73] 丁厚得. 创新资源配置协调论 [M]. 内蒙古：内蒙古人民出版社，2008.

[74] 国家科技基础条件平台建设战略研究组. 国家科技基础条件建设战略研究报告 [M]. 北京：科学技术文献出版社，2006: 424.

[75] 李应博. 科技创新资源配置：机制、模式与路径选择 [M]. 北京：经济科学出版社，2009: 73—74.

[76] 刘玲利. 科技资源配置理论与配置效率研究 [M]. 北京：企业管理出版社，2008: 170—171.

[77] 陆晓春. 激活创新之源，成就创业之梦——上海市研发公共服务平台管理中心建设纪实 [M]. 北京：化学工业出版社，2010: 21—22.

[78] 于兆波. 科技资源共享立法与政府职责研究 [M]. 北京：北京理工大学出版社，2008: 169.

[79] 葛丽敏．公共科技平台的功能定位与组织模式研究 [D]．杭州：浙江大学，2008.

[80] 陈坷坷．无外部监督条件下科技基础条件平台共享机制演化博弈分析 [J]．科学决策，2011 (02)：45—53.

[81] 定明龙．科技基础条件平台绩效评价指标体系研究 [C]．科技评估与管理创新国际研讨会，2008：184—192.

[82] 龚惠峰．我国实行科技资源共享的运行机制 [J]．技术与创新管理，2006 (1)：75—78.

[83] 胡永健，周琼琼，张杰军．基于多属性决策的国家科技基础条件平台运行服务绩效评估研究 [J]．中国科技论坛，2009 (12)：3—7.

[84] 刘继云．科技基础条件平台的运行机制初探 [J]．中国科技论坛，2005 (5)：56—59.

[85] 柳宏志．公共科技服务平台运行绩效评估体系建构与绩效管理制度研究 [J]．中国科技成果，2011 (20)：17—25.

[86] 孙庆，土宏起．地方科技创新平台体系及运行机制研究 [J]．中国科技论坛，2010 (3)：16—19.

[87] 谭瑞踪．平台经济与科技资源共享 [J]．华东科技，2012 (9)：20—23.

[88] 汪彩君，许维祥．高校科技资源开发模式分析 [J]．技术经济与管理研究，2005 (4)：21—22.

[89] 王然，李正元．科技创新平台与科技创新外部性的内在化 [J]．科技管理研究，2011 (6)：9—11.

[90] 吴长昊．浅析科技资源共享 [J]．科技管理研究，2007 (1)：49—51.

[91] 钟久隆，周琪云，朱隆尹．基于 B/S 结构的银行绩效考核系统的设计方案 [J]．计算机与现代化，2007 (7)：73—77.

[92] 邓良松，刘海岩，陆丽娜．软件工程 [M]．西安：西安电子科技大学出版社，2004.

[93] 张华波，郝平，金永夫等．基于 DM 的科技计划项目绩效评价

系统的设计［J］. 控制工程，2009，16（9）：114—116.

［94］M. L. Liu. 分布式计算原理与应用［M］. 北京：清华大学出版社，2004.

［95］胡永健. 基于多属性决策的国家科技基础条件平台运行服务绩效评估研究［J］. 中国科技论坛，2009（12）：3—7.

［96］陈丹青，温琴娜，周艳等. 基于AHP的区域创新科技服务平台绩效评价指标体系研究［J］. 消费导刊，2009，（2）：206—207.

［97］刘生建，洪洲. 绩效考核系统的产品化设计及实现［J］. 中国科技信息，2011（14）：145—146，151.

［98］孙健英，王霞. 基于科研机构的绩效考核系统设计［J］. 科技促进发展，2012（10）：16—165.

［99］Allen，P. & Springer，F. Policy Research：Concept Methods and Appreciation［M］. Prentice Hall，1989.

［100］Arrow，K.，Economic welfare and allocations of resources for innovation［M］. Princeton University Press，2006.

［101］Chesbrough，H. W. The era of open innovation［J］. MIT Sloan Management Review，2003（3）：35—41.

［102］Forey，D. The Economics of Knowledge［M］. The MIT Press，2006.

［103］Freeman，C. Technology Policy and Economic Performance［M］. Pinter Publishers，1987.

［104］OECD. 1994. Frascati Manual 1993［M］. Paris：OECD，17—37.

［105］OECD. 1996. Knowledge Based Economy［M］. Paris：OECD.

［106］OECD. 1999. Managing National Innovation［M］. Paris：OECD.

［107］OECD. 1998. Education at a Glance［M］. Paris：OECD.

［108］Patton Carl & Sawicki David. Basic Methods of Policy and Planning［M］. Prentice Hall，1986.

［109］Quade，Edward. Analysis for Public Decisions［M］. American Elsevier Pub. Co.，1985.

[110] 陈磊，张永宁. 关于建设科技创新平台的几点思考 [J]. 中国建材，2006（12）：68—71.

[111] 申屠俊捷，兰文燕. 公共科技创新服务平台绩效评估指标体系研究 [J]. 经济论坛，2009（16）：90—93.

[112] 孙庆，王宏起. 地方科技创新平台体系及运行机制研究 [J]. 中国科技论坛，2010（3）：16—19.

[113] 李啸，朱星华. 浙江科技创新平台建设的经验与启示 [J]. 中国科技论坛，2008（3）：39—43.

[114] 刘继云. 科技基础条件平台的运行机制初探 [J]. 中国科技论坛，2005（5）：56—59.

[115] 陈珂珂. 无外部监督条件下科技基础条件平台共享机制演化博弈分析 [J]. 科学决策，2011（02）：45—53.

[116] 柳宏志. 公共科技服务平台运行绩效评估体系建构与绩效管理制度研究 [J]. 中国科技成果，2011（20）：17—25.

[117] 定明龙. 科技基础条件平台绩效评价指标体系研究 [C]. 科技评估与管理创新国际研讨会，2008：184—192.

[118] 杨选良，张薇，程骏. 论科技基础条件平台的经济属性及收费政策 [J]. 中国科技论坛，2006（4）：29—32.

附件材料——调查问卷

科技大数据平台信息与服务需求调查问卷

非常感谢您能在百忙之中抽出宝贵的时间填写这份调查问卷。本问卷意在了解您对科技信息与服务的需求以及您对科技大数据服务平台的认识。您的每一个答案对我们都非常重要。我们承诺本问卷仅用于学术调研分析，希望您认真如实地回答下列题目。万分感谢！

1. 您的年龄：(　　)

A. 20 岁以下　　B. 20—30 岁

C. 30—40 岁　　D. 40—50 岁

E. 50 岁以上

2. 您的性别：(　　)

A. 男　　B. 女

3. 您的职业类型：(　　)

A. 科技研发　　B. 科技服务

C. 其他　　D. 未定

4. 您对科技信息的需求都有哪些？(多选)

A. 国内外最新科技产品动态

B. 行业科技文献查新、检索与阅览

C. 所从事行业的专利申请授权状况、专利功能与工作原理以及转化

D. 国内外最新高新仪器设备共享

E. 技术转化与交易服务

F. 共享科技研发（根据兴趣能力参与到科技研发项目的设计、开发、试制与应用）

G. 科技通知公告政策文件

H. 创客服务

I. 孵化器服务

J. 科技研发人才库

K. 科技专家库（各行业领域资深技术专家）

L. 行业科技新产品试用体验

M. 行业科技产品咨询

N. 高新企业

O. 其他

5. 您的科技信息的获取途径都有哪些?

A. 互联网　　B. 书籍

C. 报纸　　D. 与他人交流

E. 会议　　F. 电视

G. 广播　　H. 公共交通

I. 商场　　J. 工作单位

K. 其他

6. 您愿意加入到虚拟研发平台吗?（选 A 进入选题7，选 B 进入选题8）

A. 是　　B. 否

7. 您愿意参与哪种方式的虚拟研发?

A. 合作开发新技术/产品

B. 合作设计新技术/新产品方案

C. 新技术/产品试用体验

D. 技术创意

E. 技术材料

F. 技术人才

G. 其他

8. 您今后愿意/可能成为一名创客吗（您目前是一名创客吗）?

A. 是　　B. 否

9. 您对大数据了解吗?

A. 从未听说　　B. 听说过但不了解
C. 略微了解　　D. 基本了解
E. 比较了解　　F. 专业了解

10. 您了解青岛市科技大数据服务平台吗？
A. 没听说过　　B. 听说过不了解
C. 略微了解　　D. 比较了解

11. 您使用过青岛市科技大数据服务平台吗？
A. 从未使用　　B. 使用一次
C. 使用两次　　D. 使用三次及以上

12. 您浏览过青岛地区的哪些科技网站？
A. 研发平台　　B. 仪器共享平台
C. 科技局网站　　D. 技术交易网

13. 您是通过何种途径获取到科技大数据平台网站网址？
A. 百度搜索　　B. 他人介绍
C. 公共宣传　　D. 其他

14. 您对目前的科技大数据服务平台的哪些功能模块比较满意？（仅适用于浏览过青岛科技大数据平台的用户）
A. 科技计划　　B. 科技成果
C. 创业孵化　　D. 高新企业
E. 技术交易　　F. 仪器共享
G. 科技文献　　H. 知识产权
I. 科技金融　　J. 政策超市
K. 科技统计分析　　L. 创新地图
M. 科技通手机客户端　　N. 微信\QQ

15. 您对青岛科技大数据平台提供信息的满意度？（仅适用于浏览过青岛科技大数据平台的用户）
A. 非常不满意　　B. 有点不满意
C. 有点满意　　D. 比较满意
E. 非常满意

16. 您从青岛科技大数据服务平台获取了何种信息？（仅适用于浏览过青岛科技大数据平台的用户）

A. 通知公告　　B. 政策文件

C. 办事流程　　D. 科技文献

E. 技术交易　　F. 技术研发

G. 孵化器服务　　H. 获取科技地图

I. 科技金融　　J. 其他

17. 您认为科技大数据平台的建设主体应由谁承担？

A. 政府　　B. 企业

C. 非营利组织　　D. 行业协会

E. 互联网行业技术机构　　F. 其他

18. 您认为科技大数据平台的运作主体应由谁承担？

A. 企业　　B. 非营利组织

C. 行业协会　　D. 行业技术机构

E. 其他

19. 您认为科技大数据平台的产权应如何界定？

A. 按照出资比例分享产权

B. 按照资金技术人才分享产权

C. 按照资金技术分享产权

D. 按照资金人才分享产权

E. 其他

20. 对于科技大数据平台的资金来源渠道，您比较认可的有哪些？

A. 政府财政资金　　B. 银行贴息贷款

C. 企业及其他组织投资　　D. 捐赠

E. 内源运营收益　　F. 社会公众投资

21. 您认为科技大数据平台运作应赚取收益吗？

A. 是　　B. 否

22. 您认为科技大数据平台应通过哪些科技模块来赚取收益？（第 21 题选择“是”的用户做）

A. 政策超市　　B. 科技文献
C. 科技成果　　D. 知识产权
E. 技术转化与交易　　F. 共享研发
G. 科技金融　　H. 大型仪器共享
I. 高新企业　　J. 最新科技动态
K. 科技新产品体验　　L. 其他

23. 您认为科技大数据平台应该为用户提供哪种服务方式？

A. 手机 APP　　B. 在线咨询
C. 私人订制　　D. 互动体验
E. 微信通　　F. 其他

您有其他意见或建议，请写在下方！再次感谢您的积极参与，祝身体健康、万事如意！

后记

历时三年之久，书稿终于完成。虽无大功大喜，一路走来却也感触颇多。孕育宝宝期间，完成书稿，实属不易，要兼顾工作、哺乳、带孩子的多方压力，充满艰辛，但也磨练毅力。幸运的是，在书稿完成过程中，得到了多位老师、朋友的无私帮助与鼓励、家人默默的支持与奉献。值书稿付梓之际，怀揣一颗诚挚感恩的心，谨向所有关心、指导、支持过我的专家、学者、家人、朋友致以深深的谢意。感谢我的父母、爱人主动承担起家庭琐碎事务以及看护孩子的工作。在你们的宽容、理解、关爱与支持下，我在漫长的写作中体验到科研的无穷乐趣。感谢我的工作单位——青岛农业大学管理学院财务管理教研室的各位同事。孕育宝宝期间，同事们主动承担了较重的教学以及其他事务，为我的书稿写作提供了最大的便利。感谢我的同事孙瑜老师主动承担了数据搜集、整理、分析以及其他大量工作。同时还要感谢青岛农业大学人文社会科学基金给本著作提供的财务支持。

“华枝春满，天心月圆。”谨以此书，献给所有帮助、鼓励、支持和关怀过我的亲人、师长和朋友们。路漫漫其修远兮，吾将上下而求索！学术道路没有终点，每一次续力都是为了更好地出发！拼搏、感恩、追求、知足、上进、常乐，送给自己，送给坚持走学术道路的所有人！

本书各章节撰写安排如下：许秀梅负责第一章至第九章的撰写，完成字数 19 万字。孙瑜负责其余章节撰写，完成字数 12 万字。